삶, 늘 설렘이어야

이순자 수필집

삶, 늘 설렘이어야

이순자 수필집

1판 1쇄 인쇄/ 2019년 1월 3일
1판 1쇄 발행/ 2019년 1월 7일

지은이 / 이 순 자
펴낸이 / 우 희 정
펴낸곳 / 도서출판 소소리

등록 / 제300-2007-21호
주소 / 03073 서울 종로구 성균관로 5길 39-16
전화 / 765-5663, 010-4265-5663
e-mail: sosori39@hanmail.net
www.sosori.net

값 13,000 원

*잘못된 책은 바꿔드립니다.

ISBN 979-11-5891-118-8 03810

이순자 수필집

삶, 늘 설렘이어야

책을 내면서

지난여름은 역대 최고급 더위로 재난 수준의 날들이 길게 이어졌습니다. 그러나 어김없이 가을이 우리 주위에 깊이 드리워 있다가, 겨울로 향한 발걸음이 점점 빨라지고 있습니다.

세월의 빠른 속도감으로 황망해짐을 추슬러보려는 심산으로 지나간 삶을 독백하듯 쓴 글들을 엮어보았습니다.

유난한 남존여비관념을 고수하신 어머니의 법도에 거스르지 않으려고 살았지만, 마음은 늘 말없이 저항하며 꿈을 꾸었던 것 같습니다. 돌이켜 보면 지나온 삶, 그런대로 예까지 이르게 한 동력은 어머니의 그 엄한 가르침의 덕분이라는 생각도 듭니다. 처한 곳에서 책임과 성실, 인내심으로 버틸 수 있는 정신력을 갖게 해주셨으니까요.

현실은 녹록하지 않았지만, 늘 꿈을 갖고 도전하는 마음을 놓지 않았습니다. 생의 반평생을 교직의 외길을 걸었습니다. 교사, 딸과 며느리, 아내와 두 아이의 어머니로서 참 많은 시간을 있는 힘을 다해 벅차게 살았다는 어쭙잖은 자부심도 듭니다.

어느 날인가 충만하였던 삶의 무게가 가벼워지자 발걸음이 휘청거렸습니다. 교직에서도 퇴임하고, 소중한 인연들이 하늘나라로 가시고, 자식들이 각각 제 삶을 찾아 제 곁을 떠났기 때문입니다. 자연의 섭리를 긍정하면서도, 가슴에 차오는 비애와 황량함에 많은 날을 방황했습니다.

그때 저를 붙잡아준 것이 예수님과 글쓰기였습니다. 기도하고 꿈꾸면 언젠가 행운이 찾아오는가 봅니다. 우연한 기회에 일산노인종합복지관 '전국 어르신 백일장' 대회에서 운문부 최우수상을 받았습니다. 복지관에서 시인 정복여 교수님의 자서전 쓰기 강의를 듣던 중, 스승 오창익 교수님을 만나 자상한 수필 쓰기 지도를 받게 되었습니다. 글 쓰는 사람이 되고 싶었던 꿈을 되살릴 수 있게 된 것입니다. 하고 싶은 일을 할 수 있으니 감사 할 수밖에요.

혈연, 지연, 학연 등으로 맺어진 사람들의 삶의 모습과 자연이 주는 경이로움을 담아 진솔하고 겸손한 마음으로 쓴 글들입니다. 할 수 있을 때까지 맑은 감성으로 단 한 편이라도 좋은 글을 남기고 싶습니다. 제 글을 읽으시고 따뜻한 관심과 격려를 해 주시면 큰 힘이 될 것입니다.

창작수필의 거장이신 저의 스승 오창익 교수님의 각별하신 지도, 해바라기 글방의 문인 선후배님들의 격려에 깊이 감사드립니다. 또 문학의 눈을 뜨게 해주신 정복여 교수님과 음양으로 응원하는 친구 김여옥, 김희순, 이상은, 제 아들과 딸 그리고 김경자 창작수필 주간님의 고마움도 잊지 않겠습니다. 아울러 책을 정성껏 만들어주신 '소소리' 우희정 사장님께도 감사드립니다.

저자 이순자

▶ 차 례

1. 삶, 늘 설렘이어야

2. 나팔꽃이 나를 반긴다

3. 나의 G선을 다시 다잡으며

4. 푸른 꿈을 가꾸며

5. 여행의 즐거움

6. 나의 노래

1.

삶, 늘 설렘이어야

그게 진짜 사랑이야

오늘은 2017년 새해 첫 토요일. 매달 정기적으로 옛 동료였던 친구들과 모임이 있는 날이다. 매달이라고 했지만, 작년 11월에 만나고 12월은 건너뛰었으니 달수로 치면 두 달, 햇수로 따지면 2년 만인 셈이다.

깊은 겨울 날씨답게 하루 내내 춥고 하늘은 무른 잿빛이다. 돌아오면서 본 서쪽 하늘은 선명하지 않은 부드러운 붉은 빛의 저녁노을이 두텁고 낮게 드리워 있었다. 맑은 날 보는 저녁노을보다 오늘은 깊은 아늑함으로 마음이 평안해진다. 아마 오랜만에 그것도 새해에 친구들과의 만남이 준 감동으로 뿌듯하고 따뜻한 행복감 때문일 것이다.

이 모임은 45년 전 30대 초반의 젊은 교사 시절에 같이 근무했던 동료들이다. 동 학년을 맡고, 사는 곳이 비슷해서 출퇴근길에도 동행했었으니 형제에 버금가는 인연이다. 그 당시는 일곱이라 교내에서는 7공주라는 별칭으로 불리기도 했다. 세월의 부침에 셋은 사라졌고, 우리 넷은 끊어질 듯 이어지면서 지금까지 만남을 계속하고 있다. 셋은 나보다 인생의 선배다.

문화생활의 목마름을 채운다는 생각으로 박물관, 고궁, 미술관과 전시실, 예술관, 서울의 역사적 명물 거리, 영화관, 특별 전시관 등에서 만난다. 반평생을 먹고 살기 위해 과중한 역할에 몰리어 살았다. 문화생활의 호사를 누릴만한 여유가 적었다. 이제라도 기회가 되면 그 갈증을 풀어보자는 심산이다.

오늘은 서울 종로구 인사동에 있는 경인미술관에 전시된 그림을 보았다. 여러 가지 꽃이 중심 소재이다. 화가가 창조한 그림 속에 꽃은 모두 살아 있었다. 이 겨울에 아름다운 생명의 환희가 새롭게 느껴지고 마음이 환해진다. 우리는 눈의 호사를 모두 만족하였다. 그리고 좁은 골목의 맞은편에 있는 개성 만두집에서 점심을 먹었다.

넷은 모임이 있을 때마다 경비를 서로 낸다고 계산대 앞에서 실랑이를 벌인다. 이번에는 빳빳한 신권의 위력으로 경기도 하남시에 사는 선배가 이겼다. 1000원짜리의 어지간히 두께가 있는 신권을 받아든 계산원이 환하게 웃으며 연신 고개를 주억인다.

"아유, 기분이 좋네요. 맛있게 드셨어요? 다음에 또 오세요."

친절한 인사말에 쫓기듯 먹은 불만감이 눈 녹듯 사라진다. 손님들이 그 집 앞 골목길에 죽 늘어서 있었다.

경인미술관 전통다실로 자리를 옮겼다. 국악 명상곡 '조각배'가 조용히 흐르고 있었다. 전통차를 시키자 그 선배가 계산 먼저 한다고 또 1000원짜리 신권을 낸다. 아주 흐뭇한 표정으로 이제 다 쓰고 다섯 장이 남았다고 하면서 나에게 바꿔준다고 했다. 신권 자체에서 오는 청량감에 밝은 표정이 합쳐지면서 궁금증이 부푼다.

여자들이 만나면 으레 등장하는 이야기 소재가 있다. 시어머니와 시누, 남편 흉보기. 그들로부터 받았던 스트레스를 여자들은 그렇게 풀고 날려버리며 카타르시스를 느낀다. 서로 깊이 통하는 지름길이지 싶다. 자신들도 한 집의 시어머니며 시누며 아내임을 잊은 듯이. 생각해보니, 우리 셋이 시댁이나 남편에 관해 이야기할 때에도 선배 언니는 빙긋이 웃으며 듣기만 했던 것 같다.

그녀는 넷 중에 유일하게 남편과 해로하는 사람이다. 수년 전부터 간경화를 앓고 있던 남편이 간암으로 진행되면서 무지하게 고생을 하고 있다. 모임에 나오기 전, 이른 아침에 남편을 모시고 지정 병원에 투석하러 갔었고, 투석이 끝난 뒤 식사를 먹여드리고 왔다고 한다. 한 주일에 두 번씩이나 투석을 간다고 한다. 재작년 설날에 아들과 딸네 식구들이 왔었을 때 반가움에 일어나다가 침대에서 떨어져 엉덩이뼈가 부스러졌다. 병원 측에서 수술 불가능 판정을 내렸다. 그런데 이에 불복하고 지극 정성으로 남편의 몸을 수술이 가능한 상태로 만들어서 수술시켜 오늘까지 살려온 것이다.

그러나 남편은 혼자서 거동할 수 없어 사람의 도움을 받고 휠체어를 타야만, 이동이 가능하게 되었다. 더구나 의식도 많이 망가져서 치매 증상이 점차 진행되어 어린아이가 돼버렸다. 그녀만이 남편의 세상인 것이다. 둘만 사는 집에서는 남편을 감당하기 어려워 요양병원에 의탁하고 매일 가서 함께 있다가 오가는 생활을 하고 있단다. 어쩌다 처리할 일이 있어서 늦게 가거나 못 가는 날은 병원 측의 보살핌을 완전히 거절하고 만신창이가 되어버린다고 한다. 병에 걸리기 전 자신에게 철저했고 장남으로 가장으로 가난한 가문을 일으킨 남편의 그 빛나던 모습은 찾을 수가 없게 되었다.

한 달에 한 번 토요일에는 집으로 모시고 와서 시중을 든단다. 저녁 준비를 하는 모습을 휠체어에 앉아서 지켜보던 남편이 급하게 부르더란다. 놀라서 뛰어갔더니 침대 머리 베개가 있는 이불 속을 가리키며 꺼내 오라는 손짓을 하더란다. 그것은 1,452만 원의 신권 돈 뭉치였다. 5만원 권, 만원 권, 천원 권의 지폐뭉치. 오늘까지 쓴 지폐의 정체였다. 어눌한 목소리로 더듬더듬 아들을 시켜서 찾았노라고. 자신의 전 재산이라고.

심장박동기를 달고 있는 아내가 병원비를 마련하러 은행에 다니는 수고를 덜어주고 싶었던 것일까. 자신의 의식 아니 삶이 사라져가고 있음을 인식한 것일까. 속으로 시뻘건 피 울음덩어리가 올라오고 있었지만, 웃음 지으며 고맙다고 남편을 꼬옥 안았단다.

우리가 그렇게 적나라하게 남편과 시가를 흉볼 때 한 번도 속내를 드러내지 않았던 그녀. 덤덤하게 말했지만, 우리 셋은 울고 말았다. 울고 있는 우리에게 누구든지 닥치면 할 수밖에 없고, 해낼 수 있다고 "얼마나 힘드냐?"는 위로의 말을 눈빛으로 거두게 했다.

남편이 준 그 지폐는 항상 선한 일, '좋은 일'이라고 생각하는 데 썼다는 말에 우리의 만남이 좋은 일 기쁜 일이라고 생각하는 그 깊고 따뜻한 마음이 한없이 고마웠다.

나는 '언니 대단해! 그게 진짜 사랑이야.' 속으로 수없이 되뇌었다.

생의 황혼을 헌신과 사랑으로 고통을 이겨내며 사는 사람들을 보는 일은 저녁노을처럼 곱고 아름답다는 생각이 들었다. 그렇다. 저녁노을보다 곱다. 그런 곱고 아름다운 사람들과의 만남은 삶에의 희망과 위안을 준다는 사실에 감사한다.

그 감사에 또 감사… 그뿐인가. 진짜 사랑의 주인공인 선배 언니에게도, 그 사랑의 물표(物票)인 천 원짜리 신권에도 감사한다.

덧 정

정이란 무엇일까
받는 걸까, 주는 걸까
받을 땐 꿈속 같고
줄 때는 안타까워
정을 쏟고 정에 울며
살아온, 살아온 내 가슴에
오늘도 남모르게
무지개 뜨네.

가왕, 조용필 씨가 부른 '정'이란 대중가요다. 사람과 사람 사이 정의 세계를 절묘하게 담아냈다.

사람들은 정으로 인한 희로애락의 얽히고설킨 인간사를 겪으면서 울기도 하고 웃기도 하며 살아간다. 정은 사람이면 누구나의 본성 안에 있는 감정으로 사람답게 살아가게 하는 요소이며 동력이지 싶다.

정을 주고받음에 균형과 조화를 이루면 사람의 관계가 편안하고 행복하다. 그런데 인간관계는 복잡하고 다양해서 정의 균형과 조화가 쉽지 않은 것 같다. 주는 쪽과 받는 쪽의 기대치가 다를 경우가 많이 있기 때문이다. 부모와 자식처럼 천륜으로 맺어진 사이에서 부모의 정은 희생과 헌신의 불사신이다. 무서운 속도로 변하는 세상에서 인정이 메마르고 각박해진다 하더라도 부모의 자식 사랑은 무조건적 무제한의 속성은 변화가 없다. 그러나 도를 넘은 정, 덧정은 때론 의도하지 않은 결과가 생겨 실망하고 불행을 만들며 고통스러워한다.

'덧정'이란 말은 사전에 '한곳에 오래 정이 들면 주변의 것까지 다 정하게 느껴지는 정'이라 풀이되어 있다. 나대로 해석하면 '별나게 더해지거나 덧붙은 정'이지 싶다. 부모 자식 사이에 도를 넘는 덧정이 문제가 되어 가족 간에 불행한 일이 생기는 경우를 자주 접한다. 주거나 받는 이에 따라 또는 때에 따라 정의 의미나 가치가 다른 차이 때문이다.

며칠 전, 젊은 시절 같이 근무하면서부터 지금까지 정을 이어오고 있는 친구에게서 전화가 왔다. 47세에 혼자되어 아들 둘을 반듯하게 키운 친구이다. 작은아들은 적령기에 결혼하여 손자 둘이 모두 대학생이다. 그녀에게 그것도 한밤중에 "어찌 살아야 할지 모르겠다. 살기 싫다." 하는 비감 어린 목소리에 화들짝 놀랐다. 그녀가 완전히 홀로서기를 한 지 서너 달이 되어간다.

작년 7월에 그녀의 50세나 된 큰아들이 어렵게 결혼했다. 한국에서 신붓감을 찾지 못하고, 알선 기관을 통해서 중국인 며느리를 보게 되었다. 그것도 아들 나이의 절반인 25세의 중국인 며느리.

그 결혼식에 축시를 낭독해달라는 영광된 기회도 주어져서 기쁜 마음으로 결혼식에 갔었다. 신부는 수수하고 부덕한 용모에 상냥한 인상이었다. 부모로서 할 일을 다 한 기쁨에 친구도 행복해 보였다.

큰아들과 50년을 함께 살았으니 신혼 큰아들 내외를 분가시키지 않고 같이 사는 게 자연스러울 줄 알았다. 그런데 그게 아니던 것이다. 신혼의 큰아들 내외가 시도 때도 없고 숨김없는 적나라한 신혼의 몸짓이 이해가 되면서도 더 보고 견딜 수가 없었단다. 한국 생활에 빨리 적응할 수 있도록 어린 중국인 며느리를 따라다니며 통역을 해주는 일도 벅찼을 것이다. 더구나 양 무릎에 인공관절을 하고, 눈병으로 인하여 다른 사람의 수정체를 이식받고야 눈이 보이는 그녀의 망가지고 낡은 몸으로는 버티기 힘든 일이고말고.

결국, 석 달도 안 됐는데 친구는 자기 집을 큰아들 내외에게 주고 10평짜리 원룸을 전세로 얻어 나왔다. 그 집도 젊을 때 혼자되어 오직 앞만 보고 모진 고생을 하며, 아들 둘만을 위해 살면서 퇴직 후 장만한 집 두 채 중의 하나이다. 전세로 주었던 다른 한 채를 팔아서 그 일부로 원룸을 얻어 자신이 나온 것이다. 오로지 자식이 잘되기를 바라면서 살았지만, 자식에게 늙은 몸을 의탁할 수 없는 현실을 일찍 깨닫지 못한 것이다. 아니 내 자식만은 그러지 않을 것이라는 미련을 붙들고 있었을 것이다.

그녀보다 먼저 홀로 살아온 입장에서 부정적인 면보다 긍정적인 면을 강조하며 응원을 했다. 주위를 둘러보라고 했다. 고령화 사회가 되면서 혼자 사는 노인 가구가 점점 늘어나고 있는 현실을 직시하라고 했다. 우리나라 65세 이상 노인들의 4명 중 1명은 독거노인이고, 전체 노인 비율의 21.2%, 151만 가구나 된다는 통계자료를 보여주면서 씩씩하게 홀로서기를 당부했다. 아니 정직하게 말하면 나 자신에 최면을 거는 것이었을지도 모른다. 연금을 받는 우리 같은 처지는 얼마나 다행이냐고 하면서.

쥐고 있는 남은 재산은 절대로 자식에게 주지 말라고 신신당부를 했다. 그런데 음식업을 하는 작은아들이 빌려달라고 하니 정에 못 이겨 주고 말았단다. 그리고 나니 현재 사는 10평짜리 전세 원룸을 주인이 빼달라고 해서 3월 이후에 살 거처를 마련해야 한다고 한다. 그러니 어찌 살고 싶겠는가?

그 어려운 시절, 처절한 고통과 두려움에 맞서 달려온 우리 노인 용사들인데 세상이 무섭다. 우리 세대는 부모님을 효라는 이름의 치솟는 정으로 섬기고, 자식을 한없는 내리사랑의 정을 주며 살았는데 말이다. 그래서 넘치고도 넘치는 맑고 고운 정으로 가난과 고통을 이기며 훈훈하게 살았는데, 지금은 오히려 넘치는 정, 덧정으로 우리네 삶이 행복하지 않은 것 같아 안타깝다.

줄 수 있을 만큼만 주는 덧정이 자식을 위하고 부모 자신을 위한 일임을 새삼 깨닫게 된다.

정을 쏟고 비록 덧정에 울며 살아도 정이 없는 세상에는 무지개가 뜰 수 없겠지?

동백 2대 가족 3대

나이는 15살 키는 1미터 20㎝, 멀리 전라남도 여수 앞 바다 오동도가 고향. 이것은 15년 전 내가 주워온 동백 씨 3개중 발아되어 화분에서 키워진 두 그루의 동백나무의 신상 명세다.

퇴직을 하고 5~6년이 지난 어느 해 아주 이른 봄 친구 셋과 오동도에 갔었다. 오동도 동백나무 숲은 붉은 동백꽃이 만발해 있었다. 꽃에 취하여 걷다가 우연히 동백나무 밑 낙엽을 헤치고 동백꽃씨를 줍는 여인을 만났다. 동백꽃이 씨를 맺는다는 사실을 알지 못했던 나는 굉장한 호기심이 생겼다. 그래서 낙엽 속에서 어렵게 동백꽃씨 3개를 주워 휴지에 싸서 배낭에 넣어 가지고 왔다.

두어 달쯤 지났을까, 그때야 생각이 나서 아기 군자란이 사는 분의 여백에 손가락으로 구멍을 파서 하나씩 심었다. 물을 주면서 과연 동백꽃씨가 발아될까 의문을 가진 것도 그때뿐 까맣게 잊고 말았다.

그도 그럴 것이 같이 살던 아들 내외가 제 새끼들까지 데리고 미국으로 유학을 간다고 한다. 오동도의 동백꽃씨가 제 어미 제 고향을 떠나 내 집 화분에 심어진 것과 비슷한 일이 생긴 것이다. 자식 내외는 그렇다 치더라도 손녀들은 핏덩이부터 기른 정이 크고 깊은 데다가, 큰놈은 6살 작은놈은 2살 겨우 걸음을 뗀 상태이니, 따라 들어가 돌봐 주어야 한다. 내 자식과 손녀들의 낯선 나라의 이주로 내 집에 삶의 자리를 옮긴 오동도의 동백을 지켜보며 가꾸는 일을 아예 잊어버리고 있었다.

아들네 식구를 따라가서 아들 내외가 살 집을 마련하고 가구와 살림살이를 장만하는 등 살기 위해 안간힘을 쓰는 모습을 지켜보면서 몰래 운 적이 많았다. 아들 부부의 그 의연하고 믿음직한 모습과 삶에 대한 열정에 마음이 놓였고 감사하면서도.

샌프란시스코의 겨울은 우울한 우기이다. 겨우내 을씨년스럽고 차가운 습기가 뼈까지 시리게 한다. 아들 내외가 아침에 나가면, 손녀 둘과 종일 집 안에만 있는 날이 많았다. 집안의 난방은 전기로 작동되게 되어 있어서 춥다고 해서 마음대로 켜 놓을 수가 없다. 우리나라보다 전기료가 비싸서 장시간 켜놓으면 엄청난 전기세가 나오기 때문이다. 더구나 아들 내외는 가난한 유학생 아닌가. 내게 재산이 많았다면 그렇게 고생하게 두지 않았을 텐데 하는 자괴감이 더 나를 우울하게 했다.

아들 내외는 결혼해서 둘 다 박사과정을 했다. 둘 다 이공계 연구직에 있으면서 공부를 하는 바람에 살림살이는 물론 손녀들을 기르는 일이 다 내 몫이었다. 물론 생활에 드는 비용도 만만찮게 충당해야 했지만, 아들 내외는 박사 학위 취득으로 나의 공을 보람으로 보답했다. 그 당시 우리나라는 이공계 박사들이 마음껏 그들의 전공을 살려 일할 곳이 부족했고, 나라에서도 그들의 긍지를 높일 만한 어떤 대안이나 정책이 없었다. 그래서 그랬는지 유학을 결심하고 실행에 옮긴 것이다.

시간이 지나자 아들과 며느리는 각각 원하는 전공에 따라 대학에 가서 연구하며 공부하며 일해서 생활이 안정되었다. 큰손녀는 초등학교에 전학하였고, 작은손녀는 며느리 직장 근처의 Free School에 넣어졌다. 작은손녀는 만 두 살이었다. 처음 유아 학교에 가는 날, 내 등에 찰싹 붙어서 내 목을 꼭 끌어안고 "할머니, 나 안 갈래. 엄마 좀 혼내줘. 응? 나 할머니하고 집에 있으면 안 돼?" 하면서 목메어 울던 뼈저린 기억이 지금도 생생하다.

아침마다 안 간다는 작은손녀의 울음소리가 차츰 사그라질 때쯤 나는 6개월의 비자 만기로 내 집으로 돌아와야 했다. 돌아오는 날, 비행기가 샌프란시스코 공항을 이륙하여 높이 떴을 때 창밖으로 본 하늘에 쌍무지개가 떠 있었던 건 내 눈에 흘러내리는 눈물 때문이었을까?

약 14시간의 비행 끝에 인천공항에 도착하니, 딸네 식구가 마중 나와 있었다. 쾌청한 우리나라 하늘은 저녁노을이 빠알갛게 타고 있었다. 사위 차에 실려 집으로 오는 길에서 차창에 밀려왔다 밀려가는 산과 들과 나무들을 보면서 새삼 귀향의 아늑함을 느꼈다. 초여름 부드러운 초록의 나라, 산야가 정답다. 설렁탕을 잘했던 음식점에 들러 오랜만에 우리나라 음식의 맛깔스러움에 비행 피로를 풀었다.

집에 도착하자마자 나의 베란다 정원을 살폈다. 그동안 딸이 물을 주며 보살펴 주었지만, 늘 눈에 밟히던 나무들이기 때문이다. 예상대로 모두 간신히 버티고 있는 듯했다. 딸은 나무들이 엄마를 아는 것 같다고, 나무들이 엄마를 기다리는 것 같다고 종알댔다. 나름 보살피느라고 애를 썼지만, 엄마가 있을 때 같지 않다고.

허긴 내가 저를 낳아 기를 때나, 또 손녀들을 기를 때처럼 나무들도 그렇게 보살펴야 하는 걸 아직은 잘 알 턱이 없었을 것이다. 저도 살림을 하고 자식을 낳아 기르며 바쁘게 살고 있으니 내 화분에게는 소홀할 수밖에 없었으리라. 시차 적응이 잘되지 않아 귀향의 첫 밤을 새우고 아침이 되었다.

어젯밤에 본 내 베란다 정원을 자세히 살폈다. 관음죽 밑 그늘에서 키우던 아기 군자란이 조금 컸지만, 볼품이 없는 데 그 옆에 두 그루의 아기 나무가 서 있는 게 아닌가! 아기 동백나무였다. 아! 오동도 동백나무 2대였다. 약 20㎝정도로 자라 있었다. 가슴이 뛰었다. 경이로움으로 가슴이 쿵쾅거리며 눈물이 났다. 세 톨의 동백꽃씨를 짧은 호기심으로 아무렇게나 성의 없이 심었는데, 그리고 내 삶에 바빠서 심은 것조차 잊고 살았는데 두 톨이 발아되어 그만큼 자라 있는 것이다. 그 누구의 관심도 없는, 보이지 않고 어두운 곳에서 생명체가 되어 탄생한 것이다. 얼마나 애썼을까 하는 생각에 안쓰러움과 미안함을 느꼈다. 끈질긴 생명력에 새삼 놀라움과 신비로움에 젖어 오래오래 아기 동백나무 옆에 서 있었다.

마음이 급해졌다. 피곤도 잊은 채 휘청거리는 발걸음으로 화원에 갔다. 화분과 흙을 사 들고 왔다. 군자란을 뽑아서 옮기기로 했다. 식물은 제가 태어나고 자란 환경을 바꾸면 적응하기 위해 몸살을 하거나 심하면 죽을 수도 있기 때문이다. 그래서 군자란을 새 화분에 옮겨 심고, 아기 동백나무 두 놈을 태어난 분에 당분간 있게 하기로 한 것이다. 거름흙을 보충해 주면서 작은 줄기를 조심스럽게 붙잡고 뿌리 부분의 흙을 꼭꼭 눌러 채우고 다독였다. 물을 흠뻑 주고 햇빛 잘 드는 곳으로 옮겨 놓았다.

그 후 6~7년간 그 두 나무는 한 화분에서 정답게 형제처럼 오누이처럼 잘 자랐다. 마치 내 생의 대부분이었던 내 아들과 딸이 나의 '가족'이라는 울타리 안에서 그들 나름의 가정을 이루고 열심히 살고 있듯이.

그리고 두 동백나무는 성인이 된 신고식으로 꽃을 피웠다. 꽃 핀 첫해는 한 놈은 두 송이, 또 한 놈은 세 송이 겨우 다섯 송이었지만 나에게는 또 한 번의 생명의 경이와 함께 환희의 날을 보냈다. 다음 해에는 겨우내 많은 꽃망울을 준비하더니, 이른 봄에 두 나무 가득 꽃을 피웠다.

때를 같이하여 아들 내외는 그곳에서 인정받는 인재가 되었고, 손녀들도 열심히 공부하고 성장해 가고 있다. 사위의 잦은 이직으로 고생하던 딸도 안정된 생활로 정착되었고 유일한 외손자는 고등학생이 되었다. 나의 생, 이만하면 행복한 것 아닐까. 감사한 일 아닐까.

만세다. 고난 딛고 꽃을 피운 동백 2대 만세다. 아들·딸, 우리 가족 3대도 만세다.

삶, 늘 설렘이어야

4년 만이다. 아들이 제집에 오라고 비행기 표를 사 보냈다. 연말에서 새해 연초에 걸친 한 달 동안이다. 오랜만에 가족과 더불어 침식을 같이하면서 살 비비고 대화하며 살 생각에 마음이 설렌다. 연말에 헤어져 살던 가족이 집이나 고향으로 와서 회포를 풀고, 가족과 함께 다가오는 새해를 맞이하는 기쁨. 혈육과 고향에로의 귀소는 일시적이나마 세상의 고달픔을 위안 받고, 삶의 용기와 희망을 충전하는 일이지 싶다.

내 처지를 잘 알고 있는 친구와 지인 몇 분에게 아들네 방문을 밝히자 축하한다고 한다. 잘 됐다고 하면서 아들을 효자라고도 하기도 해서 듣기 좋았다. 설과 추석 같은 명절, 연초나 연말을 혼자 지내면서 느끼는 그 쓸쓸함과 삶의 회의. 그런데 이번에는 아들네 식구와 함께할 수 있게 되었으니 어찌 기쁘지 않으랴.

비행기 표는 아들이 사 보냈다 하더라도 한 번 갔다 오는데 드는 비용이 만만치 않은 데다가 오랜 비행시간을 견디기는 쉽지 않다.

또 대통령의 탄핵에 얽혀서 어지럽고 혼란스러운 나라도 걱정이 된다. 게다가 베란다에서 키우고 있는 자식과 다름없는 화분과 화목들을 맡기는데 어려움이 있었다. 그래서 마음속을 유쾌하게 가지지 못했지만, 아들네 가족과 함께할 즐거운 장면을 상상하면서 비행기에 올랐다.

약 12시간 비행 끝에 LA공항에 내렸다. 인천공항과는 달리 입국수속이 빠르다. 출구가 있는 아래층으로 내려가는 자동계단 밑에서 식구가 기다렸다. 작은손녀가 뛰어와 안기고 큰손녀가 겹쳐 안는다. 아들이 또 겹치고. "어서 오세요. 힘드셨지요?" 며느리가 반가운 인사를 한다.

운전하는 아들 옆자리에 앉아서 공항을 빠져 나와 샌디에이고에 있는 집으로 출발한다. 연신 다가왔다가 뒤로 밀리어 가는 낯선 듯 낯익은 종려나무 가로수 거리를 달린다. 눈이 시리게 맑은 하늘에서 환하고 따뜻한 태양이 빛난다. LA도심을 벗어나면서 시야에 광활하게 펼쳐지는 풍경이 눈에 익다. 크고 작은 동산과 들판에는 덤불 같은 억새와 작은 관목과 선인장 무리가 살고 있다. 언덕과 언덕 사이의 골짜기에는 삼나무, 편백나무, 느티나무, 리기다소나무, 유칼립투스 등이 어우러진 작은 숲이 보인다. 미국인들의 개척정신이 이루어낸 인간승리의 아름다운 자연경관이다.

남편과 아들네 식구와 함께했던 추억이 점점 되살아난다. 아들네 집 들어가는 마을 입구가 보인다. 네 면이 아치 모양인 살구색 타일을 입힌 구조물이 입구 길 양쪽에서 우리를 맞는다. 마을 들어가는 길 중앙에는 붉은색 부겐베리아를 낮게 다듬어 만든 분리대 구실을 하는 화단이 쭉 이어져 있다. 길가 양쪽에는 키 큰 야자나무가 죽 늘어서 있고 가끔 섞여 있는 플라타너스 갈색 잎이 길 위에 떨어져 있다.

여기는 연평균 기온이 섭씨 13도~20도의 비교적 쾌적한 지중해성 기후이다. 우리나라의 늦가을이나 초봄 같은 기온이 이곳의 겨울이다. 태평양과 가깝고 겨울이 우기이다 보니 맑은 하늘에 다양한 빛깔과 모양의 구름이 자주 피어오른다. 그렇다고 강수량이 많지도 않다.

동네에 들어서자 집집이 다양한 크고 작은 크리스마스 장식품들이 크리스마스와 연말의 분위기를 한껏 드러내고 있었다. 고즈넉한 정적이 감도는 평화로운 분위기를 가르며 아들네 집에 도착. "드르륵, 드르륵" 차고 문 여는 소리가 정적을 깼다. 마침 주인이 출타한 집 뒤뜰 안에 놀러 왔던 가마우지 한 쌍이 후두둑 집 밖 보라색 꽃을 함빡 달고 있는 자카란다 가지 위로 날아오른다.

드디어 가족의 성 집안으로 들어왔다. 4년 전 코에 익었던 집안의 체취가 새롭다. 아래층 거실에 놓여 있던 식탁이 크리스마스트리가 있는 식당 방으로 옮겨졌다. 벽 쪽에는 큰손녀의 작품인 모던그래픽 추상화로 장식되어 있었다. 2층 아들 내외의 침실과 세탁실 큰손녀 방을 지나는 복도의 끝에 작은손녀 방과 나란히 붙은 나와 남편이 쓰던 방에 들어갔다. 정갈하게 손 본 며느리의 예쁘고 고마운 정이 방안 가득하다. 마침내 고국의 고향이 아닌 타향이지만 아들네 식구의 둥지 속으로 들어온 것이다.

아, 드디어 식구와 함께 식사하게 된 것이다. 혼자서 식사를 하는 것이 왜 그리 싫은지. 점점 오감이 퇴행 되어 가는지, 나잇살로 배가 차는지 허기가 져야 할 수 없이 먹는다고 하면 허풍일까. 식구가 함께 밥상에 둘러앉아 밥풀을 튀기면서 오가는 농담, 맛이 있느니 없느니 하는 이야기까지 곁들여 먹었던 즐거운 식사시간이 그리웠다. 예전 10여 년을 그랬던 것처럼 내가 만들어서 가족이 함께 먹을 수 있게 된 것이다. 한껏 행복감에 젖는다.

그러나 아들 가족과 함께 며칠을 보내면서 내 생각은 꿈이었을 뿐이라는 것을 실감하였다. 아들 내외의 출근 시간, 올해 고등학교에 들어간 작은손녀의 등교 시간이 모두 각기 다르기에 아침 식사를 같이할 수가 없다. 게다가 올해 뉴욕에 있는 대학에 입학해서 연말 방학을 맞아 집에 온 큰손녀의 자유로움을 참견할 수가 없다.

아침 식사를 각자가 알아서 자기가 먹고 싶은 것을 챙겨서 먹는 것이다. 아들과 며느리가 전화로 내 아침 식사의 패턴을 물었던 이유를 알 것 같다. 저녁 식사도 손녀들과 내가 먼저 먹는다. 그것도 각자가 먹고 싶은 것으로 만들어 먹거나 냉장고에서 꺼내서 전자레인지나 오븐처리를 해서 먹는다. 특히 작은손녀는 2살 때부터 여기서 살았으니 완전히 미국인의 식성이다. 퇴근길이 먼 아들과 며느리는 늦은 저녁을 먹는다. 아들 내외는 반주와 함께 내가 해놓은 김치볶음밥과 북어 부추 계란국을 먹어 주었다.

그렇지만 예전처럼 내 마음대로 살림하기에는 어쩐지 아니다 싶다. 더구나 아들이 부엌을 장악하고 있는 듯 내가 부엌에 들어오는 것을 극구 말렸다. "그냥 편하게 생각하고 편하게 계시라."고 한다. 여기서는 남자들이 부엌에서 음식을 하는 것이 보통인 줄은 알지만, 내 아들의 그런 모습이 영 낯설기만 했다. 솔직히 말하면 내가 여기 있는 동안은 아들네 식구에게 내가 만든 음식을 먹이며, 함께하는 것을 즐기고 싶었다. 마음이 점점 불편해지고 '여기에 내가 이러려고 온 것인가?' 하는 회의가 들기 시작했다. 인간의 마음이 요사스러운 줄 알았지만, 이만큼 살고도 의연하지 못한 자신이 초라해 보였다.

2016년 12월 31일 한 해의 마지막 날이다. 내가 만든 만두소를 넣어 가족 모두가 식탁에 모여 앉아 만두를 빚었다. 대가족의 고명딸인 며느리가 빚은 만두 모양이 이쁘다. 제 엄마를 많아 닮은 작은손녀가 빚은 만두가 암팡지고, 아비를 많이 닮은 큰손녀가 빚은 만두는 크고 둥글다. 자식은 어찌 그리도 솜씨까지 부모를 닮는 지 새삼 놀란다. 떡국 떡도 썰어 두었다. 아들은 갈비탕을 손수 끓였다. 새해맞이 아침 식탁을 꾸미기 위해.

드디어 2017년 대망의 새해가 밝았다. 오랜만에 나는 가족과 함께 새해를 맞이한다는 감회로 잠을 설쳤다. 아들 며느리가 소리도 없이 아침상을 준비하고 있었다. 전날에 사온 빈대떡을 데우고 떡만둣국을 끓이려고 하는 중이다. "안녕히 주무셨어요?" 아들 내외가 동시에 아침 인사를 한다. 여기 와 있는 동안 몇 번 듣지 못했던 아들 내외의 아침 인사가 정겹다.

손녀들의 방을 지나올 때 기척이 없어서 이미 내려와 있는 줄 알았는데 그게 아니었나 보다. "얼른 일어나! 이놈들아, 새해 아침이야!" 어느새 올라갔는지 아비의 고함이 몇 번 나고, "알았어요." 두 손녀의 짜증이 잔뜩 묻은 목소리가 들렸다. 이어서 큰손녀의 울음소리가 나자 어미까지 올라갔다. 아마 새벽까지 핸드폰 게임을 하다 늦잠이 들었던 모양이다. 좌불안석이었던 나는 넷이 내려오는 기척을 듣고, 끓고 있는 국물 솥에 만두와 떡국 떡을 넣었다.

새해 아침, 오랜만에 맞은 특별한 새해맞이를 기뻐하며 감사하는 마음과 타국 땅에서 뿌리내려 사는 아들 식구의 건강과 화목을 구하는 기도를 한다. 우리 가족은 억지로 밝은 표정을 지으면서 아침을 먹었다. 허긴 어려서 이주해서 이제는 미국 시민이 된 두 손녀가 한국식 명절 풍습을 알고 즐기는 것이 무리일지 모른다. 두 손녀는 떡만둣국을 거의 다 남겼다. 한국의 정서가 잊히고 있음을 실감한다. 아침상을 물리고 아들네 식구의 세배를 차례로 받으며 덕담을 주고받았다. 그리고 각각의 몫으로 챙겼던 선물과 세뱃돈을 안겼다. 아들 내외에게 세뱃돈을 받기도 했다. 그래도 그때만큼은 모두 즐거워했던 것 같다.

아들은 작년 9월 큰손녀인 제 딸을 먼 뉴욕에 있는 예술대에 보내놓고 느낀 것이 많았나 보다. 나를 부른 이유. 아들 부부가 딸아이를 그 멀고 낯선 곳에 두고 온 심정을 나는 잘 안다. 아들이 모 대학 지방분교에 합격했을 때, 기숙사에 데려다 놓고 돌아오던 발길. 제 가족을 데리고 미국으로 유학 갈 때 동행해서 갔다 집에 돌아온 뒤 저리고 아픈 가슴앓이를 얼마나 했는지.

한 달을 있을 일정이었지만, 큰손녀가 개학하여 뉴욕으로 돌아가기 전날에 돌아오기로 했다. 아들이 내 마음을 헤아렸는지 한두 번 말리다가 돌아오는 비행기 표를 바꾸어 예약해 주었다. 부모는 늙어 죽을 때까지 자식에 대한 애틋한 정을 놓지 못한다. 본능과 천륜을 버무리며 사는 것이 부모와 자식 간의 관계인가 보다. 그래서 혈연의 질펀한 관계에서 적당하고 존중되어야 할 거리 조정이 누구나 어려운 가 보다.

아들의 배려로 가족과 함께하며 육친의 정을 새롭게 느낀 20여 일간이 내 노년의 삶의 태도를 다잡는데 좋은 경험이 되었다. 인천공항에 내려서 안전비행에 감사하며 갈 때의 그 설렜던 초심으로 살리라고 그늘진 마음을 저녁노을에 날려 보냈다.

(2017. 1)

오솔길을 걸으며

내 큰손녀 정현아, 벌써 5월이다. 화사하게 들떴던 4월이 가고, 계절의 여왕답게 제법 품위 있는 몸짓으로 우리 곁에 와 있다. 네가 사는 샌디에이고에도 봄은 왔겠지? 그러나 4계절의 변화가 뚜렷하지 않고 늘 봄 같고 가을 같은 그곳에서는 할머니가 사는 이곳에서 느끼는 경이로운 계절감을 어찌 알겠니?

봄에 취하여 아니 꽃에 홀려 자주 호수공원 길을 걸었다. 많은 사람으로 공원길은 붐볐다. 햇빛 찬란한 봄날 낮, 그렇게 봄은 사람들을 밖으로 불러냈다. 퍽 깊어진 야간까지도.

현란한 꽃들의 축제를 부추기던 봄비가 몇 차례 오더니, 동반한 봄바람의 심술로 꽃들은 꽃비가 되어 모두 떨어져 버렸다. 꽃의 축제는 너무나 짧았다. 아쉬운 마음에 떨어진 꽃잎들을 차마 밟지도 못하고 피한 눈길 끝에 연초록의 잎들이 햇빛에 반짝이고 있었다.

5월이 온 것이다. 전령처럼 철쭉이 자태를 자랑하고, 모란꽃도 피었다. '흠흠' 코끝을 스치는 내음, 라일락의 진한 향기가 미풍에 실려 공원길에 흩날린다. 나무마다 짙어진 초록의 잎사귀들이 하늘거린다.

때맞추어 열리는 '2016 고양 국제 꽃박람회'로 일산호수공원은 아니 호수공원 길은 인파로 넘쳐난다. 내가 즐겨 걷는 메타세쿼이아 나무가 줄지어 서 있는 흙길도 예외가 아니다. 전에는 이 길이 오솔길 같아서 즐겨 걸었는데, 요즘에 배로 길 폭을 넓혀 놓아서 예전의 그 맛이 많이 줄어들었다. 더구나 꽃박람회 행사로 인파가 늘면서 쓰레기가 많아져 공원길은 물론 호수공원 전체가 몸살을 앓고 있다. 관리자들의 쉴 새 없는 손길을 아랑곳하지 않는 행락객들의 몰염치가 원망스럽다.

오늘 아침에는 늘 걸었던 우리 아파트 앞 경의선 철길 따라 양옆으로 나 있는 오솔길 같은 공원길을 걸었다. 너희 식구가 나와 할아버지를 남겨 두고 샌디에이고로 이사 가기 전해부터 경의선 철길 양옆으로 공원화 공사가 시작된 것 너도 기억하지? 네가 만 6살 초등학교 1학년 2학기 11월 중순에 떠났으니 벌써 12년 전 일이니 기억하지 못할지도 모르지. 네 동생을 업고, 너의 손을 잡고 그 오솔길을 걷던 때가 엊그제처럼 떠오른다.

철길 바로 옆에는 철길을 따라가는 듯 텃밭이 있었고, 누군가가 가꾸는 채소들을 보기도 하면서 우리가 함께 걸었던 길 말이다. 오솔길을 따라 길섶에 민들레꽃, 제비꽃, 씀바귀, 망초, 바랭이풀이 줄달았고, 노랑나비, 흰나비가 나풀거리기도 했는데. 때때로 바람소리가 서걱거리는 풀잎 소리를 내기도 했는데. 그리고 토끼풀은 왜 그렇게 하루가 다르게 극성맞게 그들의 영역을 넓히는지를 보았었지. 참, 너희 형제가 네 잎 클로버를 찾아 들고 질렀던 그 환호성이 지금도 들리는 듯하다.

그 오솔길도 지금은 제법 넓은 폭을 가진 공원길로 변했다. 공원화 사업으로 주변에 심어진 나무도 무성히 자라서 4계절의 아름다운 변화를 집 안에서 내려다볼 수 있단다.

사랑하는 내 큰손녀 정현아!

내가 그 오솔길을 걷는 것은 너희와 함께한 추억을 떠올리기만 하려는 것은 아니다. 늙어가며 퇴행 되고 줄어드는 근육량을 늘리기 위한 것도 아니다. 4년 전 할아버지가 귀천하고부터 생긴 나의 버릇이다.

그 길을 걸으며 간밤을 뒤척이게 했던 꿈이나, 이미 지나가 버린 아픈 마음의 흔적을 털어버리려 애쓴다. 살면서 다른 사람에게 알게 모르게 잘못한 것은 없나 생각해 보기도 한다. 그리고 이 세상에 나를 지으신 신의 뜻이 무엇이며 나에게 사람으로서 주신 사명은 무엇인지를 묻는다. 내가 누구이고 어디로 가는지 묻는다.

때때로 지인들의 기쁜 소식을 듣거나, 내가 뜻밖의 행운을 선물처럼 받았을 때는 감사기도를 하기도 한다. 또 인연인들에게 있는 좋지 않은 소식을 들은 날은 그들을 위한 신의 은총을 구하는 기도를 하기도 한다. 어렵고 괴로운 일, 내 힘으로는 풀 수 없는 난제가 생겼을 때 지혜와 용기를 구하는 기도를 한다. 혹 다른 사람과의 경쟁에서 원하는 바가 성취되었을 때 자만하거나 오만하지 않도록 겸손함을 잃지 않게 해달라는 기도도 한다. 만약 누군가가 이 길을 걸을 때 내 중얼거림의 모습을 눈여겨본다면 미친 사람이라고 할지도 모르겠다.

내 사랑하는 손녀 정현아, 젊은 날을 돌이켜본다. 살아오면서 수도 없이 가야 할 길을 선택해야 하는 갈림길에 서고는 했다. 크고 작은 일뿐만 아니라 중요하거나 해결이 어려운 일 등을 맞닥뜨렸을 때마다 길을 찾아 헤맸다. 나는 항상 남들이 다 선호하는 큰길이나 포장이 잘 된 길이 아닌 길로 이끌려지곤 했다. 누가 말했듯이 팔자가 세어서 그랬을까? 운이 없는 사람이어서일까? 어릴 적 가난함과 여러 가지 어려운 것들을 이겨내야만 했던 상황에서 생겨난 습관이었을까?

최근에 읽은 책 속에서는 사람은 과거의 원인에 의해 행동하는 것이 아니라 스스로 정한 목적을 향해 움직인다고 했다. 그러고 보니 애초에 신께서 인간을 창조해 놓고 자유의지를 준 것도 그런 맥락의 원초적 진리였던 셈이다. 나는 내 의지로 나의 길을 선택한 것이었고, 다만 그 선택이 좁고 호젓한 오솔길이었을 뿐이다. 그러니까 오솔길을 걸어온 것은 순전히 나의 의지로 선택한 나의 길이었던 것이다. 아쉽게도 아직은 대로로 이어지는 길을 찾지는 못했을지라도.

오솔길은 오솔한 길로 둘레가 무서울 정도로 조용하고 호젓하며 깊숙한 길을 말한다. 시냇가, 강가, 바닷가를 따라 혹은 산속이나 숲속에 난 폭이 좁은 길이다.

우리네 인생살이에도 그런 길이 있다. 어떤 사람은 생의 오솔길을 혼자 걸으며 고독과 싸우면서 아니 만끽하면서 길의 끝을, 목적지를 찾아보기도 했다. 많은 위대한 정치가 사상가 철학자와 많은 예술가도 그들마다 그들의 오솔길의 주인이었을 것이다. 그들은 그 길 위에서 자신과 싸움에서 이겨내며 자신을 찾고 자신을 만나 자신을 성취한 사람들이다.

우리 가문의 보배 정현아, 이미 너는 알게 모르게 수많은 여러 길 위를 걸었고 걸어가고 있다. 너도 이제는 남들이 다 걷는 평범하고 밋밋한 길을 벗어나 너만의 오솔길을 찾을 때가 되었다. 물론 잘 닦여져서 넓고 크고 평탄한 길, 그냥 따라 걸으면 살아가기에 불편함이 없는 길을 선택할 수도 있다.

그러나 이왕 세상에 태어났으니 너의 생을 송두리째 실린 십자가를 지고 너만의 길을, 너만의 오솔길을 찾아 걸어가지 않겠니? 그 길의 끝이 커다란 길로, 산꼭대기로, 들판으로, 바다로, 하늘로 닿을 수 있을 것이라 믿는다. 너 자신을 찾고 네 꿈을 이룰 너만의 오솔길을 찾을 수 있도록 간절히 빌어본다. 대로로 향하여 이어질 오솔길을!

유쾌한 배반

자식은 부모를 닮는다. 신체의 골격이나 모습뿐만 아니라 성품까지도 닮는다. 아들이면 아버지를 통해 남성으로서의 정체성을, 어머니를 보고서는 여성관이 체득될 것이다. 따라서 딸은 아버지를 보고 '남성상'이 새겨지고, 어머니를 통하여서는 여자로서의 정체성이 훈습될 것이다. 그래서인가 우리 집 아들도 내 바람과 달리 '일하는 여성'을 아내로 맞았다.

며느리를 볼 때는 그녀의 어머니를, 사위를 맞을 때는 그의 아버지를 보라는 말이 있다. 사위를 맞이할 때보다 며느리를 선볼 때, 그녀의 어머니를 보라는 말에 더 비중을 두는 것 같다. 아마 여성의 본능에 내재된 숙명의 모성이 부성보다는 강하다는 의미일 것이다. 비록 사람의 삶에서 대대로 내려온 윤리적 강요에 가까운 모성애일지라도.

나는 아버지와 다른 점이 많은 사람을 남편으로 선택했던 것 같다. 겸손하고 상냥하고 인정이 많은 것을 장점으로 가진 사람이었다. 그런데 그가 가진 장점이 험난한 세상을 헤쳐가기에는 어려웠던 것 같다. 어진 사람으로 칭송받았으나, 매사에 긍정적이고 배려심이 많다 보니 늘 손해를 보곤 했다.

가장으로서 자식들의 아버지, 한 아내의 남편으로의 역할보다도 부모님에 대한 효심과 형제애가 남달랐다. 둘째 아들이라 해서 결혼했는데, 완전한 오판이었음을 신혼여행 가서 남편 집안 사정을 듣고 알게 되었다.

나는 신혼여행 중에 아들을 가졌다. 허니문 베이비이다. 임신으로 유난히 입덧이 심했던 나는 장거리 출근에다, 시댁의 문화에 적응하려고 필사적으로 노력했지만, 한계에 봉착하고 말았다. 근무 중 쓰러지고 나서야 직장 가까운 낡은 집 문간방으로 분가를 했다. 매주 토요일이면 그 초라한 집에 시어머니는 시누와 친구분들을 데리고 오셔서 내게 점심 밥상을 차리게 했다. 시댁의 대소사 해결을 모두 우리 내외가 짐 지게 했다.

견디다 못해 남편에게 불만을 이야기했지만, "그래서 나보고 어떻게 하란 말이냐?"고 화를 내면서 나를 버려도 부모 형제는 외면 못 한다는 것이었다. 신혼의 꿈이 현실 앞에 무너지고 있었다. 그러나 불행한 결정을 하게 되더라도 배 속에 새 생명을 갖은 어미로서 강건하게 살아야 한다고 생각했다. 그랬던 내가 남편의 사과를 받아들인 것, 그리고 온전히 여기까지 살아낸 것은 허니문 베이비 아들과의 특별한 인연의 힘이다.

아들은 2.5kg도 안 되는 미숙아로 태어났다. 인큐베이터에 넣어야 한다고 했지만, 내 처지로서는 경비문제를 감당할 수 없었다. 정말 비장한 용기가 필요했다. 뼈에 살이 없는 말라비틀어진 아주 작은 핏덩이를 강보에 싸안고 퇴원을 했다. 아들은 덜 영글어서 태어난 것에 불만이라도 하듯 밤과 낮이 바뀌어 낮에는 자고 밤에는 자지 않고 울며 보챘다. 산후조리는 사치한 욕심이었다. 낮에 일하고 들어온 어미의 불은 젖을 얼마나 기다렸던지 밤새 젖꼭지를 놓지 않았다.

백일이 되어서야 아들의 습관이 바뀌어 가족과 정상적인 생활 리듬이 생겼다. 그러나 아이는 우유와 모유를 너무나 잘 가렸다. 내가 직장에 있는 동안 친정어머니는 우유 먹이기에 온갖 지혜를 짜내시며 실랑이를 벌이셨다. 아이의 고집은 여간 아니었다. 종일 거의 굶다시피 보내고 엄마의 젖을 기다렸던 아이는 잘 크지도 못했다.

학교에 들어가서도 아들아이는 줄을 설 때나, 교실 좌석도 늘 앞자리일 수밖에 없었다. 그렇지만 다행스러운 것은 학습능력이 우수했고, 명랑하고 몸이 재서 큰 애들과도 잘 어울렸다. 고등학교까지 학급, 학교의 임원을 하기도 하면서 올곧게 잘 자라 주었다. 초등학교 다닐 적에는 입학식, 소풍, 운동회 때에도 한 번도 못 가보고, 병이 나서 아파할 때도 살뜰히 돌봐 주지 못한 것이 지금도 미안하다.

남들이 다 하는 과외 한 번 시키지 못했지만, 대학에 무사히 들어갔다. 비록 서울 모 대학교 지방분교이었지만, 열심히 공부하여 졸업 후 본 대학 대학원 석사과정을 마치고 박사과정까지 이수하여 이학박사 학위를 따서 내 앞에 가져왔다. 그 조그맣던 아들이 이 부족한 어미 앞에 큰 사람이 되어 보였다. 감격했다. 누가 아들 자랑하는 '팔불출 엄마'라 비웃는다고 해도 할 수 없다.

그리고 결혼할 나이가 되었다. 나는 아들이 나와 같이 직업을 가진 여성을 아내로 맞이하는 것을 반대했다. 직업을 가진 여성은 1인 3~4역을 해내며 살아야 하는 고달픔과 애환을 너무나 잘 알기 때문이다. 그러나 이미 아들은 대학시절부터 연애하고 있었다. 집안 좋은 오빠 셋을 둔 고명딸인 지금의 내 며느리다.

처음 만난 자리에서 그녀는 직업을 평생 갖겠다고 했다. 야무지고 당차다. 아들이 내 바람을 배반한 것이다. 평소에도 나는 아들에게 "엄마처럼 일하는 여성을 얻지 마라. 네가 벌어서 살 수 있게 너 자신의 실력을 갖추라." 하고 귀에 못을 박도록 말했는데 '쇠귀에 경 읽기'가 된 것이다. 남편이 지나치게 나를 의존하는 모습을 아들에게서 보는 것이 싫었기 때문이다. 며느릿감에게 인생의 선배로서 내 경험을 이야기하고 곰곰이 잘 생각해 보라고 했었다.

양가 부모의 상견례를 가진 자리에서 며느릿감의 아버지가 내 아들이 탐탁하지 않다고 했다. 잘됐다 싶어 아쉬움 없이 일어섰다.

그런 후 한 달이 지난 어느 날, 사부인께서 사과와 더불어 어머니끼리 허심탄회하게 이야기해보자는 제안에 응하고 말았다. 사부인은 보통의 어머니가 아니었다. 내가 본받고 싶은 현명한 선배 어머니였다. 어려운 형편에서도 아들 셋을 모두 우수한 국내외 박사로 키워냈다. 딸도 아들같이 키워 앞길을 열어 주고 싶다고 했다. 성년이 된 딸이 제 눈으로 고른 결혼대상자를 높이 평가하고 믿는다고 하면서 남편의 무례를 자식 가진 아버지의 심정으로 이해해 주십사 하였다. 며느릿감의 어머니를 만나고 나서, 그 어머니의 그 딸이라는 감동으로 며느리로 삼는 데 주저하지 않았다.

물론 며느리는 직업을 가지고 시집을 왔고, 그해 9월 추석을 일주일 앞두고 첫 손녀를 내 품에 안겨주었다. 내 생애에서 가장 큰 축복이고 선물이었다. 내 명예 퇴임의 의미를 한꺼번에 전도시킨 사건이다. 합가해 살면서 아들에게 어미 노릇을 제대로 해주지 못한 것을 반성하는 마음으로 살림하면서 손녀를 키우고 살았다. 그 사이 며느리는 핵물리 의학을 전공, 박사 학위와 함께 둘째 손녀를 낳았다. 시모인 나와 친정어머니의 아들 바람에 반해서. 그해에는 내가 키우고 있던 모든 화분이 모두 꽃을 피웠다. 행운목, 관음죽, 군자란, 난 몇 개, 동백, 심지어 선인장까지도 우리 집의 행운을 축하해 주듯이.

아들 내외의 향학열은 유학으로 이어지고, 지금은 그곳에서 아주 안주해 버렸다. 부모로서 이주비나 학비를 대주지 못했는데, 그곳의 시민이 되어 든든히 자리를 잡고, 그들의 꿈을 펼치며 아이들을 키우며 살고 있다. 한때는 공부한 뒤 돌아와 부모와 살겠다더니 지금은 혼자 된 나를 그리로 오란다. 그러나 어디 그게 쉬운 일인가.

세상의 부모들은 모두 자식을 위해서 살신성인이다. 부모가 온 정성을 다해 자식에게 물심의 날개를 달아주고 헌신하며, 잘 되기를 바라지만 뜻대로 되지 않는 게 세상이다. 요즈음은 이러저러한 이유로 늙은 부모와 자식 간의 천륜까지도 깨지는 많은 경우를 본다.

참 슬픈 일이다.

생각해 보면 아들네 식구와 함께 살았던 그때가 힘들고 벅찼지만 가장 뿌듯하게 살맛나게 살았던 것 같다. 아들의 번번한 배반에 나는 속수무책으로 당하고만 산 셈이다. 그 아름다운 추억으로 아들 내외의 배반에 대해 나무랄 생각이 없다. '자식 이기는 부모 없다'는 말이 있지 않은가.

그렇다. 배반도 배반 나름이다. 살다 보면 떠났던 그 배반이 신뢰와 기쁨으로 되돌아올 수도 있는 게 우리네 삶이 아닌가.

이별 연습

사람이 한평생 살면서 얼마나 많은 이별의 순간을 겪게 될까. 사람마다 깊이와 크기가 다를지라도 많은 이별의 순간들을 겪고 살아간다. 사람은 어느 기운으로 있다가 모태 속에서 의미 있는 만남으로 인해서 이별이 시작된 것인지 모른다.

만남과 이별은 투명한 양면에 있으면서 서로의 그림자가 되는 것 같기도 하다. 사람과 사람의 관계에서, 사람이 자연이나 동식물과 또는 물건과의 사이에서 서로 인연으로 얽혔다가 별리 되는 일들 말이다. 어떻게 생각하면 우리의 삶 생로병사의 질서가 만남과 이별의 순환이라고 생각하면 지나친 억지일까.

이달 초 4일 미국 샌디에이고에 사는 내 유일한 아들이 2주간의 출장차 입국했다. 오기 2~3일 전에 기별이 온 것으로 보아 갑자기 결정된 출장인 것 같다. 저녁에 들을 강의가 있는 날이었지만 선배에게 결강을 알리고 아들을 기다렸다. 2년 반 만의 만남이다. 내 마음 새신랑을 맞이하는 새 신부의 심정이랄까. 아들이 10년 전에 떠난 둥지를 혼자 지키며 사는 어미의 마음이 어찌 이만 못하랴.

저녁 식사를 무엇으로 준비할까. 아들이 좋아했던 음식을 생각한다. 돼지고기 목살을 썰어서 넣고 끓인 김치찌개를 유난히 좋아했던 것 같다. 배추김치 겉절이, 양파 당근 애호박 팽이버섯을 다져 넣은 계란말이, 쪽파와 갓이 섞인 익은 갓김치. 또 뭐가 있지? 마블링이 적당히 섞인 진짜 한우 등심 로스구이, 생도라지와 오이를 섞어 새콤달콤 빨갛게 무친 도라지 초무침. 참, 맥주도 좋아하지.

미국에 영주해 산 10여 년 동안 제 아버지가 병원에 입원해 있을 때, 위급상황에서 두어 번 황망히 들어왔다 가고 제 아버지 장례 치르러 3년 전에 왔다간 후로부터 처음이다. 그러니 아들이 좋아하고 즐겨 먹던 것들의 기억이 희미해질 수밖에.

시장을 봐다 놓고, 아들이 거처할 방에 있던 잡동사니를 다른 방으로 옮기고 새 이부자리를 까는 등 부산을 떨었더니 벌써 저녁이 된다. 저녁 7시경 도착할 거라는 문자를 받고 시계를 보니 6시가 좀 지났다. 부지런히 식탁 위를 치우고 이것저것 반찬을 정성껏 준비하고 밥을 안쳤다.

이게 얼마 만인가? 식구를 기다리며 저녁 식사를 준비해 본 지가. 대화동에 사는 딸네 식구도 온다고 한다. 오랜만에 가족이 모여 앉아 정겹고 풍성한 저녁 식사를 하게 된 것이다. 식사 전에 할 기도문을 쓰면서 행복감이 가슴 저 밑바닥에서부터 점점 차오르고 급기야는 눈물로 쏟아진다.

잠시 후, 호출기의 신호가 울린다. 아들의 목소리가 들린다. "엄마, 출입문 비밀번호를 잊어버려서 문을 못 열어요. 문 좀 열어 주세요." '문 열림' 버튼을 누르자 아들이 들어오는 모습이 화상에 잡힌다. 황망히 손등으로 눈물을 씻고 현관문을 열어 놓고, 문밖 엘리베이터 앞에서 기다린다. 14층이라는 것은 안 잊었었는지 엘리베이터가 멈춘다. 가슴에서 쿵쾅거리는 소리가 밖으로 나오려는데 아들이 엘리베이터에서 튀어나와 나를 안는다.

아들에게 안겨서 그의 등을 말없이 쓰다듬는다. 또 눈물이 흐른다. 만난 기쁨이 눈물로 표출되는 것은 인간만이 가진 특별한 감정일까. 슬퍼도 울고 기뻐도 울고.

아들이 씻는 사이에 상을 차린다. 시간 맞추어 딸, 사위, 외손자가 왔다. 이렇게 내 가족이 모여 한 밥상에 둘러앉아 식사한 지가 얼마 만인가? 비록 핏덩이부터 애지중지 길러준 눈에 넣어도 안 아팠던 내 두 손녀와 그들의 어미 며느리가 빠진 자리지만. 3년 전에 귀천한 남편은 영정사진 속의 사람이 되어 우리 가족을 내려다본다.

저녁을 먹으면서 오랜만에 만난 회포를 푸는 이런저런 이야기를 한다. 어김없이 이별을 이야기한다.

"오빠, 언제 돌아가?" 딸이 묻는다.

"응, 그게…." 아들이 내 눈치를 본다.

"만나자마자 이별부터 묻니?" 내가 대화의 교통정리를 한다.

순간 살아온 지난날들이 반추된다. 저희의 아버지와 결혼해서 저희를 내 배 속에서 잉태하는 과정으로 만나 혈연관계를 맺었다. 저희를 세상에서 만나기 위한 출산의 고통은 만만치가 않았다. 사람의 삶에서 자식을 얻은 기쁨만큼 큰 것은 없는 것 같다.

남자와 여자가 만나 결혼하면 기쁨과 함께 기쁨의 무게만큼 힘듦이 따른다. 결혼이라는 만남의 기쁨은 그 기쁨이 순간순간의 고통과 함수관계로 슬픔을 동반하는 것 같다. 이별을 동반하는 것 같다. 따져보면 큰 감동과 감격의 만남은 더 큰 슬픔의 의미를 가진 이별을 맞는다. 사람과 사람 사이에서 만남과 이별의 시공간적 거리가 관계를 깊게 하거나 얕게 하기도 한다. 눈에서 멀어지면 마음도 멀어진다고 하질 않는가. 이런 감정은 내 경험으로 그 대상이 사람이든 자연이든 동식물이든 물건이든 마찬가지인 것 같다.

기억 속에서 아직도 이별을 못 한 특별한 이별의 순간들을 떠올려 본다. 나를 가르쳤던 스승과 친했던 친구들 그리고 옛 직장 동료들과 만나고 헤어짐에서 경험한 것들은 그냥 흘려보낼 수 있다. 젊은 나이에 암 투병하다 이승을 떠난 남동생과의 이별은 아직도 가슴에 멍 자국으로 남아 있는데, 시부모님 친정 부모님의 귀천은 자연의 섭리로 생각된다. 그리고 남편과의 인정할 수 없었던 기약 없는 이별도 자연의 질서로 차차 받아들여 가고 있다.

산동네에 살면서 3~4년을 기르던 진돗개와 일산에서 아들네 식구를 품고 살 때 손녀들과 함께 기르던 햄스터와의 이별도 생각난다. 셋집에 살면서 결혼 예물로 받았던 패물을 몽땅 도둑맞았지만, 오히려 홀가분했던 이별도 슬며시 떠오른다.

그러나 자식에 대한 어미의 그것은 본질적으로 다르다. 어미는 자식을 항상 제 가슴에 별로 달고 산다. 가슴 자체가 자식인 셈이다. 그래서인가 아들네의 미국으로 이주가 내 생에서 가장 큰 견디기 힘든 이별이었다. 한꺼번에 내 우주가 다 사라진 것 같았다.

어미라면 대부분 제가 낳은 자식에 대하여 살신성인의 자세다. 남다를 것도 없지만 자식 둘 은혜의 선물로 기쁘게 받았고, 노년기 전까지는 자식들로 인하여 모든 고통을 인고의 기쁨으로 견딘 것이다. 세월이 약이라던가. 조금은 빛바래지는 줄 알았는데, 불쑥 제 둥지로 찾아든 아들을 대하니 만정 만감이 안 들 수 있겠는가?

충주가 출장지인 관계로 두 밤을 집에서 보내고 내려갔다가 2주간의 업무를 끝내고 출국하기 전날 다시 내 둥지로 왔다. 한밤을 제 침대에서 자고 아침상에 같이 앉았다. 이별의 날이다. 서로 말이 없다. 쳐다보지도 않는다. 내가 기도를 한다. 이렇게라도 만남을 주신 것에 감사하고, 우리 가족의 삶 이만큼 지켜주심에 감사하고, 아들네 가족이 추구하는 삶이 하나님 보시기에 좋도록 이끌어 달라는 간절한 기도를 한다.

오후 2시 반 비행기란다. 돌아갈 가방을 챙기는 아들이 투덜거린다. 베트남 여행 때 사온 다람쥐 배설물 커피와 손녀에게 줄 두 개의 베트남 목각 인형을 주었더니 가방에 안 들어간다고. 11시에 집을 나선다. 미국의 제 처자식이 있는 둥지로 돌아가기 위해.

비행장까지 따라 나가고 싶지만, 이번에도 야박하게 내 마음을 자른다. 아파트 앞 불러 놓은 콜택시의 신호를 받고 현관문을 나서는 아들을 따른다.

"엄마, 비행장까지는 절대 안 돼요. 비행장까지 가실 생각이라면 아예 여기서 들어가세요." 단호하다.

"그래, 알겠다. 내려가서 너 차 타는 것 보고 들어오겠다. 그건 되지?"

말이 없다. 따라서 엘리베이터를 탄다.

아파트 우리 동 앞 광장에 콜택시가 기다린다. 기사가 내리더니 자동차 뒤 화물칸을 열고 트렁크를 싣는다. 아들이 다시 나를 안고 나는 다시 그의 등을 쓸고 토닥인다. 그리고 "엄마, 건강하게 지내세요. 아프시면 바로바로 병원에 가시구요. 저 갈게요."

택시 문이 닫히자 바로 휑하니 아파트를 떠난다. 손 흔들어 보일 새도 없이. 돌아서 들어오면서 가슴이 아프다. 울지 않으려고 이를 딱 붙이고 입술을 꽉 오므린다. 눈에는 저절로 눈물이 흘러내린다.

참, 얼마나 많은 이별 연습을 해야 의연해질까? 시간이 나를 놓아주는 날까지 남은 이별의 순간순간을 멋지고 초연하게 이겨내는 그런 삶을 살고 싶다. 그런 이별 연습을 하면서 살고 싶다.

제비꽃의 추억

"옛날, 꿈 많은 한 소년이 있었다. 무지개의 끝에는 많은 금화가 있다고 어느 현자가 일러 주었다. 금화를 찾아내어 꿈을 이루고 싶었다. 그 소년은 무지개의 끝을 찾아가 보기로 했다. 산을 넘고 들을 지나 바다를 건너서 쉬지 않고 무지개의 끝을 향해 걷고 또 걸었다. 무지개는 소년의 마음을 몰라주고 제가 뜨고 싶을 때만 뜨곤 했다. 마음은 급했지만 할 수 없이 쉬어야 하는 많은 날도 보내면서 소년은 포기하지 않았다.

드디어 소년은 무지개 끝에 도착했다. 현자의 말대로 많은 금화가 눈부시게 번쩍거리고 있었다. 소년은 벅찬 기쁨에 꼭 쥐고 온 자루에 금화를 가득 담았다. 다 담고 싶었지만, 너무 무거워 들 수가 없었다. 무거운 금화 자루를 어깨 등에 메고 돌아서면서 아깝고 안타까웠지만 어쩔 수 없었다. 한 발 한 발 옮기는 것이 힘들었지만, 집으로 돌아가서 할 멋진 일들을 상상하며 쉬지 않고 발걸음을 재촉했다. 꿈을 이룬 자신을 생각하는 것만으로도 힘이 생겼다. 바다를 건너 들판을 지나산을 넘어오면서도 자루가 무거운 줄 몰랐다.

마침내 집에 도착했다. 그러나 자루 속에 금화는 한 닢도 들어 있지 않았다. 소년이 지고 오던 금화 자루는 낡고 헤져서 구멍이 나 있었다. 마당 우물을 들여다보니 등 굽고 초라한 백발노인이 마주 보고 있었다. 그 노인은 우물 속으로 몸을 던져 죽고 말았다. 그가 죽은 뒤, 그가 지나온 들판에는 떨어졌던 금화 자리에 노란 민들레가 피어났다고 한다."

10여 년 전 손녀 둘을 데리고 호수공원으로 봄나들이 갔을 때 두 손녀에게 들려준 이야기이다.

아마 4월 말쯤이었을 것 같다. 손녀들을 호숫가 잔디밭에 앉히고 잠시 쉬면서 사방을 둘러보았다. 개나리가 노란 울타리 안에 목련이 하얗고 우아한 꽃송이를 나무 전체에 꽃등처럼 달고 있었다. 진달래, 붉은 철쭉, 흰 철쭉의 릴레이에 벚꽃도 질세라 나무마다 꽃구름을 이고, 연둣빛 머리카락을 늘어트린 수양버들은 호숫가 수초 부들과 물그림자 무늬를 놓고 있었다.

노랑나비 한 마리가 민들레꽃마다 인사를 하느라 앉았다가 날아가곤 하자, 큰손녀가 나비를 따라 다녔다. 작은손녀는 아장아장 언니 뒤를 쫓다가 토끼풀밭에 주저앉았다. 공원을 관리하는 사람들의 손길을 아랑곳하지 않고 보란 듯이 잔디 자리를 차지하고 하얀 꽃들을 총총히 피워 놓은 토끼풀. 토끼풀꽃을 뽑아서 화관을 만들어 두 놈 머리에 씌어주니 서로 쳐다보며 '까르르 까르르' 웃었다.

"할머니, 여기 땅꼬마 꽃이 있어요!"

큰손녀가 가리키는 것은 제비꽃이었다. 반가웠다. 우리는 그 꽃을 가운데 두고 쪼그리고 앉아서 들여다보았다.

"제비꽃, 제비꽃이구나!"

꽃 이름을 가르쳐 주며 나의 어린 시절을 문득 떠올렸다. 할아버지 할머니의 무덤가에 피어 있던 꽃이다. 둘레를 둘러보니 여기저기 여러 포기가 눈에 띄었다. 이른 봄 여리고 가냘픈 것이 추위를 이기고 잔설을 뚫고 제일 먼저 피는 꽃이다. 대단한 생명력이 경이롭지만, 꽃빛깔이 신비한 보라색이어서 더 정이 간다.

사실 제비꽃과 남다른 추억이 나에게 있다.

2년 전 4월 어느 날, 5년 동안 투병 생활을 하던 남편이 잠시 쉬려고 그의 옆을 비운 사이 작별인사도 없이 내 곁을 떠났다. 간병인의 급한 연락을 받고 달려갔지만, 그는 아주 평안한 모습으로 잠든 듯 누워 있었다. 병색이 가신 깨끗하고 편안한 용모가 빛을 내고 있었다. 병원교회 목사님의 세례를 받고 편안해하던 모습 그대로 그는 하늘나라로 불리어갔다.

2년간의 위암 투병에 승리한 것 같았다, 그러나 혈관 질환을 더는 미룰 수 없어서 심장 수술을 했다. 3년간의 투병 생활은 생사의 갈림길에서 몇 미터, 몇 날을 가늠할 수 없는 긴장의 연속이었다. 남편을 살리기 위해 내가 할 수 있는 모든 것을 해보았다. 미친 사람처럼 아무 때나 아무 곳에서나 절규의 기도도 해보았지만 아무 응답을 받을 수 없었다. 생사의 권한은 신께 있음을 알았을 뿐이다. 진정 나는 그가 그렇게 훌쩍 떠나리라고는 생각하지 않았다.

그해의 봄은, 유달리 춥고 눈이 많이 내린 겨울을 지나온 봄이었다. 그가 떠나던 날은 병원 뜰 안에 벚꽃이 꽃구름을 이루고 있었다. 오후의 재활치료를 끝내고 휠체어에 태운 채 병원 뜰 안 양지바른 쉼터로 나왔다. 흐드러지게 핀 벚꽃이 바람이 불자, 꽃 이파리들이 눈꽃 송이처럼 흩날리며 쏟아졌다. 남편과 같이 한 마지막 시간이었던 셈이다.

그를 경기도 안성에 있는 수목장 추모 공원에 안치하면서 울지 않으려고 안간힘을 썼다. 영정사진과 함께 집에 와서 마음껏 울었다. 그리고 다시는 울지 않겠다고 다짐도 했다.

아들네 식구는 미 캘리포니아주 샌디에이고에 산다. 삼우제를 지내고 아들은 제 어미를 혼자 두고 갈 수 없었던지 나를 끌고 갔다. 3개월 동안 아들네에 살면서 내가 키운 손녀 두 놈의 뒷바라지로 조금은 잊히는 듯했지만, 그곳은 내가 안주할 곳이 아니라는 현실감이 점점 뚜렷해졌다. 다시 집으로 돌아왔지만, 마음을 잡을 수가 없었다. 노인복지관에서 하는 여러 강좌를 기웃거려도 나는 여전히 전의 잃은 패잔병처럼 기력이 빠짐에 절망스러웠다.

내 마음을 헤아렸는지 아들이 비행기 표를 사 보내고 다시 들어와서 겨울을 보내라고 했다. 나도 나를 알 수 없었다. 나의 모든 것을 확인하기 위해 난생처음 혼자 비행기를 탔다.

아들네 식구와 겨울을 보내면서 연말연시를 이용해 여행도 하고, 한국의 설 명절에 남편의 차례도 지내고 아들네 식구의 세배도 받았다. 그러나 그곳에서 아들네 생활에 조화하기에는 나의 심정적인 면에 많은 상처를 받을 것 같았다. 같이 살아가면서 얻는 위안보다 그동안에 쌓았던 아름다운 관계가 훼손될 일이 더 많을 것 같았다. 씩씩하게 홀로서기를 하겠다고 다짐하면서 집으로 돌아왔다. 경기도 용인시 수지에 사는 딸에게도 절대로 약한 모습을 보이지 않으리라 결심했다.

한식 다음날 혼자 남편의 수목장 지에 내려갔다. 그가 살아있을 때 좋아하던 장미꽃다발을 안고 그의 나무를 보러 올라갔다. 멀리서 보니 나무는 그동안의 모든 것을 잘 견디고 잘 자라고 있는 것 같았다. 가까이 가서 나무 주변을 살피다가 나는 깜짝 놀랐다.

아주 작은 제비꽃 한 포기가 소나무 영생목 아래 풀 속에 있었다. 다섯 개의 잎의 가운데서 꽃 한 자루가 자주색 꽃망울을 달고 솟아나와 있는 게 아닌가? 장미를 그 옆에 가만히 놓고 감사의 기도를 드렸다. 49제 지내려고 갔을 때 희고 조그만 별꽃이 있었는데, 이번에는 제비꽃 한 송이가 지키고 있는 것이 아닌가?

옛 그리스 신화에 있는 '양치기 소년과 소녀 이아' 이야기가 떠오른다. 미의 여신 비너스가 그의 아들 큐피트를 시켜 아름다운 소녀 이아와 양치기 소년 아티스와의 사랑을 방해하는 화살을 쏘게 해서 이아를 죽게 하고 제비꽃으로 만들어 버린 이야기. 나폴레옹이 '제비꽃 소대장'이라고 할 정도로 제비꽃을 좋아했고, 엘바섬을 탈출할 때에 암호로 사용했다는 일화도 있다. 그래서 제비꽃은 '겸손, 성결한 사랑'을 상징하는 뜻의 꽃말을 갖게 되었나 보다.

떠날 때 하지 못한 말을 전해달라고, 제비꽃을 피워 놓고 나를 기다린 것 같아서 울먹였다. 나폴레옹이 엘바섬에 유배되었듯이 병상에서 끝내 일어나지 못한 남편의 모습을 새삼 떠올리며 '있을 때 잘해!'라는 평범한 말이 새삼 아프게 다가온다.

(2014년 6월 일산노인복지관 주최 전국노인 문학작품 공모전 입선작)

터 널

1968년 11월 29일, 47년 전 내가 처음 한 생명의 어미가 된 날이다.

생전 처음 출산의 경험을 하고 첫아들을 낳은 날이다. 새 생명이 좁은 터널인 산도를 뚫고 나올 때의 그 지고한 경험은 생명 승리에 대한 환희로 산통을 깡그리 잊게 했었다.

사람은 어머니의 태에서 비롯되어 산도를 지나 세상에 나온다. 저마다 크기나 모양이 다른 생의 길이나 터널을 지나며 살아간다. 이미 누군가 닦아 놓은 안전하고 평탄한 길을 가게 될 때가 있고, 인적이 드문 좁거나 험한 울퉁불퉁한 길을 가야 할 때도 있다. 높은 산이나 강물에 막혀 터널을 뚫거나 다리를 놓아야 하는 길을 만날 때도 있다.

터널의 사전적 뜻은 '산 바다 강 따위의 밑을 뚫어 만든 철도나 도로 따위의 통로'라고 풀이되어 있다. '굴'이란 말로 표현하기도 하지만 통로로서의 의미가 강하다. 입구, 출구가 있는 지름길이라고도

할 수 있지 않을까?

초등교사로 재직했던 1994년 겨울방학 때 서울특별시 교원단체연합회에서 주관한 해외 교육 문화연수단의 일원으로 호주와 뉴질랜드 남·북 섬을 여행한 적이 있다. 그때 연합회 회장이셨던 김○○ 회장님이 단장이 되어 우리 23명의 교사를 이끌었는데, 나에게 홍보요원으로 연수내용을 기록하는 임무가 맡겨졌다. 귀국 후에 여행보고서를 여행기 형식으로 쓸 기회가 주어진 것이다. 여행하는 동안 보고 느낀 것들을 메모하는 일은 꽤 큰 부담이었다. 퇴직 후에 문예 창작을 공부해 보겠다는 문학에 대한 열망의 싹을 가슴에 품는 기회가 된 것 같다.

여행 내내 펼쳐지는 자연과 인간과의 관계에서 보는 경이로운 광경은 나의 부족한 필설로 표현할 수 없는 감동이었다. 특히 뉴질랜드 남섬에 있는 피요르드랜드 국립공원 중 최고인 밀포드사운드로 가는 길에, 거친 호머터널에 대한 감동은 지금도 잊히지 않는다. 인간이 오로지 곡괭이와 삽만으로 18년 동안에 걸쳐 뚫었다는 것이다. 1,270m의 호머터널을 버스를 탄 채 통과했다. 터널 내부를 보니 곡괭이와 삽의 자국이 그대로 남아 있다. 버스를 탄 채 지나면서 인간이 자연에 도전하는 불굴의 정신과 개척의 역사에 감탄과 경외심으로 숙연했던 기억이 생생하다.

터널은 산의 이쪽과 저쪽, 내륙과 바다의 섬, 심지어 대양의 이편과 저편, 강과 바다 사이를 연결하기 위해 뚫어 만든다. 수많은 난제를 과학적, 공학적, 건축학적 공법을 총동원하여 많은 경비와 노력을 들여 길을 만드는 일이다. 철도, 도로, 수로, 광산용으로 이용하기 위함이다. 또한, 전쟁이나 재난 시에 피난처로서도 큰 몫을 한다.

그런데, 이렇게 사람이 절실한 필요나 합의에 의해 자연환경에 만드는 통로로서 터널만 있는 것이 아니다. 사람이 한평생을 살아가는 길에도 터널이 있다는 생각이다. 사람의 삶의 길에도 제각각의 방법으로 통과해서 가야 하는 터널 말이다. 흔히 터널 속은 빛이 없고 어두운 공간으로 이해되어왔다. 지금은 과학이 발달하여 대낮보다 더 밝은 공간이 되었지만.

첫 번째 터널인 어머니의 산도를 지나온 이후, 내가 두 번째 만난 큰 터널은 결혼이었다고 생각한다. 많은 우여곡절을 거쳤다. 부모님 슬하에서 형제들과 함께한 삶의 경험만을 가지고 전혀 다른 삶을 산 사람과의 결혼은 애초부터 환상에서 출발한 것인지도 모른다. 꿈을 안고 터널의 입구에 들어섰는데, 새로운 고통과 고민이 앞서 생겼다. 시작부터 현실이었던가 싶다.

그때는 제주도로 신혼여행을 가는 게 결혼하는 이들의 꿈이었던 시절이다. 그러나 우리 신혼부부의 처지로는 꿈으로나 가졌을 뿐 3등석 기차를 타고 부산 해운대로 신혼여행을 갔다. 해운대에 도착해서 난생처음으로 호텔이라는 데에 숙소를 정했다. 이미 초저녁이 지난 시각이다. 호텔 방에 여장을 풀고 저녁을 먹으려고 호텔 라운지 바다가 보이는 곳에 자리를 잡고 앉았다. 어두운 밤바다의 출렁거리는 파도가 멀리 바다 가운데 떠 있는 고깃배의 불빛에 붉은 꽃뱀들처럼 넘실거렸다.

그날 그 자리에서 남편에게서 자신의 집안에 대한 모든 것을 들었다. 부모님을 제외하고도 형제 모두가 가지고 있는 밝히기 어려웠던 부분까지도 이야기했다. 그래서 자신은 건실한 가정을 만들어 가며 살고 싶으니 자신을 믿고 도와달라고 했다. 결혼 전에 내가 그의 구혼을 받아들이게 했던 것은 어떤 일에나 진실하겠다는 것이었다. 그 약속을 지켜 앞으로도 진실하겠다는 그의 말에 한편으로는 흐려지는 마음을 다독이며 고개를 끄덕였다.

그리고 허니문 베이비를 몸속에 가지고 신혼생활을 시작했다. 시댁 식구들의 남편에 대한 기대는 만만치 않았다. 신혼 초부터 남편이 짊어진 물심의 무게가 당연한 듯 나의 몫으로 넘어오면서 힘이 들고 실망하면서 결혼에 대한 회의로 번민의 터널 속을 걸어가고 있었다. 체질적인지 모르지만, 임신 기간 내내 입덧이 심했다. 먹지 못하는 데다 먼 거리를 통근하는 것은 견디기 힘들었다. 기어이 교실에서 쓰러져서 태아까지 위험할 뻔했던 일이 일어나고 나서야 직장 근처로 방을 얻어 살게 되었다. 이를테면, 내 삶의 어두운 터널이었던 셈이다.

결혼 전에 남편이 진실을 걸고 약속했던 일들이 부도 수표가 되어 쌓여 가는데, 배 속의 생명은 줄기차게 못난 어미에게 계속해서 생명의 신호를 보내는 게 아닌가. 달이 차오르듯 배가 불러지면서 점점 극명해지는 생명의 신비한 신호를 빛으로 삼아 터널의 출구를 찾아야 했다. 새끼를 품은 어미 짐승의 본능은 굴속 어둠도 능히 환희로 바꾼다. 자식을 잉태하여 본 사람은 그 고통과 외로움 그러나 이율배반적이기는 하지만 기쁨과 자랑스러움을 함께 느낀다. 10개월의 그 희한하고 장엄한 터널을 무사히 빠져나오면서 신의 소명을 완수하듯 한 생명을 우주에 탄생시켰다.

그리고 어둠을 밀어내면서 고통과 담담히 화해하면서 터널을 벗어나 밝고 환한 길 위로 나서게 된다. 또 다른 터널이 기다릴지라도 어미는 자식을 키워 보란 듯이 세상 위에 우뚝 세우려는 온갖 헌신을 다짐하고 실천한다. 그리고 어미 된 어미로서의 생의 길을 본능으로 헤치며 살아낸다. 아무도 알아주지 않아도 스스로 생존의 가치를 안다. 자신 속에 자부심으로 채우며 짧다면 짧은, 길다면 긴 세월의 터널을 의연하게 지난다. 해서, 땅이든 인생이든 그 굴곡진 터널이 공히 존재해야 할 이유가 상존하는가 보다.

지금 인생의 노을 녘에 서서 지나간 삶을 되돌아본다. 사람 생의 터널은 출구를 어떤 자세로 찾느냐에 따라 삶의 방향이 달라진다고 생각한다. 통과하면서 겪는 온갖 희로애락의 경험은, 생의 질을 변화시키고, 생의 의미를 깊고 풍성하게 하는 기회가 된다고 장담함에 무리가 없다고 생각해 본다.

효자손

며칠째 찾고 있다. 흐려져 가는 것들을 붙잡기 위해서라도 찾는 걸 포기할 수 없다. 지금은 재미 대학생인 큰손녀가 여기 일산초등학교 1학년 봄 소풍 때 사다준 등긁이다. '효자손'이라고 쓰인 길이가 65센티 정도의 대나무 등긁이. 손이 닿지 않는 부분을 긁을 수 있게 끝이 손가락처럼 구부러져 있다. 어린 철부지 손녀의 기특함에 뭉클하여 찔끔 눈물까지 흘렸던 물건이다.

짝수 달에는 정기적으로 정수기를 점검하러 온다. 정수기 점검원이 식탁 위에 놓여 있는 그 등긁이를 보고 "어머니, 칼과 가위 또는 이런 것은 안 보이는데 두세요." 한다. 혼자 사는 그녀의 친정엄마가 검침원을 가장한 도둑한테 당한 이야기를 해 준다. 도둑 이야기도 섬뜩했지만, 식탁 위에 아무거나 올려놓고 쓰는 내 몹쓸 버릇에 부끄러움을 느꼈다. 그것을 받았던 당시 몇 번 쓰다가 거실장 서랍에 두었던 것을 꺼내서 다시 쓰고 있던 참이다. 점검원의 말을 듣고 등긁이를 다시 치웠는데 어디에 두었는지 영 생각나지 않는 것이다. 기억력이 감퇴되고 있다는 사실에 우울해진다.

은박지 필름에 들어 있는 혈압약을 꺼내려고 누르니 약이 튀어나와 마룻바닥으로 떨어진다. 작은 약 알갱이가 또르르 소리를 내며, 제법 큰 원호를 그리며 구른다. 내 시선보다 빠르게 굴러서 거실장이 놓여 있는 밑바닥 안으로 숨어 버린다. 거실 바닥에 엎드려 들여다보니 마루와 벽이 만난 곳에 약이 보인다. 팔을 뻗어 본다. 손이 닿지 않는다. 막대기가 필요하다. '효자손이 있으면 저걸 꺼낼 수 있을 텐데. 도대체 효자손을 어디에 둔 거야?' 손녀의 효자손이라 잘 둬야겠다고 생각한 기억은 또렷하다.

효자손이 절실하다. 이 방 저 방 거실 등 넣어둘 수 있음 직한 틈이나 가구 밑 수납장 서랍 속까지 찾아보았지만 안 보인다. 나만의 비밀 장소까지 뒤져보았지만 허탕이다. 약이 오르고 숨이 헐떡거려진다. 땀방울이 이마, 목덜미, 등줄기에서 비 오듯 흘러내려 온몸을 적신다. 일단 혈압약은 다른 것으로 먹고 소파에 앉아서 선풍기로 땀을 식힌다. 땀과 함께 건망증에 대한 짜증도 식히면서 거실을 둘러본다. 손이 닿지 않는 뒷등이 가렵다. 알 수 있을 듯 알 수 없는 묘한 자괴지심의 파문이 가슴에 인다.

보이는 해묵은 것들이 말을 걸기 시작한다. 5년 전에 산 거실장 위에 놓여 있는 50인치짜리 스탠드형 TV는 내게 있는 가장 최신형 가전 가구이다. 자식들이 제각기 가정을 이루어 떠나고, 10여 년의 투병 생활 끝에 남편도 이승을 넘었다. 최초로 컬러 TV가 나왔을 때 산 TV마저도 인연을 다했는지 고장이 났었다. 마음 붙일 데가 필요했다. 내 생전 처음으로 혼자 그때의 나로서는 거금을 주고 산 TV이다. 구차한 이야기이지만 현재 쓰고 있는 가구 대부분이 21년 전 며느리가 시집오면서 장만해온 것들이다.

문득 친정어머니가 생각난다. 친정아버지가 몇 개월 동안 병원에 입원하셨을 때, 집에 계신 어머니는 내가 사드린 TV를 종일 크게 틀어 놓고 계신다. 매일 친정아버지의 병환 상태를 말씀드리려고 친정에 들르면 크게 들리는 TV소리에 짜증이 났다. 끄려고 하면 놓아두라는 고집에 화가 났다. 3남 2녀의 자식을 키우고 가르치는 일로 평생을 집밖에 모르고 산 친정어머니다. 체면과 체통을 중하게 여겨 허튼 말이나 흐트러진 몸가짐을 보이지 않던 분이다. 이웃과 친교의 필요성도 느끼지 않아서 경로당에도 나가지 않으셨다.

이제 생각하니 생의 진이 빠져 버석거리는 어머니의 그때의 처지를 알 수 있을 것 같다. 홀로 계셨을 때 사람의 말소리가 얼마나 그리웠을까. 아니 사람이 얼마나 그리웠을까. 평생을 헌신하여 키운 자식들의 봉양을 받지 못하는 처지에서 외로움을 그렇게라도 해소해야 했을 친정어머니의 그 처연한 몸짓을 내가 홀로돼서야 알게 된 것이다. 불효했음에 용서를 빌 수 있는 때가 지나버린 것을 새삼 통탄한다.

조금은 더위가 가셔진 마음으로 시선을 옮긴다. 지금까지 내 삶을 지탱하고 이끌어준 가족들 모습이 담긴 사진 액자가 보인다. 아들네와 합가하여 살면서 찍은 사진이 거실 장 뒤 위 벽면에 걸려있다. 첫 친손녀의 백일기념일에 사진을 공부하던 시동생 아들이 찍은 것이다. 등긁이를 사다준 손녀의 백일기념 사진이다. 손녀를 안고 있는 나와 남편 주위에 아들 부부와 딸 부부가 활짝 웃고 있다. 그 옆에는 13년 전 아들네가 미국 텍사스주에 살 때, 멕시코와 접경지역 샌안토니오시를 관광 갔다가 알라모 요새* 앞에서 찍은 사진도 있다.

거실장 위에는 아들, 딸네 가족의 사진액자들이 늘어서 있다. 거실이든 방이든 낮은 수납장 위에는 가족사진 액자가 장식품이다. 그뿐이 아니다. 가족들이 남겨놓은 손때 묻은 소품들도 이곳저곳 내 눈에 띄게 놓고 산다. 손녀의 등긁이도 예외는 아니다. 때때로 아들이나 딸이 와서 보고는 핀잔을 주고 치우려고 하면 친정어머니가 하셨던 것처럼 나도 화를 낸다.

이런 전시 벽은 가족이 모두 제 살 곳을 찾아 떠난 뒤로 생긴 나의 버릇이다. 사진으로나마 가족과 같이 살고 있다는 내 외로운 몸짓인지도 모른다. 외출했다가 집에 돌아왔을 때 나를 맞이하는 식구이다. 특히 먼 곳으로 여행을 마친 후 집에 돌아왔을 때는 더욱 그렇다.

남편이 소천한 뒤, 몇 번인가 아들과 딸이 빈말인지 진정인지 같이 살자고 했지만, 쉽게 대답할 수가 없었다. 언제든지 저희의 제안은 유효하며 나의 결정에 따르겠다고 했다. 그게 어디 쉬운 일인가? 솔직히 아들 내외가 강권하면 못 이기는 척 따르려는 심산도 했다. 그러나 요즈음 현실적으로 혼자 사는 많은 사람처럼 내 힘으로 살 수 있을 때까지는 버틸 것이다.

불볕더위가 기승을 부리고, 무더운 열대야가 계속되어 견디기 힘이 든다. 아침, 저녁으로 샤워하지만 그때뿐이다. 선풍기, 에어컨으로 얼마간 더위를 식힐 수 있지만, 등은 긁을 수 없다. 손이 닿지 않는다. 문틀 모서리에다 등을 대고 비벼보지만 시원하지 않다. 그럴 때마다 손녀의 선물 등긁이가 절실하다. 아니 외로움과 그리움이 물밀듯이 밀려온다는 말이 정직하다.

요즈음은 아들과 딸에게 의연하게 지내고 있음을 보여 주려는 나의 체면과 자존심이 무너지려 한다. 살면서 간직했던 아름다운 기억들을 잊거나 잃게 되지나 않을까 하는 걱정이지 싶다. 때때로 사는 힘이 되었던 것들에 대한 기억들, 그것을 기억하는 한 살아가는 용기가 되기 때문이다.

인공지능을 가진 완벽에 가까운 물건들이 생겨나고 있다. 그러나 사람다운 인정이 질박하고 끈끈하게 배어있는 등긁이 효자손 '손녀의 손'만큼 가치 있으랴! 그때다. 눈을 들어 위를 쳐다보니 효자손의 굽은 손가락이 장식장 끝에 보인다.

왜 거기 숨어서 장식장만 긁고 있었냐? 내가 그렇게 찾았는데….

*알라모 요새: 미 텍사스주에 소재. 텍사스 주민이 멕시코로부터 텍사스를 지키다 몰사당한 성

2.

나팔꽃이 나를 반긴다

거기 그 왕벚나무처럼

며칠 전 밤새 몰래 눈이 내려 미처 떠나지 못한 가을을 덮었다. 많은 잎을 떠나보낸 나무는 가지가 확연히 드러나 보인다. 나뭇가지는 당당하고 의연하게 하늘을 향하여 뻗어있다. 나무는 알몸이 되어가는 채 말이 없다. 그냥 서 있는 곳에서 존재함을 보여준다. 계절에 따라 나무는 사는 이유를 수많은 몸짓으로 말한다. 나에게 삶을 가르쳐 준다. 나무를 보면서 삶을 배운다.

한때는 늘 푸른 소나무를 좋아했다. 소나무는 엄동설한 속에서도 서슬이 푸르다. 눈을 이고 있으면 고고한 기개가 더욱 짙게 느껴진다. 높은 산 마른 능선을 따라 또는 해안가 절벽 바위틈과 같은 척박한 곳에서의 그 끈질긴 생명력에 경외심마저 든다. 극한환경지대에서 살아내는 것이 소나무의 생리라고 하지만 그 모질고 외로웠을 삶의 여정을 생각하면 마음이 시리고 저리다. 도시의 가로수나 공원으로 모셔진 소나무를 대하면 그런 마음이 덜 들지만, 그래도 만물이 얼어붙는 한겨울에 독야청청한 것을 보면 그 고집스러움에 연민과 안쓰러움을 놓지 못한다.

그러나 벚나무는 소나무와 다르다. 한 벚나무와 벗하면서부터 소나무와 많이 다름이 흥미롭다. 나무는 그 나무대로 가지고 있는 정체성과 품격이 있을 터, 좁은 식견과 개인적인 감상에 빠져 비교하는 것 자체가 무리일까. 벚나무는 신도시가 건설되면서 공원이나 거리의 가로수로도 심어졌다. 굳이 멀리 가지 않아도 계절의 변화에 순발력 있게 적응하며 살아가는 모습을 가까이에서 보고 여러 가지를 느낄 수 있다.

일산신도시 가운데에는 나지막한(해발88m) 정발산이 있다. 작지만 산이 가지고 있는 격은 제법 갖추고 있는 공원화된 산이다. 동쪽 중턱 아래 마두도서관이 있고, 그 뒤쪽에는 해가림 지붕이 있는 쉼터와 작은 습지공원이 있다. 쉼터 옆에는 벚나무 길이 나 있고, 작은 습지공원 뒤로 소나무, 상수리나무, 자작나무와 크고 작은 이름 모를 나무들이 숲으로 이어진다.

지난 4월 어느 날, 정발산 정상까지 올라갔다가 내려오면서 도서관에 들렀다. 도서실에서 책을 읽다가 커피 한 잔 뽑아 들고 쉼터에 나와 앉았다. 온통 연분홍 꽃구름으로 덮여있는 예의 그 왕벚나무가 나를 불러냈기 때문이다. 쉼터 가까이에 약 5미터쯤 되는 왕벚나무. 가까이 다가가서 귀를 기울인다. 잊힌 기억 속 젊은 날의 기상을 불러내라고 한다. 아직도 꿈을 꿀 수 있고, 꿈을 이룰 수 있다고 말한다. 새로운 도전의 용기로 가슴이 뿌듯했다. 좋은 글을 써보겠다는 꿈.

늦가을이 되어서야 나무의 실체가 뚜렷이 보인다. 큰 줄기 밑에서부터 약 2m 위로 큰 가지 네 개가 갈라져 뻗어있다. 세 개의 가지는 팔을 벌린 듯 옆 세 방향으로 자라 많은 가지를 쳤다. 원줄기와 이어진 것은 하늘을 향해 뻗어 나가며 다시 여럿으로 갈라지며 수많은 굵은 가지, 잔가지를 쳤다. 나무 전체의 모양이 마치 큰 반구를 연상하게 한다. 나무 밑동 가까이 서서 올려다보면 나뭇가지들의 얽힘이 수많은 별자리를 보는 것 같다.

큰 가지 하나에는 옹이가 눈망울처럼 박혀있다. 옹이가 큰 것으로 보아 나이가 꽤 들었을 때 어떤 고통과 수난을 겪었지 싶다. 벚나무는 가지가 부러지거나 자르면 상처가 잘 아물지 않아 균이나 벌레가 침범하여 치명타를 입는다고 한다. 그래서 될 수 있는 대로 전정을 하지 않고 멋대로 자라게 해야 한다. 전정이 불가피한 경우 즉시 꼭 방수처리를 해주어야 하는 까다로운 면을 가지고 있다. 그럼에도 불구하고 그 왕벚나무는 중후하게 자라 사철 멋진 생존의 진면목을 보여준다.

나목으로 의지의 화신인 양 혹한을 견디고 봄에는 죽은 듯했던 가지에 꽃을 먼저 피워 주변을 환하게 하는 벚나무. 우리에게 설렘으로 새봄을 맞이하게 하고 생기와 희망을 품게 한다. 벌, 나비에게 베풂에 인색하지 않고, 다른 나무보다 열매를 미리 익히는 부지런함을 보여준다. 봄비가 오는 날 수많은 꽃잎이 눈송이처럼 떨어지는 것을 보면 찬란한 슬픔이 주는 의미를 음미하게도 한다.

꽃이 지는가 싶더니 무서운 기세로 이파리가 돋아 자란다. 여름에 들어서면 온통 짙푸른 잎들로 덮여 나뭇가지가 보이지 않는다.

널찍하고 시원한 그늘을 만들어 더위에 지친 이들의 쉼터가 되고, 새들의 안식처가 되고, 매미가 생의 노래를 마음 놓고 부르게도 한다. 다른 생명체를 배려하며 계절의 파도를 유연한 변화의 몸짓으로 타 넘는 슬기로움에 절로 감탄하게 한다.

올가을에는 그 왕벚나무도 유난히 단풍이 고왔다. 여름 내내 나무 가득 짙푸르렀던 잎들이 가을이 깊어갈수록 붉은 색깔로 물든다. 가볍고 야스럽지 않고 침착하지만 황홀함으로 다가오는 붉은색이다. 온통 붉게 단풍이 드는 것은 나무가 내적 채움을 끝내고 버림과 비움으로 겨울을 준비하는 일이다. 치열하고 충실하게 살아온 삶의 완숙을 위한 아름다운 과정이다. 겨울을 넘어 봄을 깊숙이 품으려는 몸짓이다.

왕벚나무는 주어진 삶터나 주변에 불만하지 않고, 나뭇잎은 철에 따라 수행해야 할 역할에 대해 불평하지 않는다. 소나무에서 느끼는 냉정한 결기와 의지와는 다른 것이다. 자연의 질서에 순응하며 유려하게 자신을 드러내며 사는 그 여유로움과 솔직함에 더 정이 간다. 나의 삶도 이제 가을녘에 서 있기 때문일까?

나의 생의 가을, 거기 그 가을철 왕벚나무처럼 살고 싶다. 계절마다 다른 의미로 나를 깨우쳤지만, 특히 가을의 왕벚나무는 나에게 깊은 가르침을 준다. 익혀서 내 안에 꼭 간직할 최소한의 것 이외에는 단호한 몸짓으로 모두 버리고 비우고 내려놓으라고 한다.

마침내 왕벚나무가 봄, 여름, 가을의 영광을 미련 없이 땅에 내려놓고 나목이 되어 초연히 겨울을 맞이할 준비를 하듯이.

나팔꽃이 나를 반긴다

2014년 6월 말에서 7월 초까지 약 13일간 발칸 9개국 여행 후 무릎에 고장이 났다. 의사의 권유대로 1시간 정도 걷기 위해 매일 이른 아침 3시간에 걸친 호수공원 걷기를 접고, 집 근처 공원길을 걷는 것으로 바꾸어 계속하고 있다. 20년이나 된 호수공원과 비교도 안 되는 공원길이지만, 5~6년 전 경의선 양쪽 철로변을 따라 조성된 공원길이 그런대로 이용하는데 불편이 없다.

경의선 전철과 나란히 자동차가 다니는 대로가 있어서 소음이 크다. 그러나 아침마다 공원길을 걷는 것은 건강을 유지하기 위한 한 방편이기도 하지만, 비록 인공적으로 조성된 곳일지라도 자연을 가까이서 보고 느끼는 재미가 쏠쏠하기 때문이다.

새벽빛이 막 아파트 베란다 유리창을 밝힐 무렵에 집을 나선다. 그 시간대는 다니는 사람이 적고 공기가 쾌적하며 공원의 초목들도 조용히 아침을 맞이하는 것 같아서 좋다. 또 혼자서 공원을 다 차지한 것 같은 뿌듯함도 빼놓을 수 없는 매력이다.

요즘은 나팔꽃 때문에 더 열심히 아침 운동을 나간다. 우리 아파트와 이웃에 있는 아파트 사이에 3차선 찻길이 있는데, 공원 쪽으로 진행되다가 공원길을 따라 양쪽으로 거의 직각으로 나뉜다. 이웃 아파트 쪽 모퉁이에는 텃밭으로 이용하는 공지가 있다. 아마 이웃 아파트를 지을 때 그 땅이 어떤 이유인지 몰라도 아파트부지로 수용되지 못한 것 같다. 이 텃밭에는 가지, 고추, 콩, 상추, 열무, 파, 들깨 등이 길러지는데, 주인이 2~3명인 듯하다. 플라스틱 망이나 나뭇가지로 얼기설기 쳐 놓은 울타리에는 이름 모를 덩굴식물로 덮이고, 키 크고 무성한 명아주 몇 포기도 울타리 역할에 보태듯 자라 있다.

지난 7월 어느 날, 이 울타리에서 나팔꽃을 본 것이다. 우정 누가 심은 것이 아닌 것 같다. 붉은 자주색 꽃 두 송이가 나란히 형제처럼 피어 있다. 날이 갈수록 꽃송이 수가 늘어나더니 이제는 울타리 전체에 피어서 아침마다 벙글거린다. 안쪽에 흰 별무늬를 가진 나팔꽃들이 한꺼번에 모두 아침 기상을 알리는 나팔을 불고 있듯이.

나팔꽃이 이 엉성한 텃밭 울타리에 핀 것을 본 순간 퍼뜩 어떤 감정이 가슴을 때린다. 15년 동안 이곳에서 살아왔는데, 게다가 최근 매일 아침 여기를 지나다니면서 무심히 지나친 것에 대한 미안함이다. 아니 같은 아파트에 살면서도 마주친 이웃 사람들을 무관심하게 대한 것에 대한 반성이다. 집단 주택 생활은 이웃 간에 누가 되지 않도록 살아야 하는 것이 원칙이다. 법으로도 규정되어 사생활을 보호받는다. 그러나 이웃 간의 무관심이라는 아름답지 않은 독버

섯이 자라가고 있는 것이 현실이다.

나팔꽃이 거기 피어 있음이 나의 메마르고 굳어버렸던 마음에 물기가 돌고, 잃어버렸던 마음이 되살아난다. 다른 사람들에 대한 무관심과 이기심 같은 것에 대한 반성의 마음이다. 이웃을 만나면 눈길을 주고 인사말을 나누는 정도의 몸짓이라도 실천해야겠다고 생각하면서 발길을 옮긴다. 마침 여자 노인 한 사람이 뒤뚱거리며 마주 걸어온다. "일찍 나오셨네요. 안녕하세요?" 내가 먼저 말을 건다. "아, 예 안녕하세요?" 화답한다. 만면에 웃음을 띠며. 기분이 상쾌하다. 오늘은 기분 좋은 날이 될 것 같아 발걸음이 가볍다.

철길 밑으로 가로 난 길을 통과해서 반대쪽 공원길을 따라 걷는다. 이쪽 공원은 일산 신도시가 건설되던 때에 식목한 나무들이 자라서 철길 따라 제법 숲을 이루고 있다. 언제나 그 자리를 지키고 있는 자작나무에게 인사를 하려는데 먼저 와 있던 까치가 나를 반긴다. 까치가 내려앉은 풀밭에는 며칠 전에 벌초로 곤욕을 당했던 풀들이 보란 듯이 파랗게 자라 있다.

제초기의 난도질로 상처가 났는데도 오히려 향기로운 냄새로 공원을 가득 채웠었다. 토끼풀이 무더기로 되살아나고 어떤 것은 조그맣고 하얀 꽃망울을 달았다. 씀바귀 군집도 질세라 일어서서 제 영역을 고수하고 있다. 포장된 길가 가장자리에 비집고 자란 오죽잖은 민들레들은 그래도 쭉 뻰 꽃대 끝에 노란 꽃을 달고 있거나 하얀 솜털 뭉치를 이고 있다. 조그만 이름 모를 나비가 이 꽃 저 꽃에 입 맞추는 아침은 싱그럽다.

이렇게 작고 보잘것없는 들풀 들꽃들이 자리를 지키고, 제 존재를 없이 드러내며, 살아가는 도리를 몸으로 보여준다. 대자연 속에서 존재의 가치를 보여주고, 존재의 역할을 멋지게 해내는 것이다. 공원 중간에 있는 큰길을 따라 걸으면 일산역사 근처의 주차장에 닿는다. 승용차 몇 대가 주차되어 있다. 주차장은 붉은 보도블록이 깔려있다. 블록 사이의 좁은 틈에 풀과 들꽃이 뿌리를 박고 앙당그린 채 산다. 사람의 발길에 또 자동차 바퀴에 짓밟히기도 하면서 기도 못 편 채 납작 바닥에 엎드려 산다. 척박함을 탓하지 않고 안분지족하며 꽃을 피운다. 으깨져 퍼렇게 뭉개진 처참함에도 의연하다. 장관이다. 할 말을 잃는다.

하찮은 들풀이나 들꽃이 내 존재와 삶을 되돌아보게 한다. 딸이라고 늘 비하하던 어머니의 지나친 편애에 눌려 자신의 존재를 부정하고 자살을 시도했던 일. 가난한 집안 형편을 부끄럽게 생각하고 부모님을 원망했던 일, 가진 것에 만족하거나 감사하지 못하고 더 가지려고 욕심을 냈던 일 등. 지내다 보면 넘길 수 있었던 고통에 절망하던 일. 후회스럽다.

다시 발길을 돌려 철로와 가까운 길을 따라 되돌아 걷는다. 포장된 길 가장자리에는 숲 그늘을 피하여 강아지풀, 씀바귀, 제비꽃, 쇠비름, 메꽃 등의 들풀과 들꽃들이 자리하고 있다. 무심히 지나다니는 사람들을 그들 또한 무심히 지켜보며 자리 잡고 살고 있다. 씀바귀의 노란 여린 꽃과 근처 회양목을 감고 올라간 분홍색 메꽃이 소곤거린다. 저희도 우리처럼 우주의 권속임이 당연하다는 듯이.

근처의 잔디도 자리 한 편을 들풀, 들꽃에게 내주고 불어오는 바람에 같이 살랑거린다. 고향이 어딘지 어디서 왔는지 따져 묻지 않고, 서로 어울리며 나누며 공존하는 들풀과 들꽃들의 건강한 삶의 노래를 아침마다 듣는 이 즐거움. 그래서 그런지 내 무릎의 관절은 1시간 동안 걷는데 무리가 없다. 철길 밑의 길을 다시 지나 나팔꽃이 피어 있는 곳에 도착한다.

나팔꽃이 나를 반긴다. 뚜뚜뚜뚜! 살아 있음에 감사하고, 고귀한 생명으로 서 있는 자리에서 최선을 다하라고, 아름답게 살라고 손을 흔든다.

늦은 저녁의 하얀 절편

저녁 9시 뉴스를 듣고 나서, 잠옷으로 갈아입으려는데 인터폰이 울린다. 수화기를 들었다. 우리 동 경비아저씨다. 무슨 일이냐고 했더니 올라가서 이야기하겠다고 한다. 내일 아침에 해도 되지 않겠느냐고 하니 무례하지만, 잠깐이면 된다고 하면서 인터폰을 끊는다.

혼자 사는 처지에서 그것도 늦은 밤이라 황당한 생각이 들었다. 번개같이 올라왔는지 이내 벨이 울리고 투박한 목소리가 들린다.

"죄송해유. 늦은 밤에. 이거 드셔유. 제가 내일 아침부터 경비를 그만 둬유. 5층에 사시는 노인 양반이 섭섭하다면서 이 떡을 많이 주셨슈. 그래서 나눠 드리려구유."

단숨에 말하고 내 손에 떡 접시를 놓고 돌아선다. 내게는 말할 틈도 주지 않고 잡아놓은 엘리베이터를 탄다. 어안이 벙벙하다.

따끈한 온기가 감지된다. 식탁에 놓고 열어보니 하얀 절편이다. 아직도 따뜻하고 말랑말랑하다. 한 입 베어 문다. 왠지 콧날이 시큰하고 가슴이 따뜻해진다. 아니 섭섭함이 뭉게구름처럼 피어오른다.

그분은 2년 전인가부터 우리 동의 경비원으로 일했다.

매일 아침 동이 틀 무렵에 걷기운동을 나간다. 아침마다 한 번에 두 분의 경비원을 만나서 인사를 나눈다. 교대시간이기 때문이다. 절편을 주고 간 경비아저씨는 꼭 "아직 어둔데 벌써 나오셨슈? 조심 허셔유." 인정 담긴 충청도 사투리로 걱정의 인사말을 한다. 그 정다운 인사말은 그날 하루를 기분 좋게 시작하게 해주었다.

우리 아파트는 매주 화요일 저녁 9시부터 다음날 수요일 아침 9시까지 분리수거를 한다. 어느 화요일 오후, 외출하면서 분리한 잡동사니를 현관문 밖 복도 귀퉁이에 내놓고 나갔다. 귀가하면서 버리고 들어가려는 심산이었다. 그런데 돌아와 보니 그 잡동사니 뭉치가 없어지고 후줄근하던 상자조차 튼튼하고 깨끗한 것으로 바뀌어 놓여있었다.

누가 그랬을까? 혼자 사는 나에게 이런 배려를 해줄 사람이 누구일까? 옆집은 아이가 셋이나 있는 맞벌이 부부고, 위 아랫집은 누가 사는지도 모르고, 딸도 멀리 이사 가고. 가끔 분리수거 날에 위층 어디선가 들리던 충청도 억양의 말소리가 생각났다. '경비원 아저씨의 유쾌한 짓이로구나.' 거기까지 생각이 미치자 바로 내려갔다. 몇몇 주민이 분리수거용 쓰레기를 분주히 분리하여 버리고 있었다.

그들 사이에서 열심히 돕고 있는 아저씨를 보았다. 얼마간 지켜보자 내 시선을 느꼈는지 나를 쳐다보며 벙긋 웃는다. "기사님, 저의 집 앞 잡동사니 치워주셨어요? 들어와서 버리려고 했는데. 고맙습니다." 몸은 여전히 종이상자를 옮기고 고개만 끄덕이며 웃는다.

무더운 여름날 나가서 안고 온 피로가 한꺼번에 풀린다. 흐뭇하고 상쾌하다.

16년째 이 아파트에 살아오면서 여러 번 경비원이 바뀌었다. 언젠가 파주에 사신다고 하던 근무태도가 좋았던 경비원 한 분이 있었다. 그분은 해병대 영관급 출신이라 했다. 아파트 주민을 대하는데 절도 있고 예의 바르며 부지런했다. 아파트 주변이 늘 깨끗했고 수목의 관리도 잘했다. 물론 아파트에 드나드는 사람이나 택배 물품의 건사 등의 관리와 경비도 잘하는 편이었다.

그런데 술주정뱅이 주민과의 몇 번의 마찰로 결국 그만두고 말았다. 아파트 주민의 몰염치한 상식 이하의 행위를 보면서 그냥 넘어가지 못한 것이다. 직업군인으로 살아온 몸에 밴 강직한 성품이 화근이라면서 허허 웃고 아파트 경비직을 그만두었다.

이번에 그만두는 이분에게는 어떤 이유가 있었을까 궁금했다. 관리실에 가서 물었더니 인사문제라 하면서 밝히 대답할 수 없다고 했다. 주민이 경비아저씨의 근무태도에 우리 동 아파트 주민이 불만을 제기했다고만 했다. 관리실에서 나와 우리 동 앞에서 나보다 더 윗층에 사는 자주 인사를 나눈 노인을 만났기에 물어보았다.

그 경비아저씨는 월남 참전용사인데 바로 고엽제의 상해를 입고 제대한 사람이란다. 그런 그가 아파트 수목 소독과 가지치기 작업을 하고 나서 온몸에 궤양성 두드러기가 나서 가렵고, 39도~40도의 열이 나서 보름 동안 병원에 입원하여 집중적인 항생제 치료를 받았다는 것이다. 아파트와 병원치료비 보상 문제로 갈등이 있었고,

퇴원해서 경비 근무 중 가려움을 극복하기 위해 자리를 비우고 지하 주차장에 가 있는 시간이 늘었던 것 같다고 했다.

관리실에서는 다른 동의 경비로 자리를 바꿔 근무하라고 했는데, 본인이 수용하지 않았다는 것이다. 이분 역시 참전용사로서의 기개를 소중하게 여기며 자존심을 내려놓지 못했나 보다.

사람과 사람 사이에 관계가 맺어지고 유지되는 것은 상대적인 것 같다. 처음 본 사람이라도 웃음 띤 얼굴로 대하면 누구든 그 웃음이 반사되고 좋은 감정으로 소통의 길이 열리는 경우를 자주 경험하지 않는가. 맺어진 관계가 아름답게 지속되고 커가는 것도 서로의 의지와 노력이 필요하다. 이해와 배려를 기본으로 갖고 서로를 대해야 가능하다 할 수 있다.

우리 아파트도 노인가구가 꽤 된다. 독거노인 가구도 점점 늘어난다. 노인을 이해하고 노인 생활을 도우려는 마음을 가진 사람이 점점 줄어드는 각박한 현실. 투박하고 정겨운 마음을 가졌던 충청도 사투리 참전용사 경비아저씨의 떠남이 못내 아쉽다.

새로 온 경비아저씨에게 내가 먼저 따끈한 차 한 잔이라도 들고 가서 인사를 해야겠다. 늦은 저녁에 받은 이별의 하얀 절편에 묻어 있던 따뜻한 감동을 잊지 않기 위해서라도.

봄이 오는 틈새에서

겨울의 끝자락에 순해진 햇볕을 어떻게 알았는지 춘설 틈에서 새 생명들이 꼼지락거리더니 어느새 꽃을 피운다. 설중매화는 눈 쌓인 가지 끝 꽃눈 틈에서, 복수초와 바람꽃은 매운바람을 맞으며 온몸으로 견딘 인고의 체온으로 잔설을 비집고 꽃을 피운다.

씨앗을 잉태하기 위한 초목의 화려하고 눈부신 색채의 파노라마가 펼쳐질 것이다. 꽃 향의 텔레파시에 이끌린 창조의 조력자인 새, 곤충, 바람, 시냇물도 깨어날 것이다. 식물이 꽃을 피우는 것은 종족을 보존하기 위한 목적으로 극치의 몸부림이라고 한다. 자손을 퍼뜨리기 위한, 대를 이어가기 위한, 종의 생존을 위한 처절한 사투라고 볼 수 있다.

봄에 피는 꽃들은 대부분 잎보다 꽃이 먼저 핀다. 나목으로 겨울을 견디고 맞섰던, 단단하고 메마른 가지에 매달린 꽃눈은 지난 밤 내린 차가운 봄비로 목을 적신 듯 생기를 부풀리고 있다. 꽃눈을 한 개 따서 쪼개어 보면, 아기 꽃잎이 꽃심을 속에 두고 겹겹이 차곡차곡 둘러싸고, 단단하거나 털 달린 외피에 싸여 있는 것을 볼 수 있다. 말할 줄 모르는 그들의 생명에 대한 그 완벽한 삶의 자세에 감탄과 경이로움을 함께 느낀다.

어느 해인가 샌디에이고에 사는 아들네에서 겨울에 걸쳐 봄철까지 살았던 적이 있다. 그곳은 연평균 기온이 13~20℃의 쾌적한 기후이다. 지중해성 기후로 여름은 조금 더운 정도이고 겨울은 온화하여 영하로 내려가는 일은 거의 없다고 한다. 비는 겨울 이외에 거의 오지 않으며 눈은 전혀 내리지 않는 곳이지만, 내가 가 있었던 그해 겨울에는 이상기후로 큰 우박이 떨어지는 것을 보기도 했다.

기후가 그런 그곳에서는 꽃이 피지 않을 것 같은 나무가 꽃을 피웠다. 계절의 구분이 뚜렷하지 않은 기후라 그런지 1년 내내 연속 상연하듯 여러 가지 꽃들이 번갈아 가며 꽃을 피웠다. 건물들의 주변, 도로 가장자리, 주택 안팎 담장 주변과 둑길 옆, 덤불 속에서도 언제나 꽃을 볼 수 있었다.

더욱 놀라운 것은 멕시코와 국경이 근접한 사막지대인데 물이 부족한 그곳에서 그렇게 다양한 식물이 자라고 꽃을 피운다는 사실이다. 그 사막지대의 용수의 공급원은 콜로라도 북쪽 로키산맥의 눈 녹은 물에서 시작된 콜로라도강이라고 한다. 강의 길이가 약 2,330㎞로 하류에 후버댐과 인공호수를 건설하여 그곳에 저수된 물이 송수관을 타고 전송된다고 한다. 인간과 자연의 틈새에서 이루어지는 투쟁과 타협과 조화의 관계에서 승화된 창조의 힘에 크게 감동했다.

그래도 그곳에도 계절의 변화가 있다. 봄이 오면 우리나라의 봄에 볼 수 있는 것처럼 잎보다 꽃을 먼저 피우는 나무가 있다. 산호나무라고 하던가? 그것도 아주 순도 높은 진한 빨간색이다. 너무 빨개서 검붉은 색으로 보이기도 하는 꽃들만 갈색 줄기 끝 마디마디에서 단단한 껍질 틈을 가르고 나온다.

나무의 가지에 잎도 없이 온통 피어난 꽃들을 보면서 T.S. 엘리엇의 시 「황무지」가 생각났다. 4월은 잔인한 달(April is the cruelest month)이라고 표현했던 구절이. 슬프도록 빨간색을 보면서 나도 모르게 얼마나 아팠을까 하고 중얼거렸다.

온 나무를 뒤덮은 그 빨간 꽃들을 보면서 우리나라에서 열렸던 월드컵 경기와 88올림픽이 떠올랐다. '붉은 악마'라고 불리던 우리나라 응원단이 경기장, 광장, 거리에 넘쳐흐르면서 폭발하는 열망을 분출하던 모습 말이다. 창조와 정의와 사랑과 평화를 구현한 화려하고 장엄했던 축제 말이다.

우주에서, 지구라는 작은 행성에서 그 많은 나라 틈에서도 아주 작은 나라 분단국인 우리나라가 세계를 뚫고 우주로 비상하던 그때의 모습을 떠올렸다. 저녁 밥상머리에서 잔소리 대신 아들 내외와 손녀들을 위한 기도를 했다. 한국인으로의 자부심과 정체성을 더욱 빛내는 삶의 주인공들이 될 수 있도록 도와 달라는 기도를 드렸었다.

나는 단순히 봄꽃이 피어나는 경이로움만을 말하려는 것이 아니다. 꽃이 필 때의 신기함보다도 나무나 풀의 그 기막힌 산고를 간과할 수가 없다. 여자로 태어나서 아기를 잉태하고 열 달을 배 속에서 키웠던 과정도 힘들었지만, 아기가 나오려고 하기까지 진행되는 통증과 나오는 순간의 그 산통은 이 세상에 존재하는 언어로서는 표현할 말이 없었다.

생명의 탄생은 어미가 자신의 생명을 죽음과 맞바꾼 행위인 것이다. 새 생명이 좁은 틈에서 생살을 찢고 나오는 그 고통은 비단 사람이나 짐승만이 겪는 고통은 아닐 터이다. 봄철에 그 마른나무 가지 끝에서, 겨울을 견디고 눈을 키워서, 꽃으로 피워내는 초목의 그 아픔이 예사로 보이지 않는 것은 나의 지나친 센티멘털일까.

이 세상에서 가장 아름다운 꽃은 인간의 꽃, 아기라고 누가 말했던가. 새 생명의 탄생은 신비와 경이로움에 신의 은총과 축복을 동시에 경험한다. 또 하나의 우주가 태어난 것이니 어찌 기쁘지 않을 수 있겠는가. 감사하지 않을 수 있겠는가. 어미의 모진 산고를 송두리째 깡그리 잊게 하는 감동인 것이다.

겨울의 긴 끝자락과 새봄의 경계 틈에서 꽃을 피우기 위해 모진 산고를 겪는 나무들. 꽃샘추위를 이기고 어서 피어나 역동하는 창조의 아름다움을 우리에게 보여주기를 기대해 본다. 인생의 노을 녘에 서서, 봄을 피우는 꽃들을 보며 인고의 아름다움을 배우고, 삶에 대한 식지 않을 희망과 열정을 다짐하여 본다.

부활을 꿈꾸며

- 폐지의 꿈

오늘도 나는 배달원의 수고로 이 집의 현관문 밖에 놓였다. 예전 배달원은 엘리베이터에서 휙 집어 던져서 아무렇게나 놓이기 일쑤였다. 지금의 배달원은 주인이 현관문만 열면 바로 집어 들 수 있게 잘 접어서 반듯하게 해서 놓아둔다.

내 몸은 수많은 활자와 그림으로 채워져 있다. 지구상의 모든 일의 과거 현재 그리고 미래까지의 엄청난 양의 정보 제공을 위해 매일을 살다 매일을 죽는다. 그래도 매일 새로 태어나는 까닭에 내일에 대한 꿈을 포기하지 않는다. 나는 종이로 된 모 일간 신문이다. 사실과 진실의 보도 사명의 속도감이 TV나 IT 등 첨단 과학기기에 밀리더라도 의의 있는 이들에 의해 매일 매일을 새롭게 태어나고, 그리고 사명을 다하고 죽어서 폐지가 된다.

주인과의 인연은 50년이 넘는다. 아들과 딸을 낳아 기르고 가르쳐서 결혼시키고, 손자 손녀를 기르고 부모님을 보살피고, 3년 전에는 남편이 먼저 하늘나라로 가는 긴 기간 동안 지켜보면서 말이다.

주인은 매일 나를 대하면 2~3시간에 걸쳐 읽고 필요한 부분은 오리고 모아서 각각 구분하여 책을 만든다. 언제부터인가 신문의 뒷면부터 읽는 습관이 붙었다. 정치 사회적인 못마땅한 꼴들에 대한 기사는 나중에 읽는다. 도를 더해가며 벌어지는 현실적 불의의 작태에 내심 신물이 난 것일 것 같다. 문학적이고 예술성 높은 글이나 명쾌한 칼럼 그리고 연재되는 언어공부와 외국어 공부에 필요한 것들을 주로 오려낸다. 그리고 때때로 특집으로 엮은 새로운 교육, 경제, 건강, 산업, 관광 정보에 대한 것도 오려낸다.

그리고 나머지 신문지는 접어서 차곡차곡 폐지 모으는 종이 상자에 넣어둔다. 모아 둔 신문지는 직접 주인의 생활 한 귀퉁이에서 또 다른 가치를 발휘하기도 한다. 습기나 먼지가 있는 집안의 이곳저곳에 쓰이거나, 냉장고에 채소 등 식품을 보관할 때 등에 유익하게 쓰인다.

폐지가 된 우리는 약 2~3주 동안 주인에 의해 모여진다. 아파트의 재활용 분리수거의 날에는 각각의 집에서 나온 나와 같은 처지의 폐지들을 한 곳에서 만나게 된다. 때로는 글이 가득 실린 질이 좋고 하얀 인쇄용 A4용지 다발이나, 신문에 끼어들어온 광고지 또는 광고가 표면에 찍힌 작은 종이 상자들의 풀린 잔해를 만나기도 한다. 그날은 크고 작은 종이 상자도 모여 성처럼 쌓아지는데, 명절이 지난 다음에 있는 분리수거 때에는 예쁜 색채의 무늬까지 있는 더 큰 종이 상자성을 볼 수도 있다.

재활용 생활 쓰레기들은 여러 가지가 있는데 그중 가장 많이 나오는 것은 종이류로서 폐신문지 등 폐지라고 한다. 재활용이란 쓰고 버린 물건을 그대로 사용하는 것이 아니라 특별한 방법을 동원하여 손질하거나 되살려 사용하는 것을 말하는데, 우리 폐지는 대부분 새로운 종이로 만들어져 재활용되고 있다.

신문에 쓰이는 종이도 결국은 폐지가 되었던 우리의 전신이었던 셈이다. 그리고 우리는 신문으로 태어났다가 폐지가 되고 다시 신문이 되고 하는 생과 사의 재활용 순환 운동을 하는 것이다. 그러나 사람의 관심과 애정이 없이는 폐지의 생명도 그리 순탄하게 순환의 대열에 오래 승차하지는 못한다. 사람의 처사에 상처를 입지만 시쳇말로 그들이 '갑'이니 참을 수밖에 없다. 처분만 바랄 수밖에, 당할 수밖에 없다.

나의 고향은 대지이었다. 내 생명의 원천은 대지에 뿌리를 박고 사는 초목이었다. 자연의 많은 부분을 차지하는 숲이라는 것이 정확한 표현이다. 그런데 인구가 폭발하고 산업이 초고속으로 발달해가면서 여러 가지 이유로 숲이 빠른 속도로 파괴되어왔다.

숲은 지구상의 생명체에게 많은 것들을 준다. 나의 전신인 나무는 사람에게 충분한 산소와 많은 자원과 에너지를 준다. 사람 생활의 유익을 위해 나무는 자신의 모든 역할을 완벽하게 해내고, 자신의 모든 것까지 아낌없이 줄 뿐인데 사람의 몰염치한 욕심에는 당할 재간이 없다.

지금도 세계 곳곳에서 수많은 그루의 나무들이 베어진다. 종이의 원료인 펄프, 건축재, 가구재를 얻기 위해 벌목된다. 심지어 산업용 대지를 만들거나 건물을 짓기 위해, 또는 도로를 넓히기 위해서 숲을 불태우기도 한다. 또한, 행락객이나 등산객의 부주의로 산불을 내어 수십 년의 삼림이 한순간에 잿더미로 변하기도 한다.

최근에 와서나마 숲은 지구의 미래와 직결된다고 그 심각성을 자각하는 사람들이 많아져서 다행이다. 사람은 자연의 한 구성원으로 태어나 자연의 품에서 살며 삶에 필요한 모든 것을 자연에서 얻어낸다. 그리고 예외 없이 모두 자연으로 되돌아간다. 자연의 혜택으로 부어진 넘치는 잔의 무게에 감사하며, 다른 유형무형의 생명체와 조화와 질서를 함께 누리는 배려와 겸손함이 숲을 지키는 일, 자연을 지키는 일이 아닐까.

자연을 지키는 가장 현실적인 방법은 생활 속에서 낭비를 줄이는 것이라 생각한다. 특히 생활 쓰레기의 많은 부분을 차지하는 종이류의 소모와 낭비가 삼림자원을 고갈시키는 가장 큰 원인인 것을 아무도 부인할 수 없을 것이다. 자연이 준 자원을 소중하게 아껴 쓰는 것도 중요하지만 무엇보다도 재활용할 수 있는 구체적인 방법을 연구하고 실천해 가는 노력이 더 소중한 일이라는 생각이 든다. 어찌 우리 폐지뿐이겠는가. 매일매일 쓰고 버리는 사람들의 일상도 예외는 아니라는 생각도 든다.

종이가 만들어지기까지는 여러 가지 기술적 과정을 거쳐야 하고 노력과 경비를 들여야 한다. 물론 폐지의 재활용도 특별한 방법으로

손질하고 필요한 공정을 거쳐야 하지만, 원자재(나무)를 사용하지 않아서 삼림의 소모와 더 나가서는 자연의 훼손을 많이 줄일 수 있다는데 반론의 여지가 없을 것이다. 또한, 폐지의 활용은 환경 파괴와 오염을 줄일 수 있는 가장 손쉬운 환경 보호의 방법이라고 믿는다.

보통 폐지를 재활용해서 새로운 종이를 만든다. 재생 용지는 신문이나 책을 만드는데 사용되지만, 주로 공책 같은 문구류 위주의 제품을 만드는데 이용된다. 창의성이 아쉽다. 폐지가 재생 용지를 넘어 보다 새로운 의미 있는 제품, 멋스럽고 예술성이 있는 제품, 누가 보아도 감탄할 수 있는 어떤 제품으로 다시 태어난다면 얼마나 멋진 일일까. 뜻있는 사람들이 지금도 우리를 이용해 신소재를 만들어 내려는 연구를 멈추지 않고 있음을 고맙게 여기며, 가까운 날에 올 멋진 우리 폐지의 변신을 기대하고 소망한다.

아니 변신이니 창의성이니 예술성이니 하는 제품이 못 되더라도 폐지였던 재생 용지로서 꿈이 있다. 바라 건데, 이 세상에서 아직 쓰이지 않은 가장 훌륭한 시가 실린 시집이 되고 싶다. 아직 불러지지 않은 가장 아름다운 노래가 채보된 악보가 되고 싶다. 이 세상에서 아직도 그려지지 않은 최상 불후의 명작이 그려진 캔버스가 되고 싶다.

그래서 나 폐신문지는 오늘도 꿈을 꾸면서 죽는다. 부활을 꿈꾸며 죽는다.

착각도 착각 나름

- 나는 사랑에 빠져있다

우리는 찰나를 살고 있으면서도 별 변화 없이 늘 언제나 그 자리에서 살고 있다고 생각한다. 어제가 지나갔고, 어제와 비슷한 오늘을 살고 있고, 또 그렇게 비슷하게 이어질 내일을 살 것이라고 착각하면서 말이다.

사람들은 때때로 자신의 일상에 변화가 적으면 얼마간은 편안함이나 안정감을 느끼다가도 점점 지루해하고 답답해한다. 심지어 불행하다는 생각까지 하게 된다. 그래서 비록 나중에 곤란과 위험에 처하더라도 변화를 해야겠다는 욕망에 사로잡혀 일상에서 일탈을 시도해 보기도 한다.

지나간 젊은 시절의 내 삶을 돌이켜 보면 젊음 자체가 열망이 되어 나를 어디론가 이끌어 가던 때가 있었다. 일상적인 일이나 직업상의 업무가 아닌 일에 말이다. 가깝게는 친구나 동호인과 시간이나 활동을 공유하면서 재미를 느끼기도 했다. 때로는 국내 여행이나 외국 여행을 하는 식으로 일상을 탈출해보기도 했다. 그런 경험은 들인 힘이나 시간만큼 심신에 활력을 충전시키기도 한다. 그렇지만 동선은 다시 제자리로 돌아오곤 하는 것이 우리 보통 사람들의 삶의 모습이다. 변함없이 바쁜 일상에 빠져 허덕거리며 산다.

그러나 분명한 것은 '지금'과 '여기'라는 시간과 공간은 이미 지나가고 있는 동적인 상태인 것이다. 다시 말하면 순간순간의 점의 연속으로 된 선이 인생이라고 생각한다. 생의 선은 어떤 부분은 영 지워진 것처럼 보이다가도 어느 날 문득 고통의 경험은 냉혹하리만치 또렷한 기억으로 되살아난다. 살면서 부딪혔던 일이 기쁨보다는 고통이 많았던 것은 비단 나만이 그랬던 것은 아니리라 생각하지만.

우리는 많은 사람과의 관계 속에서 산다. 우리들의 삶에서 대다수의 문제와 고민은 인간관계에서 비롯되는 듯하다. 자연과의 관계, 신과의 관계 등으로 관계의 시공간적 차원이 넓어지면서 다양한 문제가 생기지만 그 문제해결의 근간도 인간관계에서 찾아보아야 한다고 생각한다.

사람과 사람 사이에서 일어나는 문제나 갈등은 흔히 소통이 원활하지 못함에서 온다고 할 수 있다. 원활한 소통은 어떤 것에 대한 각각의 인식과 각각의 감정에서 그 차이를 어떻게 극복하고 공유하는가에 달렸다고들 말한다. 다시 말하면 문제관점에 대한 인지각의 차이나 착각의 크기를 어떻게 이해하고 조절하느냐에 있다고 볼 수 있다.

때때로 착각은 엄청난 재앙을 불러오기도 한다. 역사상 왕이나 정치가 또는 종교가 그 밖의 권력의 형태를 쥔 사람들이 자신을 마치 전능자로 착각하여 세상을 각가지 전쟁으로 몰아넣어 사람들의 생명을 빼앗고, 문명을 파괴하고, 사회를 혼란시키고, 영혼을 타락시키기도 했다. 자연재해가 재앙의 단계로 맞닥뜨려질 때 살아나기도 힘든데, 한 개인의 착각으로 야기된 인위적 재앙이 더 세상을 고통스럽게 하기도 했다.

그러나 나와 같이 평범한 삶을 사는 사람의 입장에서 보면, 착각의 크기를 오차도 없이 딱딱 맞추면서 이성적인 판단만을 하고 산다면 우리의 삶은 얼마나 각박하고 재미없을까? 착각도 착각 나름이다. 예컨대 사실이나 대상에 대한 각 개인 간이나 대상에 대한 긍정적인 착각, 그것이 만들어낸 부채꼴의 영역이 때때로 예술이 되고 사랑이 되는 것이 아닐까?

나는 요즈음 사랑에 빠져있다.

하나는 문학에 대한 나의 열정이다. 문학이라는 엄청난 넓고 깊은 바다에 풍덩 빠지고 싶지만, 그 오묘한 매력에 취하면서도 다가갈수록 자신이 왜소해지고 두려워져서 때때로 멈춰 서서 바라만 보기도 한다. 글이 나를 바라보는 시각과 내가 글을 바라보는 시각이 만드는 부채꼴의 영역이 점점 좁아지고 마침내 포개지는 그날을 위해 나의 부단한 혼을 다한 열정을 다짐해 본다.

또 하나는 글을 쓰는 사람에 대한 사랑이다. 한 사람은 창작수필의 대가이며 나의 스승이시다. 여든이 넘은 연세이면서도 더구나 허리디스크를 수술하고 복대를 찬 채 강단에 서서 한국 창작수필을 열강하시는 분이시다.

1977년에 쓰신 「해바라기」는 사모님을 만난 인연을 진솔하게 담아낸 수필인데, 읽으면서 내내 내 가슴을 떨게 했다. 또 1979년 어머님을 북에 남겨 두고 온 혈혈단신 월남한 실향민의 아픔을 담은 수필 「북창」과 1989년 유럽 5개국을 여행하면서 Y형에게 쓴 편지글 형식의 「내 잔이 넘치나이다」 기행수필을 읽고 나서 여러 날을 가슴 떨림으로 지냈다.

그분이 나를 가르치는 시각과 내가 그분께 가르침을 받는 시각이 지금은 의미 약한 부채꼴의 영역이겠지만, 장차 포개지지는 않더라도 의미가 선명한 부채꼴이 될 수 있다는 착각이 요즈음 나를 행복하게 한다.

또 한 사람은 시를 쓰는 선배이다. 문학 공부를 하면서 만났다. 그는 현대의학상 아직 해결이 힘든 병과 벗하여 지내면서 시를 쓰는 사람이다. 노년 문학상을 몇 차례 받았지만, 자신을 드러내지 않고 그냥 좋아서 자신의 영혼으로 노래하고 있다. 가끔 만나서 그의 생이나 노래의 시각과 나의 시각을 맞추어 보면, 많은 부분에서 공유의 폭이 겹쳐지는 기쁨을 맛볼 수 있다.

사람과 사람 사이에 갖는 감정에도 착각이 있는 게 분명하다. 서로가 친밀해지고 때로는 소원해지고 하는 것도 착각에서 비롯되는 듯하다. 사람과 사람 사이의 거리감이 시각의 크기라면 적당한 착각은 소통과 공유의 숨 고르기 공간이 될 수 있지 않을까 생각해 본다.

그래서 사람 사이의 관계에서 사람 개개인의 차이를 인정하거나 긍정하는 착각은 오히려 삶을 더 풍성하게 하는 착각임이 분명하다.

층간 소음이 때로는

겨우내 웅크리고 숨죽였던 것들이 기지개를 켜면서 다시 소리를 내기 시작한다. 봄이 오는 중이다. 봄이 되면 세상은 자연히 크고 작은 움직임으로 부산해진다. 그 움직임은 여러 가지 빛깔의 소리를 낸다.

우리는 수많은 소리에 둘러싸여 산다고 할 수 있다. 듣기 좋은 소리가 있고, 듣기 싫은 소리가 있다. 자연에서 나는 소리가 있고, 사람에 의한 인위적인 소리가 있다. 봄바람이 불고, 봄비가 오는 자연의 소리에 만물은 생기를 띤다. 생활 속에서 졸업식 입학식 그리고 취업에 따른 기쁨, 새 학기를 맞은 아이들의 재잘거림, 전파의 꽃소식 등은 사람이 내는 듣기 좋은 소리이다. 듣기 싫은 소리는, 극히 개인적이고 주관적일 수 있으나, 없는 것이 좋은 소리이다. 우리 감각에 불쾌감이나 피해를 주는 비주기적인 소리이다. 커다란 소리, 불협화음, 비교적 높은 주파수를 가진 소리가 이에 속한다. 자연의 소리가 아닌 사람에 의한 인공적인 소리가 많다. 소음이다.

경기침체 속에서도 날이 풀리자 주택건설 공사가 활기를 찾는다. 분양 광고가 여기저기 나붙고 이사하는 모습도 자주 보인다. 내가 사는 아파트도 설 전후부터 새 학기가 시작되는 3월 초까지 여러 집이 이사를 오고 간다. 부산해지면서 바람직하지 못한 소리가 부쩍 늘어난다. 사는 곳마다 조금씩 다르겠지만 교통소음, 생활소음은 도시에 사는 사람이면 누구나 날마다 겪는 소음일 것이다. 교통 생활의 편의가 고려된 지역에는 교통소음이 더 클 수밖에 없다. 대로와 철로가 인접한 지역의 다세대주택이나 아파트의 경우에는 생활소음까지 더하여 여러 가지 문제가 일어난다. 층간 소음이다.

가끔 초저녁에 관리실에서 층간 소음 민원이 있었다고 주의를 당부하는 방송이 들린다. 주택법 제44조를 들먹이며 각성을 촉구하는 자못 경고성 소리이다. 요즘 들어서 자주 들리더니 오늘은 밤 11시 막 잠이 들었는데, 요란한 화재 비상벨이 울린다. 시국이 불안한 현실에 생각이 미치자 황급히 일어났다. 경비실로 통하는 전화는 통화중 신호만 울린다. 경비실과 광장이 보이는 쪽의 창문을 열었다. 벌써 놀란 주민들이 경비실 앞에 모여서 각자 모두 경비원을 둘러싸고 고함 섞인 목소리로 떠들고 있었다. 경비원 모두가 우리 동 입구에 들어갔다 나왔다 하는 분주한 모습이 보인다. 이윽고 화재 비상벨 소리가 멈추었다. 그리고 광장에 모였던 사람들이 하나둘 제집으로 돌아갔다. 나중에 알고 보니 5층의 화재 비상벨을 부모 귀가를 기다리던 아이가 건드렸다는 것이다. 별안간 벌어진 해프닝이다. 황당하다.

막 오고 있는 봄날 밤의 기온은 겨울의 칼칼함을 못 떨친 듯 쌀쌀하다. 한참을 떨면서 지켜보던 터라 다시 이부자리 속으로 몸을 묻었지만, 몸이 쉽게 녹지 않고 잠도 오지 않았다. 혼자 살게 되면서 많은 불면의 밤을 보냈다. 그렇게 천착했던 세상에서 일탈 되어 바람 부는 황량한 벌판에 서 있게 됐다는 느낌은 꽤 오랫동안 내 가슴에 똬리를 틀고 있었다. 스산한 바람이라도 불거나 빗줄기가 유리창을 두드리는 밤이면 더욱 끝없는 회한들이 밀려오고, 외로움에 뒤척이다 날을 밝힌다.

그러나 차라리 그런 날이 나음을 나중에야 알게 됐다. 구름이 덮어 별도 보이지 않고 사위가 무섭게 고요하여 아무 소리도 들리지 않는 칠흑 같은 밤은 공포까지 동반한 고독감을 느끼게 한다. 지구 종말의 무서운 현장에 홀로 남은 자의 심정과 같다면 과한 표현일까. 그런 때에, 어느 집 누군가의 가래침 뱉는 소리와 변기 물 내리는 소리, 이어 두런두런 말소리가 들리면 무척 반갑다. 혼자가 아니라는 사실에 눈물까지 난다. 층간 소음이 그렇게 고마울 수가 없다.

단독주택에 살다가 아파트로 바꾸어 살게 된 지 벌써 20년이 넘었다. 결혼한 후 단독주택 남의 집 문간방 한 칸을 얻어 산 것을 시작으로 40여 년을 단독주택에 살았다. 자식 둘이 다 커서 고등학생과 대학생이 되었을 때 여전히 단독주택을 고집하는 남편을 억지로 설득해서 아파트로 바꿔 살게 되었다. 처음으로 아파트에 살게 되자 단독주택 거주의 불편했던 점이 없어서 잘했다 싶었다. 낮은 산 중턱에 남향으로 세워진 아파트다. 그것도 14층 가장 남쪽 끝에 위치하여 남편의 편견을 불식시키기에 충분했다. 햇빛이 잘 들어오고 앞이 탁 트여 전망이 좋았다. 뒷산에 숲이 있어 사계절의 변화와 아름다움을 즐길 수 있었다.

그런데 문제가 생겼다. 위층으로부터 들려오는 소음이다. 물건 떨어뜨리는 소리, 의자나 식탁을 끄는 소리, 화장실 물소리, 개 짖는 소리, TV나 세탁기 등의 가전제품 돌리는 소리, 피아노 소리 등이 나날이 크게 감지된다. 그래도 이런 소리는 참을 만한데, 아이들이 큰소리치며 이리저리 뛰어다니는 소리는 인내심을 잃게 했다.

어느 토요일 오후다. 인근 초등학교에 근무하던 나는 퇴근 후 모처럼 친구와 만나 점심을 함께하고 집에 왔다. 엘리베이터가 열리고 복도로 나오니 아들의 격앙된 목소리와 여자의 앙칼진 목소리가 섞여 들렸다. 현관문을 열려다 말고 위층으로 올라갔다. 아이들의 아버지 같은 남자가 "우리가 가게를 해서 애들 엄마가 자주 집을 비우다 보니, 애들 단속을 잘못했소. 미안해요." 하고 사과한다.

아들이 입시 준비를 하는 동생을 위하다 보니 감정이 앞섰을 것이다. 위층 애들을 불러내어 호통을 치고 있는데 애들의 부모가 들어오다가 본 것이다. 부모가 없는데, 더구나 안면도 안 튼 사람이 제 아이들에게 야단을 치니 그 어미로서는 보호 본능이 앞서 반감이 들었을 것이다. 아들은 내 손에 이끌리어 오면서도 애들 어머니의 무례에는 분이 풀리지 않는지 "뭐 저런 여자가 다 있어. 어미가 저러니 애들이 뭘 보고 자라겠어?" 하고 씨근덕거린다.

뒤를 돌아다보니 문제의 아이들 네댓이 현관 밖으로 나오다가 나와 눈이 마주쳤다. 순간 애들은 뒤돌아서 앞 다투어 현관 안으로 뛰어 들어간다. 아뿔싸! 그 집의 큰아이가 바로 내 옆 반의 반장 아이였고, 그 아이의 친구들과 동생이었던 것이다. 젠장, 근무하는 학교와 같은 지역에 있는 아파트고 보니, 이웃이 모두 학동이고 학부모로 둘러싸인 것이다.

멋모르고 시작된 아파트 생활의 편리함이 불편함으로 느끼기 시작한 것이다. 그 다음 날부터 옆 반 반장 아이는 내 반에는 심부름을 안 오고, 나를 피하느라 마음고생을 하는 것 같았다. 할 수 없이 과일을 사들고 저녁에 위층 그 집에 가서 오히려 내 아들의 무례를 사과하고, 그 아이 부모와 아이에게 사정하고 내려와야 했다. 씁쓸했다. 그 뒤로는 위층으로부터 소음도 줄어들고, 그 아이의 부모는 나를 보면 먼저 인사를 했다. 물론 그 아이도 어색했던 시선이 점점 친밀하게 변했다.

다세대주택이나 아파트 보급률이 해마다 늘어나는 추세이다. 그에 따라 층간 소음으로 인하여 바람직하지 않은 심각한 사회문제가 심심찮게 일어난다. 문제 요인의 중심에는 최첨단 산업화에 따른 각박해 가는 인간관계에 있다고 볼 수 있다. 친근한 관계에 있다 하더라도 듣는 사람의 감정이나 상태, 시간대에 따라서 듣기 좋은 소리도 소음이 될 수 있다.

화장실 물 내리는 소리, 문 여닫는 소리 등 건물 구조적 요인에서 발생하는 소리는 어쩔 수 없이 참을 수는 있으나, 아이들이 뛰는 소리, 큰소리로 싸우는 소리, 망치질 소리 같은 사람의 부주의로 인해서 발생하는 소리는 정말 짜증이 나는 소음이다.

대체로 하루 중 소음 발생률이 가장 높은 시간은 저녁 6시~10시이고, 그다음으로 저녁 10시~다음 날 새벽 5시라고 한다. 층간 소음은 집집마다 식구가 다 모여서 함께하는 시간대와 비례해서 발생한다. 당연한 일일 것이다. 사람이 많이 모이는 곳은 언제나 소음이 생기게 마련이니까.

부주의나 실수로 인한 소음 항의는 즉시 받아들이고 사과하여야 한다. 더불어 사는데 필요한 규범을 잘 알고 지키는 것도 중요하지만, 이웃을 좀 더 이해하고 배려하는 마음이 앞선다면 층간 소음은 많이 줄어들 것이라고 확신한다.

1인 가구, 독거노인 가구가 늘어나면서 인정의 삭막함과 외로움에 처한 사람이 늘어난다. 외로움은 사람의 자아 정체감을 상실하게 하는 가장 큰 요인이다. 함께 살고 있음을 실감할 수 있는 층간 소음은 이웃이 내 가까이 있다는 확실한 증거이다. 그냥 무덤덤한 인사라도 주고받을 수 있는 이웃이라도.

아침에 만난 우리 집 위층에 사는 거실 달리기 소음의 임자 남자아이 형제가 "안녕하세요?" 하고 인사한다. 귀엽고 사랑스럽다. 살아있음을 기쁨으로 여기고 위안을 받을 수 있는 것이 층간 소음일 수도 있다는 생각을 하며 혼자 웃는다.

탁구공에게 길을 묻다

탁구를 다시 배워 보겠다는 생각을 한 것은 최근이다. 몇 년간 꾸준하게 걷기운동을 실천해 왔는데 무릎이 고장 나고부터 동선의 길이와 시간을 줄였다. 날씨가 안 좋은 날은 당연하듯 빼먹는다. 습관적으로 하던 걷기에 게으름이 생겼다. 몸이 찌뿌드드하고 무릎이 다시 아프기까지 하다. 몸의 통증은 몸에 밴 좋은 습관도 무너뜨린다. 생활에 대한 의욕이나 의지를 약하게 하거나 꺾기도 하는가 싶다. 그렇다고 해서 그대로 있을 수만은 없다는 생각이 들었다.

그러던 차에 실버 탁구 선수로 명성을 날리는 선배의 권유를 받게 되었다. 70대 후반인데도 반듯하며 탄력 있는 균형 잡힌 몸매를 가졌다. 단아하고 사려 깊고 건실한 언행이 본받고 싶은 사람이다. 삶을 사는 자세가 정숙 과묵하고 안온한 미소가 특히 매력이다. 생활의 많은 시간을 탁구에 심취하여 보냈다고 한다. 탁구를 꾸준히 치면서 건강과 정신을 수련하고 가꾸어온 결과일 것이다.

그 선배의 소개로 만난 체육관 관장이 직접 나를 가르친다. 아들과 동갑인데 훨씬 성숙하고 건장해 보인다. 기초가 중요하다고 하면서 라켓 쥐는 법, 몸동작, 타구의 바른 자세를 시범 보이고 자세를 잡아주며 누누이 역설한다. 알아들으면서도 내 몸은 들은 대로 되지 않는다. 잘못된 습관 탓이다.

탁구의 처음 시작은 영국의 왕실에서부터 유래한다. 아프리카나 인도를 식민지로 지배하던 때 더위를 피하여 실내에서 한 테이블 테니스 경기였다고 한다. 탁구는 가로·세로가 152.5×274㎝인 직사각형의 나무로 만든 대의 중앙에 그물을 치고, 상대편 지역에 공을 라켓으로 쳐 그물(네트) 위로 넘겨가며 승부를 가리는 경기이다. 규격이 7m×14m 높이가 5m인 공간이면 탁구대를 놓을 수 있고 게임을 할 수 있다. 게다가 라켓과 탁구공은 모양이 작아 소지가 간단하다. 그래서 탁구대가 놓인 곳이면 남녀노소 쉽게 게임을 즐길 수 있다. 실내에서도 할 수 있으니 전천후 운동이다.

동그란 공을 이용하는 게임에는 여러 가지가 있다. 농구, 배구, 축구, 핸드볼 등과 같이 둘레가 55㎝~78㎝인 큰 공을 쓰는 게임이 있다. 둘레가 23㎜~40㎜의 작은 공을 이용하는 게임에는 야구, 필드하키, 탁구가 있다.

그중에서 탁구공의 무게가 가장 가볍고 크기가 작다. 탁구공의 지름은 3.72~3.82㎝, 4㎝가 못 된다. 무게는 대략 2.5g이다. 입으로 불거나 바람기를 느끼면 곧 구르거나 날아간다. 손에 쥐면 감추어진다.

탁구공은 가벼움을 이기지 못하고 조그만 기척에도 민감하게 반응

한다. 딱딱하고 매끈한 면에서는 빠르게 튀거나 구르다가 부드러운 것에 닿으면 바로 멈춘다. 움직임도 빠르지만 멈춤도 빠르다. 탁구공은 천연 수지인 셀룰로이드나 합성수지인 플라스틱으로 만든다. 규칙상 흰색과 오렌지색의 공이 허용된다. 타격을 받으면 1초에 100~170회 회전을 하며 상대 코트에 0.2초 만에 도달된다고 한다.

모든 사물이 다 그렇겠지만, 놓인 장소에 따라 보여지는 느낌이 사뭇 다르다. 마룻바닥이나 탁구대 위의 가운데에 놓여 있는 공은 특히 불안해 보인다. 마치 막 유치원에 들어간 개구쟁이 사내아이를 놀이터에 놓아둔 것 같다. 우리 주변에서 가끔 볼 수 있는 언행이 가볍고 제멋대로인 사람 같기도 하다. 아니 단단한 듯 보이지만 경박한 생각에 차 어떤 방향으로 나아가야 할지 모르는, 때때로의 내 모습 같기도 하다.

그러나 작고 가벼운 공을 이용하는 이 경기가 운동 경기라는 명목으로 행해질 때 그 흥미나 위력은 어느 경기에 못지않다. 그 작고 가벼운 공이 라켓을 쥔 사람의 모든 것을 실었을 때는 이야기가 달라진다. 엄청나게 큰 공이 된다. 사람을 들었다 놓았다 하기도 한다. 아니 한 지역을 때로는 한 나라를 심지어 세계를 흔들기도 한다.

1973년 4월 유고슬라비아 사라예보에서 열린 제32회 세계탁구선수권대회에서 우리나라의 이애리사와 정현숙 등이 세계단체전에서 우승하여 한국 탁구사에 금자탑을 쌓았을 때 우리나라의 국위가 얼마나 크게 선양되었는지! 또 1988년 서울올림픽대회에서 양영자 현정화 유남규가 금메달을 목에 걸었을 때의 그 영광과 자랑스러움이 국민의 마음을 총집결시키는 계기가 되었다. 우리나라에서 탁구 경기에 대한 인식도가 최고조에 달했던 시기였다. 탁구 인구가 놀랍게 늘어났다.

그 시절 내 또래의 운동을 좋아하는 사람들은 탁구를 하며 게임을 즐겼다. 정식으로 배우지 않고 그냥 라켓으로 쳐 보내고 받으며 즐겼던 것 같다. 나 또한 젊었을 때 그렇게 탁구와 조우했다. 사실, 스트로크 스매시 서브 리시브 등 탁구 경기에 사용되는 기본 기술이나 기초적인 자세도 잘 모르고 그냥 재미로 쳤었다.

이제 새삼스레 제대로 된 탁구 경기에 필요한 자세와 기술을 배우려니 자꾸 옛날의 습관이 방해한다. 잘못된 습관이 몸에 배어버린 것이다. 한 번 잘못된 습관에 몸에 붙으면 좀처럼 고쳐지지 않는다. 고질병이 된 것이다.

행동은 생각이 지배한다. 그런데 생각조차도 생각에 지배당하니 한 번 몸에 꽉 붙은 버릇은 고치기 쉽지 않다. 사람의 마음은 그 일어남이 탁구공처럼 가볍고 방향이 변화무쌍하여 다루기가 무척 어렵다. 의지라는 라켓을 가지고 마음이라는 공을 다루어야 하는데 그게 쉽지가 않다. 지각한 것에 대한 감정이 대상이나 상황에 따라 달라지는 것이 생각이나 마음이기 때문이다. 나이를 먹은 만큼 생각이 깊고 무게가 있어야 하는데 그렇지 못해 부끄럽다.

관장의 지도를 받을 때, 타구의 기본자세가 바르지 못하거나 공에 대한 집중을 순간적으로 놓치면 영락없이 받아친 공이 엉뚱한 방향으로 가거나 헛손질을 하게 된다. 공이 네트를 넘어오는 순간을 보고 최적 최상의 방법을 찾고 제대로 받아쳐야 한다. 그 최적 최상의 높은 적중률을 구사할 수 있는 것은 단시일 내에 얻어지는 것이 아닌 것 같다.

실수가 계속되면 힘이 빠지고 치고 싶은 의욕이 줄어든다. 마음을 추스르고 자세를 가다듬고 탁구공 움직임에 집중한다. 작은 공 하나도 내 마음대로 못하는가 싶어 도전 의식도 가져본다. 만만히 보고 욕심을 내서 쳐 본다. 그러나 번번이 그 작은 공은 나의 의도를 놀리듯이 빗나간다. 손목에 힘을 주면 안 된다는 관장의 충고. 그리고 레슨 전 매번 빼놓지 않고 하는 지도의 말씀 '바른 기본기를 몸에 붙이기, 많은 시간을 들인 부단한 연습.'

다시 시작하는 일은 애초부터 간과해서는 안 되는 것이 있다. 잘못 습득된 습관은 고치기 무척 어렵다는 것을 명심해야 한다. 고치려는 견고한 마음의 자세와 각고의 부단한 노력과 수없는 반복 연습이 필요함을 알아야 한다.

어디 내가 새삼 배우는 탁구뿐이랴. 내 삶의 여기저기에서 바르지 못한 채 습관이 되어버린 것들을 새삼스레 되짚어 본다. 참으로 많다. 탁구공에게 길을 묻는다. 어떻게 하면 타성에 젖은 잘못된 습관을 고칠 수 있나. 제대로 된 타구를 구사하여 삶이라는 게임을 즐기며 승리하기 위하여 어떻게 해야 하는가를.

그렇다. 원점으로 되돌아가야 한다. 가서, 기본기부터 바르게 익혀야 한다. 연습의 연습으로 거듭나야 한다. 초심으로, 낮은 자세로, 각고의 노력으로.

풀꽃이 준 선물

올여름은 긴 불볕더위로 우리를 지치게 한다. 세상의 온갖 것을 태우려는 듯이 뜨겁다. 연일 열대야다. 보통 동이 트기 전 서늘했던 질서도 깨졌다. 인내심이 바닥났다. 자연을 거스르고 잘못 이용하는 인간에 대한 고문이고 벌인가 싶다가도 하늘이 원망스럽다. 폭염에 심신을 추스르기에 정말 힘겹다.

"맴맴맴맴 매음~ 맴맴맴맴 매음~" 이른 새벽, 매미 한 마리가 앞 베란다 방충망에 붙어서 운다. 그 소리에 밤새 설친 잠자리에서 일어난다. 이 더위에 길을 잃었을까, 나를 깨우러 왔을까? 한 소절 목청껏 뽑고 집 앞 철길 공원의 숲으로 날아간다. 공원의 숲은 이 열탕 같은 더위에도 지치지 않은 모습이다. 감질난 새벽 비로 선명해진 초록 잎새들이 부는 바람에 잔잔하게 출렁인다.

세수하고 정신을 차려본다. 경의중앙선 철길 따라 양옆에 조성된 공원길로 아침 운동을 나간다. 아파트를 나서서 반시계방향으로 걷기 시작한다. 이웃 아파트와 사이의 도로 모퉁이에 핀 나팔꽃에게 인사한다. 나의 등단작 「나팔꽃이 나를 반긴다」 예의 그 나팔꽃이다. 그 텃밭에 일산도서관을 짓는다는 커다란 조감도가 붙으면서 나팔꽃도 울타리와 함께 걷어졌다. 다 없어진 줄 알았는데 용케도 살아서 판넬 위로 기어올라 아침마다 꽃을 피운다.

공원길에 들어선다. 나무들과 길옆 풀밭의 온갖 풀은 이 더위에도 꿋꿋하고 푸르다. 길옆 잔디밭에는 여러 가지 잡풀이 함께 뒤섞여 산다. 오랫동안 벌초하지 않은 덕분이다. 잔디만 살 곳이 아니라는 듯 어디에서 어떻게 왔는지 잡풀들이 더 무성하다.

토끼풀이 잔디를 밀어내고 널찍이 번성하고 있다. 민들레가 노란꽃과 홀씨 솜뭉치를 꽃대 끝에 달고 있다. 나무 그늘을 피하여 철길 담 밑을 따라 씀바귀와 개망초가 키를 늘이고 꽃을 피운다. 강아지풀도 질세라 나무 밑이나 길 가장자리에 자리를 잡고 군락을 이룬다. 심지어 보도블록 사이에서도 비집고 살고 있다. 강아지 꼬리 같은 굽은 이삭을 줄기 끝에 달고 잔바람에 살래살래 머리를 흔든다.

아침마다 자연 그대로의 모습을 볼 수 있는 이 공원을 즐겨 걷는다. 모든 나무나 풀들은 생긴 그대로 그 자리에서 무더위를 견디며 살고 있다. 마음대로 움직일 수 없는 처지를 불평은커녕, 지금 그 자리에서 삶에 충실하다. 기막힌 폭서와 가뭄에도 지치지 않고 살고 있음에 감탄한다. 더위에 지쳐 탈진하고 짜증이 나서 못 견디는 나를 부끄럽게 한다.

어디 그뿐이랴! 풀꽃은 그 여린 몸으로 살아내는 모습을 진솔하게 보여주고 있다. 꽃대 줄기는 대개 그 개체에서 어느 부분보다 높이 자라있다. 한낮 이글거리는 뙤약볕 아래서 잎은 잠시 탈진한 듯 늘어지기도 하지만, 꽃대만큼은 위를 향해 곧게 뻗어 있다. 그 끝에 꽃봉오리를, 꽃을 달고 하늘을 향해 있다. 희망을 높이 쳐들고 반짝인다. 그래서 절기를 무시하고 푹푹 찌는 이 아침, 공원 풀 섶 여기저기에 풀꽃이 저절로 눈에 띄는 것이다. 마음이 상쾌해진다.

나태주 시인의 「풀꽃」이란 시가 생각나 가만히 읊어본다.

자세히 보아야 예쁘다
오래 보아야 사랑스럽다
너도 그렇다.

풀꽃 몇 무리가 섞여 핀 풀섶 옆에 걸음을 멈추고 살펴본다. 세 잎 클로버는 꽤 넓은 지면을 온통 초록 잎으로 덮고 있다. 총총히 위로 솟은 꽃대 끝마다 하얀 꽃송이가 얹혀 있다. 벌 한 마리가 아침 인사를 하는지 꽃마다 앉았다 날아간다. 키 작은 회양목을 감고 올라간 메꽃이 미풍에 머금었던 이슬을 떨어뜨린다. 아침 바람이 후끈하다. 깨어진 환경 질서에 바람도 어쩔 수 없나 보다.

꽃이 피는 것은 "나 지금 여기 있어요!"라는 풀꽃의 외침이다. 생명과 종족을 보존하기 위한 눈부신 몸짓이다. 번식을 위한 생명 창조의 수단이요, 풀꽃 존재의 영광이기도 한 셈이다.

그 힘은 어디서 온 것일까? 있는 곳에서 뿌리와 잎과 줄기의 상호 유기적인 충실한 역할 수행의 힘일 것이다. 줄기 끝 가장 최상의 자리에 꽃이 있다. 생식을 위한 최적의 위치인가 보다. 풀꽃 식물 모체의 본능이지 싶다. 가늘고 연약한 꽃대는 비를 맞기도 하고 부는 바람에 흔들리기도 하지만 좀처럼 꺾이지 않는다. 벌과 나비, 나방이, 새 등을 불러들여 제 것을 베풀고 생명의 씨를 얻을 것이다. 그렇게 끊임없이 살아낼 것이다.

여러 가지로 살기에 편안하지 않은 우울한 현실 속에서 나는 이 살인적인 더위에 한없이 무기력해진다. 그런데 풀꽃들은 용하게 잘도 견딘다. 오히려 호시절을 만난 듯하다. 꽃대를 곧게 뻗어 꽃을 피워 씨를, 열매를 맺는다. 연약하지만 조용하고 강인한 풀꽃의 몸짓에 탄복한다.

한 수 가르침을 받는다. 좋은 글을 써 보겠다는 내 꿈의 꽃대. 곧게 세우고 꽃을 피워보겠다는 열정을 되살려 보아야겠다. 이 더운 아침 풀꽃은 조용한 외침으로 나를 일깨운다. 새 힘과 용기를 북돋운다.

무더위를 이기고 꿈을 키우며 살아가라고 응원하듯 매미 소리도 철길 공원의 숲을 흔든다. "와르르르~~ 와르르르~~" 폭포수 떨어지는 소리로.

(2018. 6.)

향내 나는 사람

3월 초순, 산수유가 노랑 솜털, 안개 같은 몸짓으로 우리에게 봄을 알린다. 3월 마지막 주 2~3일간 인색하게 내린 새벽 비에 화들짝 놀랐는지 목련이 피기 시작했다. 4월에 들어서며 내린 봄비로 기다렸다는 듯이 벚꽃, 진달래, 살구꽃이 앞 다투어 꽃봉오리를 터트린다. 해마다 이맘때면 찾아오는 불청객 미세먼지와 황사가 심술을 부리지만, 봄의 발걸음이 재지면서 나무마다 가득 핀 꽃이 거리를 마을을 환하게 하고 우리의 마음에 희망의 등불을 켠다.

사람은 꽃에서 아름다움을 느낀다. 그 꽃이 어느 때 어디에 어떻게 피었건 우선 그 자태에 눈이 가고 마음이 끌린다. 관상용이나 의도된 목적으로 심어진 화목이나, 산야에 저절로 피고 지는 꽃이나, 그냥 아무 데서나 풀로 있다가 피는 풀꽃에 이르기까지. 꽃은 있는 곳에서 빛깔과 향기로 존재의 가치와 아름다움을 보여주며 주위를 환하게 한다. 좋은 향기를 가진 꽃은 더욱 사람의 마음을 끈다.

우리 주위에는 꽃과 같은 사람이 있다. 굳이 종교적이거나 세상을 밝힌 역사적 인물 또는 보도 매체를 통해 드러난 사람이 아니라 일상생활을 하면서 부딪치는 사람 중에서도 얼마든지 꽃과 같이 향기로운 사람을 만날 수 있다. 같은 동네에서 사는 이웃, 공원이나 상가 또는 거리에서, 버스나 전철 속에서도 향내가 나는 사람을 볼 수 있다.

아침마다 걷기운동을 하러 아파트 앞 철길공원으로 나간다. 지난밤 심술궂은 봄바람에 벚꽃잎이 떨어져 길을 덮고 있었다. 비질하던 아파트 경비아저씨가 "아주머니, 안녕하세요?" 하는 아침 인사말에 "예, 안녕하세요? 꽃잎이 많이 떨어졌네요." 꽃잎이 떨어지고 나면 새잎이 새날을 준비하듯이 경비아저씨는 늘 그렇게 부지런하다. 누구에게든지 먼저 인사를 건넨다. 향기 나는 사람이다. 마음이 환해진다.

기분 좋게 공원에 들어서니 마른 잔디밭이 연초록빛으로 살아나고, 민들레가 줄지어 노랗게 웃고 토끼풀도 성급히 꽃망울을 달고 있다. 공원길이 산뜻하고 깨끗하다. 비닐이나 휴지가 날리지 않고 아무렇게나 버려진 종이컵, 플라스틱컵을 볼 수 없다. 오늘도 그 사람은 나보다 앞서서 아침 운동을 하였나 보다.

아침마다 걷기를 하면서 공원의 쓰레기를 줍는 분이 있다. 청소미화원이나 공원관리원이 아닌 순전히 봉사를 실천하는 분이다. 부지런히 걸어가서 지하차도에 이르니 집게와 쓰레기가 꽤 차 있는 비닐봉지를 들고 마주 오고 있었다.

"안녕하세요? 수고가 많으세요."

"예, 안녕하세요? 뭘요. 나 좋아서 하는걸요."

겸손과 건강함과 따뜻함이 물씬 풍긴다. 전직 초등학교 교장님이셨다는 것을 나중에 알고 더욱 존경스럽고 고마운 마음이 들었다. 향기를 풍기는 사람이다.

마을버스 속에서도 꽃내음을 풍기는 사람을 심심찮게 만날 수 있다. 일산에는 100여 년 전통을 지키며 끝자리가 3일과 8일 날에 5일장이 선다. 곳곳에 소대형 마트가 있어도 장날은 많은 사람이 몰려든다. 경의선 전철 일산역을 이용하여 장보기 하는 사람이 많지만, 마을버스를 이용하는 사람도 적지 않다.

재래시장의 향수를 못 잊는 노년층이 주요 고객이다. 노인 대부분은 관절의 퇴행으로 몸놀림이 둔하다. 게다가 산 물건 보따리를 들고 있으니 마을버스 승하차도 쉽지 않다. 복잡한 도로 사정과 배차시간에 쫓기는 운전기사의 참을성이 많이 요구된다. 그럼에도 그날의 그 운전기사는 타는 사람 일일이 주시하며 "천천히 타세요. 자리에 못 앉으신 분은 손잡이를 꼭 붙잡으세요. 자 출발합니다. 손잡이 꼭 잡으세요." 하고 안전을 당부한다. 승객이 안전하게 승하차하도록 기다려 주며, 운전하면서 도로 사정에 맞추어 주행상황을 알리는 말을 한다. 자기의 일에 충실하며 봉사심을 갖고 안전을 걱정하고 배려하는 이러한 괜찮은 사람의 몸짓은 우리 마음을 환하게 밝힌다.

사람의 향기는 용모나 옷차림 같은 외모에 나타나기도 하지만 그 사람의 몸짓과 행동에서 더 깊게 풍긴다. 말씨나 글 같은 언품에서도 나타난다. 세상이 아무리 우울하고 고달파도 때때로 여기저기 피어나는 들꽃 같은 이런 사람들의 소박한 향기는 우리에게 위안을 준다. 내일을 살아낼 희망이 되기도 한다.

일상생활 속에서 보통 사람으로 조용히 향기를 풍기는 사람. 애써 찾지 않아도 저절로 눈에 띌 때, 그 특별한 순간, 목격하는 사람에겐 나비처럼 날아와 꽃이 된다. 꽃이 되어 시들지 않는 향기를 피운다. 아침마다 비질하는 경비원 아저씨가 그렇고, 공원의 쓰레기를 줍는 전직 교장선생님과 친절봉사로 안전 운행을 하는 마을버스 운전기사님이 그렇다.

향기 있는 꽃으로 피어 은은히 향내를 풍기는 그런 사람이 많았으면 좋겠다. 장미나 백합이 아니어도 좋다. 나도 그 누군가에게 때때로 작은 풀꽃 향내를 풍기는 삶이었으면 좋겠다.

3.

나의 G선을 다시 다잡으며

나의 G선을 다시 다잡으며

"여전히 글을 쓰고 계시나요?"

"아, 예. 그 일은 저의 G선상의 아리아인데요."

병원 내에서 상담 차례를 기다리며 듣던 'G선상의 아리아'가 귀에 남아서 나도 모르게 그렇게 대답을 했다.

오늘은 한 달 전에 받은 건강검진 결과에서 발견된 가슴 사진의 의혹을 재검하려고 병원에 왔다. 엑스레이를 찍고, 내 건강을 5년째 살펴주는 담당의를 만난 자리다. 오래전에 지나간 미미한 결핵의 흔적인데 변화가 없으니 안심하라고 한다. 한 달 동안 먹을 혈압약과 아스피린을 처방해준다. 작년 겨울 호부터 내 글이 실린 창작수필을 잘 읽는다며, 응원을 아끼지 않는다. 고맙다. 환해진 마음으로 병원을 나서면서 올려다본 하늘, 구름 한 점 없이 맑고 파랗다.

아직도 귓가에는 G선상의 아리아가 맴돈다. 풍부하고 폭넓은 선율이 아름답다. 첫 음은 느린 4박자가 8박자처럼 길다. 깊고 넓은 지긋한 경건함으로 서서히 낮게 비상하는 듯한 선율이다. 인생의 기뿜, 슬픔, 눈물, 탄식, 웃음이 들어 있는 판도라가 아주 천천히 열리는 긴장과 떨림으로 울려온다. 계속 듣고 있노라면 생의 희로애락의 선율이 느린 강물 위에 보랏빛 운무가 되어 드리우는 듯 장중한 분위기가 마음을 가라앉힌다. G현 하나만으로 어찌 그토록 아름다운 곡을 만들 수 있을까.

원곡은 '음악의 아버지'라고 불리는 독일 작곡가 J.S.바흐(Johann Sebastian Bach 1685~1750)이다. 오늘날은 독일인 작곡가 빌헬미가 피아노를 곁들여 편곡한 곡으로 유명하며 널리 연주된다. 바이올린 4현인 G(솔), D(레), A(라), E(미) 현 중에서 '가장 낮은 G선'만으로 시종 연주되도록 작곡되어서 붙여진 이름이다.

당시의 기록이 부족해 정확하지는 않지만, 이 곡은 이탈리아에서 출생한 19세기 가장 뛰어난 바이올린 연주가 파가니니의 일화로도 유명하다. 어떤 이는 파가니니가 열정적인 연주로 D, A, E현이 모두 끊어졌을 때 G현만으로 연주한 곡이라고도 한다. 또 파가니니의 열혈 팬 나폴레옹의 여동생 엘리자의 말 한마디에 영감을 받아 한 줄로 연주된 곡이라고도 한다.

사람이 생을 경영하는 일은 바이올린을 연주하는 것과 비슷하다. 자신의 생을 연주하는 선을 누구나 몇 개는 갖고 있다. 일생 붙잡고 놓지 못하는 줄 말이다. 물질의 줄, 명예의 줄, 혈연의 줄, 인간관계의 줄 등. 행복한 인생을 연주하고자 추구하는 것들이다.

지나간 삶을 돌아본다. 해방 전해에 태어나서 지금까지 살아오면서 내 생을 어떻게 연주했는가. 어려운 가운데 배움의 꿈을 포기하지 않고 노력하여 교사가 되었다. 열심히 일해 돈을 벌어 가난을 벗고 가족을 부양하고 자식을 가르치며 살았다. '선생님'이라는 호칭으로 사명감을 가지고 반평생을 일했으니, 그렇게 큰 명예는 아닐지라도 만족한다. 직장동료, 아이들, 학부모 등 선량한 사람들과의 삶이었지 싶다. 혼인에 의한 혈연관계는 희생과 인고를 넘어야 편안하다는 것을 터득하며 살아냈다.

생의 아리아는 때때로 이 줄 저 줄을 적합하게 써서 엮고 조율하여, 혼신의 힘을 쏟아 연주해야 그런대로 들을 만하지 않을까. 생을 잘 살았다고 하지 않을까. 혈연관계 인간관계에서뿐이랴. 재물을 모으는 일, 승진이나 출세하는 일에도 줄 바꿈의 기교와 노력을 끊임없이 요구한다. 행복하고 싶은 것은 누구나의 소망이기 때문이다. 그렇다고 마음먹은 대로 성취되지 아니하기에 더욱 가슴 타는 열망이 되는가 싶다. 그래서 지칠 새 없이 생의 에너지와 젊음을 쏟아부으며 저마다의 아리아를 연주하며 사는 것이리라.

이제 생의 노을 녘에 서니, 내 생을 지탱하고 연주하던 줄들이 낡거나 늘어져서 더는 멋진 곡을 연주할 수가 없게 되었다. 육체도 물질도 명예도 인간관계도 더는 활의 움직임을 감당할 수 없게 되었으니 말이다. 육신은 노쇠 병약해지고, 재력도 힘을 잃고, 인간관계의 끈들이 점점 희미해지고 끊어지기도 하는 생의 황혼. 그렇다고 100세 시대를 수긍할 수밖에 없는 현실에서 자신의 아리아를 멈출 수는 없지 않은가. 이때야말로 자신의 정체성, G선을 찾아야 한다. 삶의 전반에 걸쳐 자신의 '삶의 동력'이었던 어떤 기운이랄까, 정신 줄이랄까.

그래, 정신 줄이다. 생이 끝날 때까지 놓아서는 안 되는 것이다. 아무도 천착이라고 폄하할 수 없는 모질고 엄숙한 신의 축복의 선물이다. 형편이 허락하는 한에서 자신을 재조명하거나, 해보고 싶은 것을 찾아보는 수고는 어렵지 않을 것이다. 삶의 고달픔에 밀리고 제쳐지고 숨겨야 했던 꿈의 조각들을 다시 꺼내보는 것이다. 잃어버린 것이 있다면 연연하지 말고 마음 비워 욕심은 내려놓고 내 삶의 가장 낮은 G선을 찾아 가슴에 맬 일이다.

복이 많아서 아직도 G, D, A, E선이 제자리에 갖춰져 있다면 바흐처럼 관현악곡으로 연주할 수 있는 삶을 누려봄이 어떨까. 심신의 건강함이 축복이라는 것을 안다면 오래 생각지 말고 자신의 정신 줄을 다잡아야 한다. 몸이 건강하다면 도움이 필요한 곳에 몸으로 봉사할 수 있는 마음을 내고 실천할 일이다. 재물에 여유가 있다면 기부를 하여 나누어 쓰는 것도 또 다른 기쁨이 될 것이다. 재능이 있다면 더 쇠퇴하기 전에 발휘하는 것도 자타의 삶을 즐겁게 할 수 있는 기회가 된다.

둘레에서 많은 아름다운 사람을 본다. 자신만의 G선을 가지고 열심히 봉사하고, 재물 재능을 나누고, 그러면서 자기계발에 부지런한 사람들. 나이는 숫자에 불과하다고 억지 기염을 토하지 않고, 조용히 소박하게 삶을 즐기며 자신을 연주하는 사람 말이다. 늦게나마 내 단출해진 삶에 감사하면서 나의 G현을 다잡아 본다.

드높아지는 파아란 가을 하늘을 닮은 글을 쓰고 싶다. 내 진솔한 아리아를 연주하고 싶다. 들려주고 싶다.

다시 태어난다면

친구 K와 함께 작년 12월 하순 예약했던 피부과 전문병원에 가서 얼굴의 점을 뺐다. 복지관 방학 기간을 이용해서 하기로 한 것이다.

관리를 엉망으로 해놓고 지금 와서 이 나이에 점, 잡티, 기미를 빼보려는 심산에 실실 웃음이 났다. 친구의 강력한 권유도 있었지만, 지루한 일상에 때로는 긴장감을 가져본다거나, 남들과 어울림에서 이왕이면 깨끗하고 좋은 인상을 보여준다는 것도 의미 있는 일인 것 같았다. 70평생을 살면서 요즈음에 와서야 온전히 내 중심의 삶을 사는데, 어떻게 생각하면 때늦은 치기에 가까운 짓일지도 모른다는 생각에 슬며시 웃음도 나왔다. 그렇지만 한편으로는 잔잔한 슬픔도 함께 일렁였다.

용모에서 그 사람의 삶의 많은 부분이 읽힌다. 아니 힘에 겨운 삶이 고대로 얼굴로 읽히는 것이다. 지난번 문학반 연말 모임에서 사진작가의 꿈을 가진 선배님이 내 모습을 찍어 그것을 메일로 보내주셨다. 첨부해서 보내준 사진파일을 열어보니 척박하게 늙어 보이는 모습의 여인이 어설프게 웃고 있었다. 깜짝 놀랐다.

아! 늙어버린 나, 윤기 없고 크고 작은 점투성이 주름진 나의 얼굴! 어느 정도는 무시하고 살았던 것, 내 용모에 대한 부끄러움이 나에 대한 미안함으로 느껴지고 있었다.

레이저의 기술이 그렇게 엄청나게 발달해 있다는 것을 체험하고 나서 사람의 능력에 새삼 감탄을 하였다. 얼굴 피부에 연고를 발라 마취하고, 레이저로 하나하나 점들의 표적을 쏴서 지지고 빼냈다. 따끔거리며 지방이 타는 냄새가 났다. 1시간 반 동안의 시술을 견디면서 의사의 첨예한 시술 솜씨에 놀라기도 했지만, 몸이 돌덩이처럼 오그라든 듯 무척 긴장했다. 배탈이 나서 밤잠을 못 자 피곤한 데다 시술이 끝나 긴장이 풀렸으나 입술이 마르고 껍질이 일어났다. 혀로 침을 발랐지만 이내 버석거린다. 가라앉지 않은 배탈 때문에 나보다 늦게 시작한 친구를 기다릴 수가 없었다. 간호사에게 먼저 간다고 일러놓고 집으로 왔다. 거울을 마주하고 얼굴을 이리저리 살펴보았다. 또 웃음이 나며 옛날 50여 년 전 젊은 교사 시절이 떠오른다.

아마 첫 아이를 낳고 난 후 어느 해인 것 같다. 초등학교 2학년 담임을 맡았을 때 '우리 집'이라는 단원으로 통합교육과정의 학습안을 가지고 수업을 진행하였을 때의 일이다. 가정의 구성과 가족의 역할을 학습시키는 시간으로 통합과정을 적용한 수업이었다. 먼저 '곰 세 마리, 얼룩 송아지, 당신은 누구십니까' 동요 세 곡을 춤동작과 함께 부르며 학습에 의욕을 불어 넣었다. 그다음 가져온 가족사진을 가지고 발표하거나 아이들이 서로 자유롭게 이야기하게 했다. 아이들 각자 자신들의 가족사진을 보고 마음속에 생긴 이미지를 그리도록 하였다. 아이들이 직접 작업하는 그리기 시간은 조용해진다. 그러면 담임교사는 잠시 목청을 놓을 수 있고, 아이들이 그려가는 그들의 세계를 감상할 수 있어서 참 매력 있다.

뒷짐을 지고 책상 줄 사이를 오가며 아이들이 그려가는 과정을 지켜보는데, 한 아이가 시작을 못 하고 손으로 이마를 짚고 있었다. 아차! 정말 내가 실수를 한 것이다. 그 아이는 며칠 전 전학을 온 고아 아닌 고아였다. 아이의 아버지는 그 아이의 어머니를 임신시키고 새장가를 가더니 다른 나라로 떠나버렸다고 한다. 그 아이의 어머니가 혼자 아이를 낳아서 키우다가 병을 얻어 죽고, 이모에게 맡겨졌단다. 이모의 가세가 기울자, 수소문 끝에 자식이 없는 생부의 작은아버지에게 맡겨진 아이였다.

가족사진을 가지고 올 수 없었을 것이다. 나는 그 아이를 미리 염두에 두지 못한 미안함에 어쩔 줄 몰랐다. 얼른 마음을 수습하고 그의 뒤로 가서 살며시 껴안았다. 그리고 속삭였다. 이제는 너의 가족이 작은아버지 작은어머니라고. 그러자 그 아이는 끄덕이더니 이내 도리질을 하는 것이었다. 그리고는 선생님을 그려도 좋으냐고 물었다. 흔쾌히 좋다고 하자 그 아이는 나의 얼굴을 그리기 시작했다. 안쓰러워 아픈 마음을 꾹꾹 누르고, 가빠오는 숨을 억지로 참으면서 그 아이의 옆에 한참을 지켜서 있었다.

그날 오후, 아이들의 그림 중에서 그 아이가 그린 내 얼굴을 제일 먼저 찾아보고 또 한 번 가벼운 충격을 받았다. 아주 솔직하게 내 얼굴을 그려 놓았다. 내 치명적인 단점인 좁은 이마와 얼굴 피부에 점, 주근깨를 촘촘히 찍어 놓은 것이다. 다행히 눈매와 입술을 웃는 모양으로 그려 놓아서 전체적인 느낌은 온화한 것 같았지만.

그 아이는 체육 시간을 좋아했다. 특히 구기운동을 다 좋아했다. 체육교육의 활성화 방안으로 초등학교를 저, 중, 고로 나누어 지구별 구기운동 대회가 있었다. 저학년은 2m간격으로 떼어놓은 지름 1m 원 20개를 한 줄로 그리고 그 안에 20명의 선수를 배치하고 빨리 정확히 패스하는 경기이다. 시작을 알리는 호루라기 소리와 함께 옆으로 서서 손 패스를 하면 맨 끝에 선 선수가 드리블하여 앞에 있는 원까지 온다. 20명의 선수가 먼저 끝난 팀이 이기는 것이다. 이 경기에 그 아이가 출전하여 우승하였을 때 얼마나 기뻐하는지 그 모습 지금도 잊을 수가 없다. 그 뒤 그 아이는 작은아버지의 자식으로 점차 잘 적응되어 가고 있었다. 밝은 웃음을 가진 소년으로 커가는 모습을 2년간 더 지켜보다가 헤어졌다.

지금까지 살아오면서 내 생의 절반을 초등교사로 봉직했었다는 사실에 자부심이 있다. 물론 먹고 살기 위해 일했지만, 나라가 가난했던 시절의 그 어려운 여건들을 이겨내고, 순수한 열정으로 아이들을 가르침에 사명감으로 열심히 임했고, 소신껏 일하고 대과(大過) 없이 명예롭게 퇴직함에 감사한다.

아마 내가 다시 태어난다고 해도 나는 주저 없이 초등교사가 될 것이다. 중고등교사나 대학교수가 아닌 초등교사! 교단을 지키는 괜찮은 교사가 될 것이다. 때 묻지 않은 어린이들에게 최선을 다하며 순수를 배우고 영혼을 살찌우는 그런 삶을 가진 소박한 인간 교사가.

민들레

- 호수공원을 걸으며

올해는 유난히 계절이 잰걸음이다. 작년과 비교하면 한 달 반 정도 빠르다고 한다. 겨울 끝자락에서부터 가뭄이 계속되더니 몇 차례 봄비가 오자 모든 초목이 한꺼번에 약동하였다. 부지런한 계절을 따라 꽃들도 무리 지어 한꺼번에 탐스럽게 피었다가 졌다.

보통 4월부터 피던 민들레도 올해는 일찍 서둘렀다. 민들레는 우리나라 산야에 저절로 나서 자라는 잡풀이다. 산이나 들뿐만 아니라, 도시의 공원이나 거리 등 흙이 있고 햇빛이 드는 곳이면 어디에서든 볼 수 있다. 잔디밭, 길가, 나무 밑, 담장 밑, 보도블록 틈새 등 아무 데나 볼 수 있다. 어디에서 와서 어떻게 그러한 곳에 자리를 잡고 살아내고 있는가. 그들의 대단한 생명력과 눈물겨운 번식력에 놀랄 수밖에 없다.

우리네 삶도 민들레의 생태와 별반 다르지 않다고 생각해 본다. 제각기 모두 어디선가 태어나서 제각각 곳곳에 자리를 잡고 살고 있으니 말이다. 사람이든 풀이든 삶의 터전에서 자신의 개성을 펼치며 의지 굳게 살아내고 있는 것이 얼마나 대단한 일인가?

일산 호수공원을 한 바퀴 돌자는 친구의 전화를 받고 기쁜 마음으로 집을 나선다. 초여름의 새살궂은 풋풋함은 이미 사라지고 어느덧 여름의 한가운데 와 있는 것 같다. 마을버스를 타고 주엽역에 내린다. 버스에서 건널목을 향해 대로 가운데 승차장을 따라 걷다 보면 보도블록 사이사이에서도 여러 가지 잡초를 볼 수 있다. 소음과 먼지가 끊임없는 그곳에서 해맑은 노란 색깔의 민들레가 나의 눈길을 잡는다. 발길까지 잡는다. 땅 위에 붙어있듯 앉은뱅이 꽃 민들레가 가드레일 틈에서 방실거린다. 아! 살아있음에 희열을 느낀다. 건널목에서 신호를 기다리며 서 있는데 지하철 출입구 돔의 옆구리와 길가 보도블록 사이를 따라 민들레가 노랗게 노랗게 웃고 있다. 순간 그 모진 생명력에 가슴이 찡하다.

횡단보도를 건너서 호수공원으로 향한다. 커다란 원추 모양의 메타세쿼이아 나무가 양쪽에 죽 늘어서서 그늘을 만들고 있다. 겨울에 덩그러니 보이던 까치집도 녹음 속으로 숨었다. 나무가 서 있는 양쪽 잔디밭에도 민들레가 나를 따라오라는 듯 앞서간다. 호수로를 가로지른 육교를 지나 노래하는 분수대에 이른다. 분수대 앞 광장과 근처 잔디밭에 노란 단체복을 입은 유아원 유치원 아이들이 보인다. 볕 좋은 봄날, 노랑 병아리들이 어미 닭을 따라 나들이를 나온 것 같다.

친구가 먼저 와서 기다리고 있었다. 분수대 광장 둘레 그늘 밑 벤치에 앉아 아이들의 모습을 바라본다. 보모교사의 목소리가 아이들의 얼굴에 잠시 머물다 금세 봄볕 속으로 빨려든다. 아이들이 모두 꽃이 된다. 여리고 앙증스러운 아이들의 표정에, 맑은 눈망울에 꽃이 핀다.

잔디밭에 쪼그리고 앉아서 무언가 열심히 보고 있는 아이들 사이로 노랑나비 한 마리가 팔랑거린다. "야! 나비다. 노랑나비." 아이들 모두의 눈망울이 나비를 좇아간다. 제일 작은 아이가 일어나서 나비를 좇자, 나비는 높게 날아 자연학습관 쪽으로 사라졌다. 잔디밭 여기저기에 민들레가 아이들처럼 해맑게 웃고 있다. 나비가 아이들을 꽃으로 보았던 것일까.

재잘대는 아이들 소리를 뒤로하고 사라진 나비를 따라 걷기 시작한다. 수련이 가득 피어 있는 자연호수를 왼쪽으로 끼고 호반 길을 따라 걷는다. 덩굴 식물을 위한 철제 아치 터널을 지난다. 양쪽 옆과 머리 위에 박, 꽃 호박, 수세미 등의 꽃과 풋열매가 조롱조롱 열려있다. 호수 가장자리 물가에는 억새와 부들이 총총히 서서 키재기를 한다. 가벼운 바람에 저희끼리 부딪치며 사각거리는 억새와 버들잎의 물그림자가 물결 위에 겹쳤다 말았다 한다. 호수 속의 끝없는 이야기와 아이들의 종알거림이 초여름 아침을 싱그럽게 한다. 오른쪽에 있는 밤꽃이 군데군데 하얗게 핀 동산을 옆으로 지나면 물레방아가 있다. 물레방아 물소리와 아이들의 노랫소리가 섞여 시원하고 평온하다.

민들레는 예전 흉년이나 전쟁 따위로 굶주릴 때 농작물 대신 먹던 구황식물이다. 뿐만이 아니라 뿌리와 꽃피기 전의 전초를 포공영(蒲公英)이라 하여 약재로 쓰였다. 열로 인한 종창, 유방염, 인후염,

맹장염, 복막염, 급성 간염, 황달 등에 효과가 있다고 한다. 근래에 와서 식재료로, 명약 식물로 알려지면서 토종민들레는 거의 씨가 마르는 지경까지 되었다. 요즈음 여기저기 흔히 볼 수 있는 것은 거의 서양민들레인 셈이다. 토종이든 외래종이든 올해는 유난히 민들레가 발끝, 눈길 닿는 데에 지천이다.

자작나무가 있는 길을 지나며 보는 길 양쪽 잔디밭에도 어김없이 민들레가 총총히 먼저 반긴다. 민들레와 아이들이 겹쳐지며 교단생활이 떠오른다. 생의 절반을 교직 생활로 보냈다. 지금 생각하니 교직에 있는 동안 푸른 초원에서 꿈을 심고, 꿈을 가꾸며, 꿈의 풍성한 열매를 익히기 위한 수고로 보람찬 삶이었던지 싶다. 그때의 교단이라는 초원에 꽃처럼 피었던 수많은 아이가 생각난다. 이 공원의 곳곳에 피어 있는 민들레처럼 여린 듯 굳세고, 흔한 듯 귀하게 내 삶의 초원 위에 피었던 아이들! 새봄이 올 때마다 새로 피어나는 꽃들이었으니 내 교직의 들판은 늘 새롭고 신선했다.

지금 그들은 모두 어디로 가서 어떤 모습으로 살고 있을까? 고난과 풍파를 맞닥뜨리며 어른이 되고 그들의 부모처럼 세파를 이겨내며 살고 있으리라. 줄기차고 면면히 이어나갈 이 땅의 주인으로 더 나은 삶을 위해 고뇌하고 이상을 실현하며 살고 있으리라 믿는다. 아니 민들레처럼 지구상 곳곳에 퍼져 옴팡지게 터전을 잡고 꿈을 꽃으로 피우고 있을 것이다.

아, 여기도 민들레, 저기도 민들레. 내가 걷는 호수공원에는 지금 민들레가 한창이다.

생명은 아름답다

나는 동물을 기르는 것보다 식물을 기르는 것을 더 좋아한다. 개, 십자매, 열대어, 금붕어, 햄스터 등을 기르면서 그들이 주는 기쁨보다 사람과 닮은 삶의 모습에서 느끼는 연민이 더 컸다. 또 동물은 동적인 생명체이기 때문에 관리하기가 수월치 않다. 한 번 인연을 맺으면 끊기가 어려웠던 기억도 있다. 그렇다고 해서 동물보다 식물이 훨씬 기르기 쉽다는 뜻은 아니다. 식물은 늘 조용히 태어난 곳이나 놓인 곳에 순응하며, 시시때때로 사람에게 많은 경이로움을 선물한다. 그래서 나는 나무와 풀, 꽃과 같은 식물을 기르는 것을 더 즐긴다.

직장에 다니면서도 정원이 있는 단독주택을 선호했고, 몇 가지 원예식물을 키우고는 했다. 지금은 아파트에 살지만, 베란다에 조그만 화분 정원을 갖고 있다. 40여 년의 인연을 맺고 있는 관음죽은 우리 집의 가목이다. 몇 가지의 서양란을 키워 해마다 꽃을 보는 즐거움도 있다. 또 서너 종류의 동양란도 해마다 꽃을 선물한다.

10여 년 전 아들이 들고 왔던 10㎝도 안 됐던 꽃기린은 예술적으로 엉키면서 자라서 계절의 경계 없이 꽃을 달고 있다. 몇 가지의 선인장도 때가 되면 어김없이 꽃을 피우고, 산세베리아도 굉장한 번식력을 자랑하고 꽃을 피워 특유의 향내를 집안 가득 채운다.

그렇지만 씨앗이나 어린나무부터 시작된 동백과 행운목과 아보카도와의 인연에서 경험한 생명의 신비함과 놀라움은 그 어느 것과 비교할 수가 없다.

함께 근무하며 정을 쌓았던 지인들이 모두 퇴직하고 난 뒤인 10여 년 전의 일이다. 우리는 여행을 떠났다. 잡다한 가정사를 잠시 접고, 오랜만에 옛 동료애를 맛보면서 호남선 열차를 탔다. 땅끝마을, 선암사, 오동도를 거쳐 향일암에서 해돋이를 보는 일정으로 여행을 했다.

선암사 뒤뜰의 동백나무 숲은 그 유명세만큼이나 아름다웠다. 오동도의 동백도 선암사 못지않았다. 오랜만에 해방된 우리들의 그칠 줄 모르던 이야기는 어느새 뚝 그쳐지고 동백에 취했다. 길을 벗어나 낙엽이 수북한 동백나무 밑을 걷다가, 낙엽을 헤집고 무언가를 줍는 여인을 보았다. 무엇을 줍느냐고 물었더니 동백꽃씨를 찾는다고 했다. 앞치마 속이 볼록한 것을 보니 꽤 많이 주운 것 같았다. 앞서버린 친구들의 뒤를 쫓아가다가 문득 나도 동백꽃씨를 찾고 싶었다. 낙엽을 헤쳐서 어렵사리 3개의 동백꽃씨를 찾아 휴지에 싸서 배낭에 넣어 가지고 왔다.

집에 돌아와서 동백꽃씨를 자세히 살폈다. 크기는 내 엄지발톱만

하고 나팔꽃씨 모양 같다고 해야 할까, 송편 모양 같다고 해야 할까? 겉껍질이 밤같이 단단하지만 매끄럽지는 않았다. 그냥 두면 잃어버릴 것 같아서 군자란이 자라고 있는 화분의 여백에 엄지손가락으로 흙을 쑤셔 3개의 구멍을 내고 파묻었다. 그리고는 까맣게 잊고 지냈다.

그때 나는 아들네와 같이 살면서 살림을 해주고, 손녀들을 키우는 행복한 삶을 살고 있었다. 내 살림집은 내 짐만 둔 채 일주일마다 토요일과 일요일에 휴가처로 삼으며 살고 있었다.

둘째 손녀가 태어나던 해는 우리 집에 가문의 영광이라고 할 만큼 큰 경사가 있었다. 아들과 며느리가 같은 해에 둘 다 이학박사 학위를 받은 것이다. 특히 며느리는 배 속에 둘째 손녀를 품은 어려움을 극복하고 박사가 된 것이다. 그러니까 둘째 손녀를 낳고, 박사 학위도 받은 것이다.

기억도 가물가물한 어느 해, 장위동에 살 때 길거리에서 300원을 주고 수경용 어린 행운목을 샀었다. 그 행운목이 자라서 최초로 대단한 꽃을 피웠다. 줄기 꼭대기에서 솟아 나온 꽃대에 하얀색의 작은 꽃들이 총총히 박힌 솜방망이! 그 진한 향기는 온 집안을 가득 채우고, 현관문을 열어 놓으면 옆집까지 퍼져서 사람들이 보러 오기도 했다. 행운목에 꽃이 피면 집안에 경사가 생긴다는 것을 증명이라도 하듯 꽃이 피었다. 거의 한 달간을 행운목 꽃향기에 취해서, 겹친 경사로 즐거운 날들을 보냈다.

그리고 큰손녀가 초등학교 1학년 2학기, 둘째 손녀가 2살이 된

해 11월에 아들은 제 식구를 데리고 미국유학을 떠났다. 아들 내외는 직업과 학업을 같이해야 하고, 손녀들은 어리기 때문에 따라 들어가서 돌봐 주어야 했다. 비자 관계로 3개월에 한 번씩 들어갔다 나왔다 몇 번. 내가 집을 비웠을 때는 내 근처를 떠나지 않고 사는 딸네 식구가 집을 관리해 주고 화분에 물을 주곤 했다.

집을 떠나 있는 기간 동안 늘 화분들이 걱정됐다. 집에 돌아와 화분들을 보면 어떤 것은 고사 직전이고, 어떤 것은 윤기 없이 야위어 있고, 어떤 것은 마지막 힘을 내어 꽃망울을 달고 있는 것도 있었다.

딸은 화분들이 엄마를 아는 것 같다고 엄마를 기다리는 것 같다고 한다. 직장 생활을 하는 딸이 틈틈이 와서 물을 주고 하는데도 기운을 못 차린다고 변명과 불평을 늘어놓는다. 그도 그럴 것이 내가 오고 며칠만 지나도 화분들은 생기가 되살아나서 싱싱해지기 때문이다.

동백꽃씨를 군자란이 있는 화분에 묻어 두었던 까맣게 잊고 있었던 기억을 되살리는 일이 일어났다. 어미 군자란이 죽어가면서 조그만 새끼 군자란 하나를 남겨 놓은 화분 속에 2개의 아기 동백나무가 서 있었다. 3개의 씨를 파묻었었는데 2개가 발아되었다. 정말 놀라웠다.

아들네에서 3개월의 겨울을 보내고 집으로 돌아왔는데, 그 사이에 동백은 그런 놀라움을 준비하고 있었다. 눈물이 핑 돌면서 '하나님 감사합니다, 부처님 감사합니다, 얘들아 고맙다' 하는 탄성이 저절로 나왔다. 새끼 군자란을 뽑아서 다른 작은 화분에 옮겨 심고, 두 그루의 아기 동백나무를 바르게 세우고 거름흙을 보충해 주었다. 아마 8~9년 전의 일이었을 것 같다.

그런데 3년 전에 더욱 놀라운 일이 일어났다. 분갈이를 두어 번 했었는데, 그때마다 둘이 한 형제 같아서 떼어 놓지 못하고 한 화분에서 키웠었다. 한 놈은 줄기, 가지, 잎이 늘씬 튼실하고, 한 놈은 조금 여리고 각 부위가 곱실한 곡선이 보인다. 하나는 남자 같고 하나는 여자 같다고 할 수도 있다. 그렇지만 둘이 각각 3개와 2개의 꽃망울을 준비하더니, 봄이 되자 꽃을 피운 것이다.

5개의 동백꽃 천사가 꿈처럼 우리 집에, 나에게 찾아온 것이다. 꽃송이를 자세히 보면, 빨간 다섯 개의 꽃잎이 밑동을 붙인 채 꽃받침 위에 앉아 있다. 꽃의 가운데는 작은 원통 모양의 술 끝이 마치 여러 번 가위질한 것처럼 갈라져 있고 그 끝에 노란 꽃가루가 매달려 있어 피보다 진한 빨간 꽃잎과 화려하게 대비된다.

이렇게 시작한 동백꽃과 만남은 두 해 동안 연이어 꽃송이 수를 많이 늘리며 꽃을 피웠다. 해마다 핀 동백꽃을 내 아이패드에 사진 찍어 담아 놓고 아들에게도 보내고 가끔 열어 보면서 즐거워한다.

올해 들어 분갈이 하면서 몸을 좀 다듬어 주었더니, 몸살을 했다. 그래서 그런지 올해는 꽃망울이 작년보다 수가 줄기는 했지만, 여전히 꽃망울들을 부풀리고 있다. 샤워를 시키면서 잎을 닦아 주며 사랑한다는 고백을 여러 번 한다. 물을 주고 나면 빳빳하게 몸을 세우고, 둥글넓적한 두툼한 파란 잎들의 윤기가 햇빛에 빛난다. 시샘이라도 하듯이 행운목과 테이블야자를 비롯하여 난들도 선인장도 잘 자라고 있다.

3주 전에 발견된 나의 정원에 일어난 또 하나의 생명의 경이로움. 멕시코와 남아메리카가 원산지라고 알려진 아보카도가 싹을 틔워 30센티미터나 자라서 꽃기린 뒤에 숨어 있는 걸 발견했다. 아! 생명의 경이로움이여, 아름다움이여!

샌디애고에 사는 아들 집에서 과까몰리라는 멕시코 샐러드 음식을 접했다. 그 음식 재료에 아보카도가 주재료로 쓰인다. 허브를 함께 넣어 느끼하지 않고 상큼하고, 달지도 않고 고소해서 채소 샐러드를 만들거나, 식빵 사이에 펴 발라 샌드위치 빵을 해 먹거나, 둥근 크래커나 칩에 발라서 간식으로도 이용한다. 특히 큰손녀가 자라서 가끔은 과까몰리를 맛있게 만들어 식구를 즐겁게 해주었다.

거기서 큰손녀에게 배운 그 음식이 생각나면 나도 가끔 집에서도 해먹기 위해 마트나 백화점에서 아보카도를 산다. 수입 과일이라서 비싸고 싱싱하지 않아서 괜히 샀다고 후회될 때도 있다. 허지만 나에게는 그 음식보다 아들네 식구에 대한 허기진 그리움을 달래는 것으로 만족한다.

아보카드는 껍질이 녹갈색이나 자줏빛이고 악어의 등같이 울퉁불퉁하며, 서양 배 모양을 닮은 타원형이다. 과육보다 가운데 씨가 커서 탁구공만 하다. 꼭 탁구공처럼 생겼는데 역시 씨껍질이 단단하다. 그래도 흙 속에 묻어 두면 동백처럼 싹을 틔우지 않을까 반신반의하면서 언젠가 꽃기린이 사는 화분의 모래흙을 파고 묻어 두었었다. 까맣게 잊고 있었는데, 3주 전 화분들을 돌려놓다가 발견한 것이다. 탁구공 같은 단단한 씨껍질을 뚫고 발아되어 나온 뿌리 서너 가닥은 굵고 힘찼으며, 줄기는 가늘지만 벌써 8장의 길쭉한 타원형의 잎을 달고 있었다. 즉시 장에 가서 화분과 흙을 사서 어린 아보카도 나무를 옮겨 심었다.

며칠은 몸살 하는지 잎이 처져 있었다. 걱정되었지만 옮겨 심을 때 본 뿌리의 강건함을 믿고 싶었다. 매일 밤 자기 전의 기도에 빠뜨리지 않았다. 아침에 일어나면 들여다보고 힘내라고 말하곤 했다. 지금은 적응이 됐는지 줄기가 빳빳하고 잎이 싱싱하게 펼쳐있다.

이 아보카도가 내 남은 날들 어느 시점에 꽃을 피워서 생명의 환희를 그 아름다움과 경이로움을 선물해줄까 기다려 보려 한다. 그 기다림의 날들은 나에게 희망을 주고, 삶을 사랑하며, 생명의 아름다움을 찬양하는 그런 날이 될 것이다.

내 생명도 그러한 경이로움에서 태어났으니, 아름답게 살다가 이승을 떠날 때 축복받는 삶이 되고 싶다.

이 름

우리는 많은 사람과 직간접적인 관계 속에서 살고 있다. 이름을 아는 사람들도 있지만, 대부분 이름을 모르는 수많은 사람과 긴밀한 관계를 갖고 살아간다. 오늘도 여러 이름 모를 사람들과 같은 버스나 지하철을 타기도 했고, 거리나 상가에서 보고 만나고, 그들의 옆을 스쳐 지나다녔다.

사전에는 '다른 것과 구별하기 위해 사물, 단체, 현상 따위에 붙여서 부르는 말'이라고 이름을 정의하고 있다. 사람의 이름은 '사람의 성(姓) 아래 붙여, 그 사람만을 가리켜 부르는 일컬음'이라 했다. 다른 사람과 구별하기 위하여 성과 이름을 아울러 이르는 말이다.

사람은 모태에서 태어나면서 한 사람으로서 고유한 이름을 부여받는다. 이름은 단순한 호칭의 수단뿐만 아니라 그 사람의 일생을 통하여 삶의 의미와 존재의 가치를 지니게 되는 것이다. 그래서 아기가 태어나면 좋은 이름을 지어주기 위해 유명한 작명가를 찾아 거금을 들여 짓기도 한다.

우리나라 사람의 이름에 대한 최초의 기록은 『삼국사기』, 『삼국유사』에서 찾아볼 수 있다고 한다. 역사 이야기의 처음이 혁거세(赫居世), 알지(閼智), 수로(首露)의 전설을 이름 풀이로부터 시작한 것으로 기록되어 있다고 한다.

처음에는 토박이말로 지어졌던 이름이 한자가 들어오면서 성(姓)의 보급과 함께 한자 이름으로 작명하게 되면서 오늘에 이른 것이다. 보통 남자의 이름은 그 집안의 항렬에 따라 지었고, 여자는 그러한 제한을 두지 않았기에 성(姓)과 함께 독립적인 이름을 갖게 된 셈이다. 서양 여성들은 결혼과 동시에 남편의 성(姓)을 따르는데, 우리나라 여성들은 이름으로 고유성 독립성을 보장받고 있다는 생각에 슬며시 자부심을 느낀다.

얼마 전, 잘 알려진 배우며 탈렌트인 남자 연예인이 아들 세쌍둥이를 낳았는데 아기들의 이름을 '대한', '민국', '만세'라고 지어 화제에 올랐다. 외가가 독립투사의 자손이고 현 국회의원으로 활동하는 집안의 후손다운 이름이라고 생각되었다.

나의 이름은 할아버지가 지으셨다. 내가 태어난 시기는 일제 강점기 끝 무렵, 우리 국어 말살, 창씨개명 등의 우리 민족 말살 정책이 극에 달했던 때이다. 1940년 2차 세계대전을 일으켰다가 1945년 패전한 일본의 항복으로 우리나라가 해방되던 바로 전해이다.

일제의 통치하에서 관명(호적명)을 갖게 된 여자의 이름은 당연히 일본식으로 짓기를 강요받았다. 순자(順子), 영자(英子), 춘자(春子), 숙자(淑子), 옥자(玉子) 등과 같이 이름 끝 자에 '자(子)' 자가 붙은 이름은 그러한 시기에 태어난 여성들이다.

우리나라 옛날에는 특수한 경우가 아니면 여자에게 '아명' 이외에 이름이 주어지지 않았었다. 일제가 통치의 목적으로 여성들에게도 관명을 갖게 한 것이 우리나라 여성들이 이름을 갖게 된 계기가 되었다니, 역사의 아이러니(irony)에 씁쓸한 마음이 든다.

나는 70 평생을 살면서 그 반을 많은 이름에 둘러싸여 살았다. 이름의 바다에 빠져서 살았다고 할 수 있다. 직업적으로 많은 사람과 관계에서 직접적인 영향을 주고받으며 살았기 때문이다. 주로 어린이들에게 영향이 큰 입장이어서 나의 삶의 하루하루는 늘 긴장의 연속이었다. 타성에 젖지 않고 날마다 새로 태어나야 한다는 마음가짐으로 살아야 했기 때문이다.

1965년, 대학을 졸업하고 초임발령을 받아 막 교사로서 출발을 시작했던 서울 모 초등학교에서 있었던 이야기이다. 그 학교는 강북 미아리에서 더 들어간 서울 북부 변두리에 있었다. 비만 오면 포장 안 된 도로가 진흙탕이 되고, 주변 산비탈에는 철거민들이 빽빽하게 들어차 살고 있었다. 학교 규모에 비해 학생 수가 많아서 저학년(1, 2학년)은 오전반, 점심반, 오후반 3부제로 운영할 수밖에 없었다. 한 반에 100명이 넘는 아이들과 3부제 수업을 했으니, 지금은 상상을 초월하는 일이지 않은가.

나의 반은 105명의 이름이 있었는데, 그중에는 나와 같은 이름을 가진 어린이가 5명이나 있었다. 김 씨(2명), 박 씨, 최 씨, 그리고 가운데의 한자(漢字)만 다른 나와 똑같은 이름을 가진 아이까지 합쳐서 5명이다. 한창 젊은 나이었을 때이니 105명의 이름을 사흘 만에 다 외어 출석을 불렀다. 교실 입실 후, 수업을 시작하기 전에 꼭 출석을 불렀다. 예나 지금이나 학생의 학교 출석 여부는 큰 의미를 지니고 있기 때문이다.

출석을 부를 때마다 나와 같은 이름을 부르면 동시에 아이들 전부가 똑같이 호명했다. 특히 '이순자'를 부를 때에는 박수까지 쳐가며 큰소리로 복창하는 아이들의 해프닝은 지금도 이름에 얽힌 아름다운 추억으로 간직하고 있다. 나와 똑같은 이름을 가졌던 그 아이가 '훌륭한 초등학교 선생님'이 되는 꿈을 가졌었는데, 알아보지는 않았지만, 분명히 꿈을 이루었을 것이라고 믿어본다.

초등학교에서는 학년을 저학년, 중학년, 고학년 세 단계로 묶어서 부르거나, 두 단계로 묶어서 저학년(1~3학년), 고학년(4~6학년)으로 구분하여 부르기도 한다. 4학년은 저학년을 마무리하고 고학년에 진입하는 과정으로 초등기의 사춘기라고 불렀다. 어린이들의 심신 발달과정도 급격한 변화가 있고, 교육과정도 깊고 넓게 편성되어 있어서 실제로 담임을 맡으면 학습 면이나 생활지도 면에서 예민한 문제가 빈번히 발생하고는 했다.

이름이 '송충기'였던 남자 어린이가 있었다. 아이들이 그 아이를 '송충이'라고 불러 대서 늘 화가 나 있었다. 놀림을 받을 때마다 일러바쳐서 놀린 아이를 호되게 야단치고는 했지만, 아이들의 장난기는 끝이 없으니 안 보이는 데까지는 내 힘이 미치지 못했다. 그러자 그 아이는 화풀이를 송충이 잡아 죽이는 것으로 대신했다. 칭찬해야 할지 말아야 할지 한참을 고민했었다. 마침, 그 당시는 소나무에 송충이가 기승을 부릴 때여서 자연보호 운동으로 송충이 잡기가 있었다. 그 아이는 자연보호 우수 어린이로 상장을 받으면서 이름으로부터 받은 상처가 조금씩 치유되어 갔다.

한 번은 6학년을 맡았는데 이름이 '○성기'인 남자 어린이가 있었다. 고학년은 청소년기 초입으로 의식뿐만 아니라 신체적으로 많은 성적인 변화를 겪는 시기이다. 그 아이의 이름이 신체의 중요한 부분을 지칭하고 있으니 별명으로 심지어 욕으로 불려지고 있었다. 할 수 없이 남자아이들만 모아 놓고 성명교육 아닌 성교육을 해야 했다. 아마 그때 국민배우 '안성기'씨가 지금처럼 떴더라면 그 아이가 그렇게 곤욕을 치르지 않았을 것이라는 생각이 든다.

사람을 보기 전에, 이름을 먼저 대할 때가 종종 있다. 유난히 호감이 드는 이름들이 있다. 부르기 좋은 이름, 아름다운 이름, 개성이 풍기는 이름, 뜻이 좋은 이름, 성씨와 균형이 잘 잡힌 이름들이다. 후에 이름의 임자들을 실제로 대면했을 때, 이름과 인상이 잘 어울리는 사람을 보면 반가운 마음이 들고 더 친근감이 생긴다.

이렇게 이름은 어떤 의미로는 그 사람의 존재가치를 나타내기도 하고 흔들기도 한다. 그 사람의 이름은 일생을 잘 살거나, 잘 살았다는 가치 있는 목적 그 자체인지도 모른다. 그래서 옛날부터 이름이 운세를 결정할 수 있다고 믿고, 그 사람의 사주팔자와 관상을 보고 작명한 것이란 생각이 든다.

'표사유피(豹死留皮) 인사유명(人死留名)' 호랑이는 죽어서 가죽을 남기고, 사람은 죽어서 이름을 남긴다는 사자성어의 뜻을 다시금 되새겨 볼 일이다.

길에서 얻은 기쁨

가뭄이 계속된다. 그럼에도 초목들은 세상을 온통 초록빛으로 바꿔 놓는다. 여름이 성급하게 달음질친다. 이상기온의 탓인지 계절의 변화가 뚜렷하지 않고 봄과 가을은 짧고 순간적이다. 그래서인가 어물어물하다가 계절이 바뀌는 때에만 볼 수 있는 특별한 묘미를 놓치고 만다.

계절과 계절 사이에 일어나는 자연의 질서와 순리의 가르침, 우리 생활 주변에서 작은 것들의 틈새에 큰 것들의 시원(始原)이 들어 있는 경우를 볼 기회 같은 것 말이다. 평범하거나 대수롭지 않게 보이는 틈에서 문득 새로 발견한 작은 것들에서 기쁨이나 즐거움을 느끼고, 아름다움을 보는 일은 각박하고 고달픈 삶에 때때로 큰 위안을 받는다.

복지관에서 나와 집에 가는 마을버스를 탈 정류장에 가려면 으레 아파트 사이에 있는 공원길을 이용한다. 이 길을 지나다니며 여러 가지 기쁨을 만난다. 비가 오지 않아 메마른데도 나무들은 짙푸른 터널 길을 만들어 놓았다. 한여름 더위 때도 이 길은 시원하다. 울타리가 된 쥐똥나무 가지에 촘촘히 쌀알 같은 하얀 꽃이 핀다. 진한 향기가 아파트와 공원길에 퍼진다. 그 밑동 덤불 속을 참새 몇 마리가 갸웃갸웃 엿보기도 하고 들락거리기도 한다. 헤집어 보지는 않았지만 아늑하고 자그마한 참새의 둥지가 있지 싶다.

또 공원길을 가로질러가며 이 나무 저 나뭇가지 사이로 술래잡기를 하는 까치도 볼 수 있다. 때로는 "구구 구구구" 비둘기의 연가가 초록 바다 물결처럼 출렁이는 나뭇잎 사이를 통해 흩날리기도 한다. 아이들의 재잘거리는 소리가 말없이 구부정하게 걷던 노인의 발걸음을 멈추게도 한다.

집 쪽으로 가는 마을버스가 온다. 마침 학생들의 하교 시간과 맞물려 차 안이 만원이다. 다음 것을 기다렸다 탈까 하다 그냥 오른다. 마을버스 안에는 가운데부터 앞쪽으로는 양쪽 창가에 혼자 앉는 좌석들이 있다. 보통 때에는 노인이 많이 앉아있는데 이번에는 대부분이 학생들이다. 서 있는 학생들 사이로 보니 나와 비슷한 연배라고 생각되는 여자 노인이 앉아있었다. 줄을 잡고 서 있는 학생들의 틈을 비집고 그 여자 노인 옆으로 가서 의자 손잡이를 잡았다.

마을버스를 탔는데 빈 좌석이 없을 때 될 수 있는 대로 젊은이나 학생들이 앉아있는 곳은 피한다. 한마디로 심적 부담을 느끼고 싶지 않기 때문이다. 노인이라고 양보해 주는 경우 고맙지만 미안하다. 자리를 양보해 줄 수 있어 보이는데 짐짓 모른 체하거나 이동전화기에 빠져있는 모습을 보면 심기가 불편하다. 어쩌면 편견일지 모른다는 자신의 편견에 잠시 우울해진다.

두 정거장이 지나자 버스 안에 서 있던 학생 한 무리가 내렸다. 내가 서 있는 자리도 넓어져서 웅크렸던 자세를 풀 수 있었다. 그 때였다. 등 뒤에서 "할머니, 할머니 여기 앉으세요." 하는 어린 소년의 목소리가 들렸다. 처음에는 나를 지목한 것이 아니라고 생각해서 돌아보지 않았다. 내 재킷 뒷자락을 잡아당기는 손길이 느껴지며 동시에 "할머니 여기 앉으세요." 한다.

뒤를 돌아다보니 똘망한 눈으로 나를 쳐다보는 어린이. 짐작하건대 초등학교 3, 4학년 정도의 체구도 그리 크지 않은 어린이다. 순간 얼굴이 확 달아오르며 뜨겁기도 하고 부끄럽기도 했다. "아니, 괜찮아요. 괜찮아요." 나는 도리질을 하며 그 아이가 도로 앉기를 바랐지만, 앉지 않고 그냥 서 있다. 앞과 뒤에 앉아있는 중·고등 학생의 불편해하는 시선을 느끼면서 "고맙습니다." 하고 앉을 수밖에 없었다.

'씨~익' 웃는 그 어린 소년의 눈빛과 마주치며 나는 잠시 미래 세상에 대한 어두운 마음을 내려놓는다. 이 좁은 마을버스 안 짧은 시간 틈새에서 비애스럽게 생각되어 체념하고 염려했던 세상인심에 대해 새삼 밝은 희망이 샘솟는다.

두 정거장을 더 가서 그 아이가 내렸다. 그 소년의 등에는 검은 색 책가방용 색이 짊어져 있었다. 버스에서 내려 곧장 공원길로 뛰어간다. 가방도 덩달아 그의 등 이쪽저쪽으로 왕복운동을 하며 같이 뛴다. '뉘 집 아들인가 잘 키웠다. 아마 조부모와 같이 사는 아이일 거야. 오늘 학교에서 어떤 선생님께서 어른 공경에 대해서 가르쳤나 봐.' 등 나는 즐거운 상상으로 기분이 좋다.

내가 그 꼬마 소년에게서 자리를 양보 받고 두 정류장을 지나는 사이에 학생들이 노인에게 자리를 양보하는 풍경이 벌어졌다. 작고 어린 소년의 노인 배려심이 마을버스 좁은 공간을 따뜻하고 아름답게 만든 것이다. 운전기사도 기분이 좋은지 타는 사람마다 내리는 사람마다 "어서 오세요." "안녕히 가세요." 밝고 맑은 목소리와 웃음 띤 얼굴로 인사를 한다.

집 근처 정류장에 내려서 길을 건너가려고 신호등의 불빛을 기다렸다. 길 건너 올해 초에 문을 연 햄버거 가게 문 양편에 보도블럭 틈을 비집고 한두 줌이나 됨직한 노란색 씀바귀 꽃이 바람에 한들거리고 있었다. 잔잔한 기쁨을 가슴 가득 담고 귀가하는 나를 향해 웃고 있었다.

축배의 노래

한 송이 순정의 꽃 뉘에게 바치리까
마음의 창문을 내 앞에 열어주오
술잔을 높이 들어 청춘을 노래하니
이 밤은 즐거우리 인생은 즐거우리
나의 사랑 나의 희망
어떠한 가시밭길에도 행복은 있으리라
나의 사랑 나의 행복
어떠한 가시밭길에도 행복은 있으리라.

이 노랫말은 원로가수 남일해의 '축배의 노래'라는 대중가요 가사이다.

오늘 일산노인복지관 특별활동 영역의 핸드벨 수업을 끝내고, 반장의 주선으로 단합대회 겸 저녁 회식이 있었다. 그 자리에서 본식에 들어가기 전 모두 술잔이 아닌 물잔을 들고 건배를 했다. "핸드벨 반의 발전을 위하여! 모두의 사랑을 위하여! 축배!"와 함께 누군가의 시작으로 이 노래를 합창했다. 순간 나는 결혼식 전날 밤 함을 받으면서 있었던 추억이 떠오르면서 감정이 복받쳐 올라 가슴이 먹먹했다.

50년 전, 수많은 우여곡절을 일단락 마무리하는 결혼일 전야에 있었던 일이다. 여러 가지 해프닝 끝에 함이 들어오고 함꾼들에게 저녁을 대접하는 자리. 신부의 노래를 꼭 들어야 한다는 함진아비의 짓궂은 청으로 이 대중가요를 불렀었다.

그날, 신랑과 함께 그의 친구들이 함진아비, 상객, 후행, 짐꾼이 되어 얼굴에 묘한 분칠을 하고 청사초롱을 들고 왔다. "함 사세요. 함!" 골목 밖에서부터 들리던 소리가 우리 집 앞을 지나치며 골목 이쪽저쪽으로 왔다 갔다를 몇 번. 골목 안에 사는 이웃이 삐죽이 목을 빼고 내다보더니 아주 대문을 열고 나온다. 좋은 구경거리가 생겼다는 듯 골목 안이 떠들썩하다. 노처녀가 있는 집에서 함을 사겠다고 했나 보다. 함 값을 터무니없이 부르니 못 산다고 하여 구경하던 이웃이 박장대소하기도 했다.

함진아비는 이미 두어 잔 했는지 각설이 타령을 흥얼대며 연상 우리 집을 쳐다보았으나 정작 사들여야 할 우리 집에서는 아무 기미가 없자, 대문 쪽으로 슬금슬금 온다. 이때다! 하고 아버지가 앞뒤에 몇 장만 지폐를 댄 제법 두툼한 봉투를 내 친구를 시켜 내보냈다. 그러나 남편 친구들은 이미 다 기혼자였기에 속아 주지 않고 뒷걸음치며 술상을 차려 오라고 했나 보다.

넉살 좋은 함진아비의 요구를 들어주기를 몇 차례, 드디어 친정

아버지가 "함 안 산다. 대문 닫아라!" 하는 소리와 함께 미모를 갖췄던 내 친구 둘이 함진아비의 팔짱을 껴서 대문 안으로 끌고 들어왔다. 친정어머니가 안방에 상을 놓고 함을 기다렸다. 함을 받아 상위에 놓고 함진아비가 아버지와 맞절을 하고 나서 함 받는 절차가 끝났다.

내가 그때 이 노래를 부른 것은, 내 결혼을 끝까지 허락하지 않고 축복에 인색했던 친정어머니를 향한 섭섭함과 그와의 결혼생활, 미래에 대한 두려움을 극복하기 위한 체면 행위가 아니었을까. 어쩌면 나 자신만이라도 미래에 대한 희망과 행복을 염원하고 축복하고픈 심정이었던 것 같다.

이 가요는 1960년대 내가 고등학교 다니던 시절에 유행하던 대중가요이다. 광복 이후부터 주류를 이루었던 트로트가 미국의 대중가요인 스탠더드 팝에 밀리면서 새로운 양식의 대중가요가 생긴 때이다. 한명숙의 '노란 셔츠의 사나이', 최희준의 '맨발의 청춘, 하숙생', 현미의 '떠날 때는 말 없이', 패티 김의 '초우, 빛과 그림자', 김상국의 '불나비'와 싱어그룹으로 이시스터즈의 '서울의 아가씨', 불루벨즈의 '즐거운 잔칫날', 봉봉 사중창단의 '꽃집 아가씨' 등이 유행했다.

대도시의 삶을 명랑하고 아름답게 그린 대중가요로는 김상희의 '대머리 총각', 최희준의 '내 사랑 쥬리안', 남일해의 '빨간 구두 아가씨' 등이 있었다. 또 서민들의 삶을 낙관적으로 표현했던 오기택의 '아빠의 청춘', 김용만의 '회전의자', 신파적으로 흐느끼지 않는 절제

된 비극성을 노래했던 쟈니리의 '뜨거운 안녕', 최희준의 '길 잃은 철새', 정훈희의 '안개' 등이 대중가요의 대세를 이루었다.

내가 대학을 졸업하고 막 초임교사로 발령받은 1965년대는 이미자, 조미미, 배호, 남진, 나훈아 등이 부른 트롯풍의 대중가요가 부활되는 시기였다. '동백아가씨, 바다가 육지라면, 돌아가는 삼각지, 안개 낀 장충단 공원, 가슴 아프게, 사랑은 눈물의 씨앗' 등은 우리나라 방방곡곡 우리의 온 감각기관을 온통 사로잡았던 대중가요들이다.

또 그때는 독일 작가 W. 마이어 푀르스터가 1901년 자신이 쓴 중편소설 「카를 하인리히(Karl Heinrich,1899)」를 각색하여 만든 5막짜리 희곡을 영화로 만든 '황태자의 첫사랑'이라는 영화 속에서 '마리오란자'가 부른 클래식 곡 '축배의 노래'가 거리거리마다 넘쳐나게 흘러나왔던 시절이다.

나는 1968년 2월 말에 결혼했다. 친구가 근무하던 학교로 큰북을 빌리러 갔다가 친구와 동 학년 선생님의 깜짝 소개로 남편을 만났다. 3여 년간 변함없는 그의 구애도 있었지만, 친정어머니의 독선적인 기대와 그러면서도 남존여비 사상이 강한 어머니의 나에 대한 천대를 더는 감당하기 어려웠던 때문에 결혼을 결심했다.

네 동생을 둔 맏딸이었기에 세간에서 말하는 살림 밑천 역할을 감당했다. 동생들이 자라서 학교에 다니기 시작하자 자연스레 가정교사 역할도 내게 부여된 당연한 임무였다. 형제는 많고 어려운 형편이어서 학비를 댈 수 없다고 진학을 번번이 막던 어머니. 남의 애들 가정교사를 해가며 우등으로 맞서 이겨내며 대학을 졸업했다.

대학 졸업 후 바로 초등교사로 발령을 받았다. 어엿한 성인이 되어서 촉망받는 교사가 되었는데도 어머니는 당신의 성안에 가두려고만 했다. 동생 가르쳐 놓고 시집가라고 하시는 것은 이해가 갔지만, 직장에서의 근무내용과 근무일정까지 간섭하는 것은 도무지 양해할 수가 없었다. 며칠 동안 지방이나 특수 지역에서 받아야 하는 연수는 차치하고서라도 학교행사나 동 학년 행사로 귀가 시간이 늦는 것조차 허용하지 않으시려 했다.

대학에 다니면서도 남들이 다 가는 다방이라는 곳도 수학여행으로 속리산에 갔을 때가 처음이었다. 집안 살림하며 동생을 가르치고 학비를 벌어야 하는 가정교사로서는 그런 낭만을 즐기기에는 시간이 부족했다. 물론 그 당시 어려운 시절 나만 겪는 어려움이 아니었을 수도 있겠으나, 내가 알고 있는 직장 동료나 친한 친구 중에는 그렇게 완고하고 독선적인 어머니는 없었다.

마침 ○○대 야간 대학 편입시험 결과 합격 연락을 받고, 다니겠다고 말씀드렸더니 어머니의 격한 반대에 죽어버리고 싶었다. 어머니의 성에서 합법적인 탈출은 결혼이라는 생각에 이르렀다. 그러니까 결혼을 죽는 셈 치고 선택한 것이었다. 세상에 어떤 여자가 결혼을 죽는 셈 치고 하겠는가. 생각해 보면 남편은 지독한 봉건적 어머니의 성에서 나를 구출해준 왕자인 셈이다.

내가 부른 대중가요 '축배의 노래' 2절은 신랑과 함진아비들이 같이 합창을 해주었던 기억. 그 아련한 추억이 아픈 기억으로 물잔에 어른거렸다.

친 구

재작년부터 작년 6월까지는 매일 습관처럼 호수공원 한 바퀴를 걸어서 돌았다. 4계절에 걸친 호수공원의 자연변화와 호수에 투영된 물그림자의 아름다움을 만끽하곤 했다. 또 나처럼 호수공원을 이용하는 사람들의 각각의 다른 모습들을 보면서 그들의 삶의 모습을 상상하는 재미도 쏠쏠했다.

사실 2012년 4월 하순 5년 동안 남편의 투병 생활이 결국 이별로 끝났을 때, 자괴감에 빠진 자신을 주체하지 못하고 호수공원을 방황했다는 것이 솔직한 고백이다. 수많은 독백이 신께 기도로 바뀌고, 걷고 또 걸으면 등줄기에 땀이 나고 가슴 속의 검푸른 상념들이 다소는 맑고 희게 되는 기쁨이 착각이었을까?

작년 6월 말에서 7월 초에 걸친 약 13일의 발칸 9개국의 외국여행에서 무리했는지 양 무릎에 고장이 났다. 걸을 수 없이 통증이 심해서 무릎 관절 통증클리닉 병원에 갔더니, 올 것이 왔다며 걷기를 반 이하로 줄이고 무릎을 아끼라고 하는 것이다. 그래서 요즈음에는 지난밤을 뒤척였거나, 마음이 울적하거나, 햇빛이 좋거나, 생각할 것이 많은 날에만 호수공원을 걷는다. 집을 나서서 걷기 시작하여 호수공원의 노래하는 분수대 동쪽 끝에 닿으면 약 40분이 걸린다.

남쪽으로 방향을 틀어 왼쪽으로 일산노인복지관, 오른쪽으로 호수를 끼고 걷다 보면 인공 무지개가 보인다. 봄이면 벚꽃 터널이 되었던 길을 지나 왼쪽에 메타세쿼이아가 총총히 서 있는 길에 다다르면 자주 만나는 커플이 있다. 짐작으로는 70대 초반의 나이인 것 같다. 한 남자는 지팡이를 짚고 절름거리며 걷고, 한 남자는 지팡이를 든 남자의 다른 쪽 겨드랑이를 끼고 부축하며 걷는 남자 커플이다. 멀리서부터 마주 오는 그들을 볼 때마다 그 둘은 연상 이야기를 주고받으며 웃는 모습이다. 어쩌다 지팡이를 쥔 남자가 기우뚱거리면 그 옆의 남자는 뒤에서 그를 싸안아 붙잡아 준다. 따뜻하고 애틋한 눈길로 쳐다보면서. 그들과 거리가 좁혀져서 그들을 마주 보게 되면 나도 모르게 부러운 마음이 되어 미소를 보내게 된다.

그렇게 그들이 스쳐 지나간 뒤에 여러 가지 상념에 젖는다. 그 둘의 관계는 어떤 것일까? 남자들끼리의 몸짓을 보아서는 동성애자 같기도 하고, 재활치료를 하는 중의 환자와 보호사의 관계인 것 같기도 하고, 아니면 막역한 친구 관계인 것 같기도 하다.

저 나이에 무슨 동성애자? 그건 아닐 것이라는 생각이 든다. 그럼 재활치료 중인 환자와 요양보호사의 관계일까? 그런데 그들의 몸짓에서는 그런 관계에서 볼 수 있는 사무적 치료적 모습을 느낄 수 없다. 옳다! 친구 사이이다! 그런데 이렇게 각박하고 메마른 요새 세상에 그들의 모습에서 볼 수 있는 그런 '친구 관계'가 있을 수 있을까? 아마 형제 관계일 것이라고 의문의 상념의 꼬리를 일단 잘랐다.

무릎 통증 때문에 집 앞의 공원길로 걷는 운동을 바꿨지만, 한 주에 두 번씩은 호수공원으로 발걸음을 옮긴다. 그럴 때마다 우연하게도 그들과 마주치게 된다. 그러던 어느 날, 그들이 가까이 왔을 때 용기를 내어 물었다.

"두 분 친구세요?"

"예? 예." 부축한 남자가 대답한다.

"너무 아름다워 보여요. 부럽습니다."

"고맙습니다." 지팡이를 든 남자가 대답했다.

흐뭇함의 감동이 내 가슴에 출렁이고 내 눈에 물기가 어린다. 지팡이를 든 남자의 '고맙다'는 말이 긴 여운이 되어 내 마음 밑바닥에 파릇한 잔디를 심고 있었다. 봄이면 파릇파릇 돋아나면서 군데군데 토끼풀이랑 노란 민들레랑 보랏빛 제비꽃에게도 자리를 내어주는 그런 잔디밭.

그들과 헤어진 뒤, 나는 친구와 형제에 대한 관계를 새삼 생각해보았다. 여러 학자의 노년 생활에 대한 연구결과를 보면, 친구가 많은 사람이 가장 노년을 잘 보내고 있다고 한다. 나는 그렇게 많은 친구를 갖고 있지는 않지만, 마음을 나눌 수 있는 친구를 몇은 가지고 있다. 약 50년간 변함없이 친구가 되어 우정을 나누는 친구가 셋이나 있다. 같은 대학을 나와서, 같은 전문직에 종사하면서 사명감에 청춘을 불태웠던 친구들이다.

지금은 모두 은퇴해서 경기도의 동서남북에 흩어져 살고 있다. 한 달에 한 번씩 만나서 살아 있음과 변함없는 우정을 확인한다. 둘은 지아비를 잃었지만, 둘은 아직도 지아비와 아웅다웅하며 산다. 우리 넷은 아직 건강을 유지하고 그런대로 노년 생활을 즐기며 건실한 삶의 순리를 밟아가고 있다. 그중에서 한 친구는 같은 일산에 산다. 그 친구와 자주 호수공원을 걸으며, 서로의 존재에 감사하고, 서로의 삶에 용기를 주고, 사랑의 마음을 교환한다.

가끔 혼자 호수공원을 걷다 보면 외로움의 빛깔과 크기가 맑고 깊어지면서 보이지 않았던 것들이 보인다. 대문호 괴테가 한 말이 생각난다. '가끔 혼자 걸을 줄 아는 사람이 아름다움을 본다.' 호수공원 길에서 마주친 남자 노인 두 분 친구의 모습에서 본 우정의 아름다움처럼.

(2015. 9)

플라타너스와 아버지

커다란 플라타너스 잎 하나가 너울너울 떨어지며 내 시선을 잡는다. 이리저리 나부끼다가 내가 걷는 길 위에 떨어진다. 꽤 넓은 황갈색으로 물든 잎이다. 어디서 왔을까 둘러본다. 큰길가 한쪽에 플라타너스가 일정한 간격으로 죽 늘어서 있다. 마치 오랜 전쟁터에서 고즈넉한 전승의 기쁨을 안고 귀대하는 군인들의 모습 같다.

여름날, 넓고 싱싱한 푸른 잎을 자랑하던 나무. 수많은 꿈을 깃발처럼 펄럭이며 태양을 부르던 나뭇잎들. 넉넉하고 시원한 그늘을 선사하고 많은 생명체를 품어 안았던 플라타너스. 아마 이곳 일산의 가로수 중에서 가장 넉넉하고도 강인함을 풍기는 나무일 것이다.

매일 눈여겨보면 다른 나무들과는 사뭇 다르게 단풍이 든다. 가을이 되면서 몸통 줄기의 겉껍질이 여러 조각으로 나뉘어 갈라져 들고 일어난다. 그러다 말라 떨어지면서 암회색이나 회백색의 얼룩덜룩한 속살을 드러낸다. 몸통줄기나 큰 가지들이 그렇게 껍데기를 벗는다. 겨울을 보내야 하는데 껍데기를 벗는다. 구각을 벗는다.

동시에 몸통과 가까이 붙은 잎부터 변한다. 속부터 물이 들다 갈색으로 변하여 말라 떨어진다. 가슴 속부터 타는가 싶다. 가슴 속부터 비우고 있다. 그러나 다른 나무와 달리 가지 끝에 달려 표면을 에워싼 잎들은 초겨울까지도 푸르다. 마치 가슴 속에 모든 고통과 슬픔을 숨기고 겉으로는 그렇지 않은 듯 의연함을 보여주는 것 같다. 어쩌면 어려운 시대를 산 우리 아버지의 삶을 닮은 것 같아 예사로 보이지 않는다.

나무 밑과 주변에 떨어진 플라타너스 잎을 본다. 어떤 것은 바싹 말라서 잎맥만 선명하여 힘줄 도드라진 앙상한 노인의 손 같다. 손등을 위로하여 땅을 어설프게 움켜쥔 손 모양이다. 마른 손바닥을 오므린 채 하늘을 보고 길 위에 떨어져 있는 것도 있다. 단풍이 든 철쭉 관목 위에 얹혀 있는 것들도 있다. 또 어떤 것은 바스러져 잎맥만 앙상하게 남은 것도 있다.

순간 친정아버지가 생각난다. 70을 넘어서까지 건설현장에서 일하셨던 아버지이다. 내가 첫 아이를 낳았을 때 아버지는 지금의 종로3가 구간의 지하철을 놓는 모 건설회사 현장 소장이셨다. 어느 토요일, 아들을 낳았다고 점심을 사 주신다고 퇴근 후 아버지 사무실로 오라고 하셨다. 시간을 맞추어 사무실에 갔더니 아버지는 계시지 않고, 작업복을 입은 남자들이 점심을 먹고 있었다. 한 사람이 소장님께 말씀 들었다고 하며 나를 지하에 있는 공사현장으로 안내하였다.

오전 중에 들어와야 할 레미콘 한 대가 사고로 늦게 오는 바람에 생긴 일이라고 한다. 안전모를 쓰고 작업복을 입으신 아버지가 지상과 연결된 레미콘에서 쏟아지는 시멘트 반죽을 일일이 맨손으로 점검하고 계셨다. 이미 여러 장의 장갑이 시멘트 반죽 속에 섞여 들어갔다고 했다. 공정에 착오가 난 틈에서 생기는 허점을 미리 확인 방지하기 위한 것이다. 책임자로서 당연한 일이었으리라.

아버지의 손은 사람의 손이 아니었다. 손 등의 일부분만 빼고 시멘트 반죽이 덕지덕지 붙었다. 손등에 검붉은 핏줄들이 솟았다. 아버지의 손은 가을에 잎맥만 선명한 바짝 마른 플라타너스 잎 같았다. 여기저기 시멘트 반죽이 튀어 얼룩덜룩했던 국방색 작업복을 입으셨던 아버지. 겉껍질이 일어나고 벗겨져서 얼룩덜룩한 거친 몸통줄기의 플라타너스와 거의 똑같다는 생각이 든다. 자신의 일터를 딸에게 보여준 것은 약속 시간을 지키지 못한 까닭을 설명하려는 것만은 아니었으리라.

점심을 먹으면서 아버지의 손을 만져보니 대패질 않은 나무토막처럼 거칠었다. 핏줄처럼 잎맥만 도드라진 갈색의 바짝 마른 플라타너스 잎같이 버석거렸다. 목구멍으로 뜨거운 것이 올라와서 삼키느라고 무진 애를 썼었다.

아버지는 직업의 특성상 생의 2/3이상의 기간을 가족과 함께하지 못했다. 6·25전쟁으로 황폐해진 나라의 이곳저곳을 재건하는 국토건설현장이 아버지의 일터였기 때문이다. 아버지는 일제 말기 경성공고에서 공부하여 토목기술 자격을 따면서부터 우리나라 건설현장에서 일하신 셈이다.

어쩌다 집에 오시면 기다림과 삶에 지친 어머니가 투정으로 맞이해도 큰소리 한 번 내지 않으셨다. 외로움과 힘듦의 고통을 속으로만 삭이고, 언제나 겉으로 내색하지 않고 가족을 지켰던 아버지.

가을날 플라타너스의 모습을 보면서 친정아버지를 생각한다. 고통을 안으로 삭여 가슴은 늘 타고 있었지만 내색하지 않고, 거친 세상을 담담히 의연하게 살아내시던 아버지가 그리움으로 달려온다.

여름날의 플라타너스처럼 우리 가족이 편안하게 쉴 그늘을 만들어 주기 위해 평생을 바쳤던 아버지가 너무나 보고 싶다.

행운목이 꽃을 피웠어요

행운목이 꽃을 피웠다. 나와 인연을 맺은 지 12년 만이다. 일생에 한 번 보기도 어렵다는 꽃. 이 꽃을 보는 사람에게 행운을 가져다준다는 꽃.

10년을 같이 산 아들네 식구가 몽땅 미국으로 떠나가 버린 그해 11월, 일산시장에서 2000원짜리 어린나무로 만났다. 지금 생각해도 그때 아들 가족과의 이별이 내 생애에서 가장 견디기 힘든 일이었지 싶다. 마음을 둘 데가 없어 허공중에 띄워놓고 달나라를 걷는 우주인처럼 지내던 때다. 아들네 식구의 빈자리를 채우려는 심산이었을까? 애틋하게 떠나보낸 2살짜리 작은손녀인 듯 품고 집에 왔었다.

내 집 베란다에는 제법 덩치가 큰 화분들이 있다. 50살이 넘은 관음죽, 10살이 넘은 동백과 산세비에리아, 선인장 종류인 꽃기린, 테이블 야자, 알로에 그리고 예의 그 행운목이 있다. 과육을 먹고 씨를 심었더니 발아되어 자란 아보카도도 있다. 동양란, 서양란이 덩치 큰 그들의 그늘 밑에서 살고 있다. 좁은 베란다에 꽉 차서 산다.

일산에서 산 지 20년이 다 되어간다. 내 식구는 나와 이들을 두고 모두 떠났다. 그래서 여행이나 어떤 일이 생겨 오래 집을 비울 때마다 걱정이다. 개 같은 동물은 호텔까지 만들어 놓고 주인 대신 맡아 주는 데가 있는데, 왜 화분을 맡기는 데는 없는지…. 딸이 가까이 살 때는 문제가 없었지만, 먼 데로 이사 간 다음부터 문제가 되었다. 가까이 사는 지인에게 열쇠를 맡기며 물만 줘 달라고 염치없이 부탁한다. 때마다 흔쾌히 들어 주는 강선마을에 사는 후배 부부의 배려가 없었다면 나무들이 살아남을 수 없었을 것이다. 오늘처럼 경이로움과 기쁨을 선물 받지 못했으리라. 참으로 고마운 분들이다. 그런 지인이 있어 내가 일산을 떠나지 못하고 사는지도 모른다.

매주 금요일은 신촌 글방에서 공부하고 늦은 밤에 귀가한다. 그런 날은 초라하더라도 집이 있다는 사실에 감사하다. 돌아와 편히 쉴 수 있는 방과 베란다의 자식 같은 분, 화목들이 나를 기다리고 있기에. 현관문을 열면 집 안 가득 차 있던 외로운 듯 익숙한 그리운 내음이 나를 맞이한다. 그런데 오늘은 알 수 없는 신선하고 향긋한 향기가 코끝에 스친다.

거실의 불을 켠다. 기다렸다는 듯이 뻐꾸기시계가 운다. 밤 10시다. 거실을 빙 둘러 보았지만 달라 보이는 건 없다. 거실 장식장 위에는 TV, 탁상시계와 성경책이 놓여있고, 벽에는 지인이 써 준 '기뻐하라' 성경 구절 액자, 아들네와 찍은 가족사진이 걸려있다. 거실 큰 유리창으로 철길공원 건넛마을 아파트가 보인다. 아파트의 불빛이 큰 유리창에 불야성을 그려놓고 별이 반짝이는 밤하늘도 그 위에 담겨 있다.

한 달 전 동백이 마지막 꽃망울을 떨어뜨렸을 때, 기러기가 두 줄로 날 듯이 나도풍란이 꽃을 피웠다. 나도풍란은 벌써 꽃이 지고 한참 지났다. 그 조그만 꽃의 맑고 그윽한 향내가 4월을 행복하게 했었다. 그런데 이번엔 누가 풍기는 향내일까? 옷도 벗지 않은 채 코를 벌름거리며 베란다 문 앞에 섰다.

순간 "아!" 탄성이 절로 나왔다. 행운목 잎 사이로 가지 맨 위에서 아래로 굽어진 분명하게 보이는 꽃대. 연두색 솜뭉치 같은 꽃망울 여러 개를 어긋나게 달고 있는 꽃대. 베란다 천장에 닿을 듯이 커서 꽃대가 언제부터 생겨나서 커졌는지 눈치채지 못했다. 씨를 심어 키운 동백이 해마다 꽃 피어 봄을 데려와도 행운목은 모르는 척 위로만 자랐다. 아침에 물을 주고 나서 방향을 돌려놓고도 무심했었다. 나도풍란 꽃이 사그라지는 어느 날, "너 뭐 하고 있니? 올해는 꽃 한번 피워 보지 않을래?" 하고 말을 걸어 본 적이 있다. 내 말을 들었던 것일까?

베란다의 불을 켰다. 연둣빛 파스텔색의 작은 꽃 뭉치 속에 망울 몇 개가 살짝 웃으려 한다. 꿀이 흘러나와서 잎에 방울져 있다. 혼자 보기가 아까웠다. 사진 속에 있는 가족에게도 보이려고 가족사진을 들고 가서 보여준다. 사진 속의 우리 가족이 모두 웃고 있는 걸 보니 향기를 맡은 모양이다. 늦은 밤이 아니면 친구를 불러 포도주 한잔하며 기쁨을 함께하고 싶다. 요즘 생긴 유행어 소확행(小確幸*)을 이야기하며 즐거운 시간을 갖고 싶다. 행복의 느낌을 나누고 싶다

대충 씻고 누우니 잠이 쉽게 오지 않는다. 그도 그럴 것이 점점

진한 향내가 내 침실까지 들어온다. 달빛 내려앉은 밤, 행운목은 하얀 불꽃놀이처럼 꽃망울을 터트리며 향기를 발산한다. 밤에만 꽃봉오리를 여는 야화다. 늦은 저녁부터 밤중을 지나 동트기 전까지 개화의 잔치를 벌인다. 지나간 삶에서 행복했던 추억이 뭉게뭉게 피어오른다. 그러니까 17년 전 2001년에도 행운목 꽃이 피었다. 그 해는 잇달아 집안에 겹경사가 생겼다. 아들 며느리가 이공학박사 학위를 받았고, 예쁘고 암팡진 둘째 손녀가 태어났다. 사위는 몇 개월째 찾던 직장을 구했다. 행운목꽃이 피면 행운이 온다는 말이 들어맞았다. 그해만큼은 우리 족 모두 행복에 겨워서 지냈다. 아름다운 추억이 어제인 듯 되살아난다.

이번에는 무슨 좋은 일이 생길까? 어쩐지 좋은 일이 생길 거라는 이런저런 상상을 한다. 기도로 바뀐다. 내가 매일 하는, 나와 인연을 맺은 이들이 행복하기를 소망하는 기도. 그중에서 자식에 대한 것은 우선이다. 아들네, 딸네 가족의 건강과 사는 곳에서 열심히 일하고, 꿈을 성취하기를 소망한다. 두어 달 전에 직장암을 발견, 수술 대기 중인 문우가 담대하게 이겨내기를 간절히 바란다. 또 심신의 무력감으로 우울한 나날을 보내고 있는 나 자신에게 '힘내!'라고 다독인다.

하지가 가까워지면서 일찍 동이 튼다. 이튿날, 눈을 뜨자마자 행운목의 꽃을 살펴본다. 튀겨진 쌀알이 총총히 박혀있는 듯한 작은 꽃들의 둥근 뭉치마다 어제보다 더 부풀어 있다. 활짝 꽃잎을 벌린 채 하얀빛 별이 되어 밤을 밝힌 꽃봉오리들. 작은 송이송이 마다 싱싱하고 깨끗한 하얀 웃음으로 반짝인다. 밤새 날린 기분 좋은 여

운의 향기로 속삭인다. '기뻐하라고, 행운이 찾아올 거라고.'

나 혼자 보고, 나 혼자 그 운기를 받기에는 너무나 벅찬 것 같았다. 핸드폰에 사진으로 담았다. 아끼고 사랑하는 이들에게 카톡으로 보냈다. "11년 키운 행운목이 꽃을 피웠어요. 꽃 핀 모습과 향기가 대단해서 혼자 보기 아까워요. 향기와 함께 행운의 기운을 나누어 드려요. 모두 행운이 있기를 빕니다."라는 기원까지 얹었다. 받은 분 모두 고맙다며 축하한다는 환한 답들을 보내왔다.

기쁜 소식이 날아왔다. 아들이 회사 경영진의 상급 직위로 승진했다는 국제전화를 받았다. 일산노인복지관 주최 전국 문학작품 공모전에서 대상을 받았다는 지인의 멋진 소식. 무엇보다도 직장암으로 수술한 친구의 기쁜 소식. 암세포가 다른 곳에는 일절 전이가 안 된 특이한 좋은 징후라는 소식에 감사한다. 이런 기쁜 소식에 우울하던 내 마음이 환해진다.

그러면 그렇지! 분명 행운목이 꽃을 피운 뜻이 있을 것이다. 늘 함께 사는 가족을 새록새록 알뜰히 챙기지 못하는 것처럼 행운목과도 그렇게 지냈다. 제대로 물을 주지 않아서 사경을 헤매게 한 적도 여러 번이다. 그랬어도 행운목은 그 끈질긴 생명력으로 꽃을 피웠다. 행복과 행운의 전령인 듯이.

하마터면 놓칠 뻔한 삶의 기쁨을 일깨워 준다. 행운목 꽃은 향기롭고 품위 있는 몸짓으로 나를 가르쳐 준다.

'행복한 삶은 소소하고 잔잔한 기쁨에 있음을….'

*소확행(小確幸): 일본 소설가 무라카미 하루키의 에세이 「랑겔한스 섬의 오후」에서 처음 쓴 말. 바쁜 일상에서 '소소하지만 자기만이 느끼는 확실한 행복'을 일컫는 말.

4.

푸른 꿈을 가꾸며

내 어렸을 때 이야기

할아버지는 늘 하얀 바지저고리에 두루마기를 갖추어 입으시고 관을 쓰고 긴 담뱃대를 들고 계셨다. 세종의 넷째 아들 임영대군의 15대손이며 한학자로 사랑방에 서당을 차려놓고 마을 학동이나 총각들에게 천자문, 소학, 대학을 가르치셨다. 하루 대부분을 사랑방에서 보내셨고 식사 때만 안채로 건너오셨다.

그 당시 우리 집에는 방앗간 시설이 있어서 마을 사람들이 많이 드나들었다. 절구통에서 디딜방아로, 다시 발동기를 이용한 방아로 변천하면서 초겨울이나 이른 봄 또는 명절 때는 동네 사람들로 시끌벅적했다.

아버지는 종가의 맏아들로서 일정한 과정을 수학한 후, 면 소재지의 소학교 교사로서 재직하였다. 아버지 밑으로 남동생이 셋이 있고, 여동생이 하나가 있다. 어머니가 시집와서 보니 아버지의 막내 남동생 막내 삼촌은 4살 먹은 아주 짓궂은 코흘리개였다고 한다. 그보다 3살 더 먹은 여동생 고모는 감시자처럼 어머니 뒤를 졸졸 따라다녔단다. 내가 태어나고 보름 후에 아버지 바로 밑의 동생이 결혼하였고, 다음 해에 그 작은아버지가 사촌 여동생을 낳았다.

나의 유년기는 대가족 속에 살면서 고모와 막내 삼촌과 얽힌 추억이 많다.

봄이면 고모는 뒷산 너머에 사는 작은 할아버지댁의 사촌 고모들과 비슷한 또래의 동네 여자애들과 산과 들로 냉이, 달래 등 봄나물을 캐러 다녔다. 개나리, 진달래를 꺾어서 한 아름 안고 오기도 했다.

고모를 따라다니는 게 정말 좋았다. 집에 있으면 막내 삼촌의 짓궂은 장난으로 눈물 마를 새가 없었으니까. 그녀들과 산과 들을 쏘다니며 그녀들의 재잘거림과 깔깔거림을 들으면서 나물을 캐고, 꽃을 보는 것이 즐거웠다. 무엇보다도 나는 그녀들보다 캔 나물의 양이 많고 깔끔하여 할머니와 엄마의 칭찬을 받는 것이 좋았다. 얼마나 바지런하게 돌아다녔는지 양쪽 엄지발가락 발톱에 피가 맺혔단다.

산에 올라가 소나무에 꽃이 피면 가루를 받아서 모았다. 티를 빼고 잘 말려 두었다가 꿀이나 조청으로 반죽하여 다식을 만들어 제사상이나 명절에 쓴다. 소나무 가지 끝마다 물올라 자란 연한 솔가지 끝 줄기를 뚝 꺾어서 입으로 껍질을 벗기면서 속껍질의 진액을 맛보던 달콤 향긋한 솔향을 지금도 잊을 수가 없다.

경사가 꽤 있는 넓은 뒤란 담장 너머에는 뽕나무밭이 있었다. 누에에게 주기 위해 뽕잎 따는 일은 주로 할머니와 어머니 등 집안 여자들의 몫이었다. 누에에게 먹이는 잎은 아무 때나 아무것이나 줄

수가 없다. 맑은 날 아침 해가 떠서 뽕잎의 이슬이 마른 후의 시각에 맞추어 적당히 연하고 싱싱한 것을 골라서 딴다. 그리고 깨끗한 자루나 소쿠리에 담아 와서 다시 먼지를 떨고 물기를 말린 후에, 누에의 연령에 따라서 썰거나 통째로 주어야 한다.

알에서 갓 나온 어린누에는 조그맣고 까만데 잘게 썬 뽕잎에 달려들어 삽시간에 먹어치우는 모습이 신기하다. 점점 자라면서 누에가 있는 섶에 뽕잎을 주면 사각사각하는 뽕잎 먹는 소리가 커지면서 순식간에 먹어치운다. 그리고 5번의 잠을 잔 5령의 누에는 몸이 최고로 커지면서 몸 색깔이 맑아지고 움직임이 둔해진다. 그리고 이틀 반에 걸쳐서 고치를 만든다.

생산된 고치는 집집마다 한데 모아 판매하거나, 누에고치를 삶아가며 물레에 걸어 비단 실을 뽑는다. 그때 나오는 번데기를 씹으면 입속에서 탁 터지는 식감과 고소한 일품 맛은 아직도 내 기억 속에 생생하게 남아 있다.

자주 어머니를 따라 뒷동산 뽕나무밭에 가서 뽕잎을 받아 그릇에 담는 등 돕는다. 오디가 열리고 익어가면서 막내 삼촌이 앞질러 뽕나무밭에 갔다. 막내 삼촌의 입 주변이나 턱밑 오지랖에 까맣고 검붉은 물이 들어 있고, 누에에게 먹일 뽕잎이 상하자 할머니가 크게 삼촌을 혼내시고 뽕나무밭 출입을 금지했다. 그러자 막내 삼촌이 나와 내 바로 밑의 남자 동생에게 오디를 따서 가져오라며 심부름 아닌 협박을 하기도 했다.

먹을 것이 부족했었기 때문에 있었던 일은 한둘이 아니다. 우리 막내 삼촌과 작은 할아버지댁 막내 삼촌이 비슷한 또래였는데 가끔은 그들의 놀이에 나와 내 남동생을 끼워 주었다. 꼭 끝이 좋지 않은 놀이이다.

안채의 부엌을 지나 뒤란에는 뒷간과 넓은 텃밭으로 나가는 뒷문이 있다. 안채와 부엌이 붙어 있고, 조금 낮은 앞마당과 같은 높이에 곡간과 방앗간과 소 우리가 있다. 방앗간과 소 우리 사이에도 뒷문이 있다. 소 우리와 사랑방 사이에는 소여물을 끓이고 사랑방을 데우는 부엌이 있다. ㅁ자 구조의 집이었다. 뒷문과 텃밭 사이에는 폭이 좁은 도랑이 지나가서 통나무를 걸쳐 놓은 다리가 있었다.

텃밭과 뽕나무밭 사이의 경사면에는 밤나무, 감나무, 고욤나무, 대추나무 등 과실나무가 있고, 경사가 완만해지는 동산 끝에는 서너 개의 묘소가 있는 풀밭이 있다. 봄이면 묘와 묘지 둘레는 잔디가 돋아 자라고, 가장자리는 억새와 바랭이 등이 병풍을 치듯 둘러 자란다. 쑥, 엉겅퀴, 패랭이꽃, 찔레꽃, 개나리, 진달래, 망초, 나리, 씀바귀, 민들레, 무릇, 제비꽃, 할미꽃 등이 어우러져 묘지 주변을 장식한다.

막내 삼촌을 따라 나와 동생은 자주 그곳에 가서 놀았다. 무덤을 보호하기 위해 만들어 놓은 둑 위에서, 또는 봉분의 꼭대기에서 아래로 미끄럼을 타며 놀았다. 물론 삼촌이 처음 시작하고 우리는 따라한 놀이다.

주변에 있는 풀의 새순 삐비(띠)를 따서 먹거나, 목화밭에서 설익은 목화송이를 따서 먹기도 했다. 기어이 무덤의 잔디가 벗겨져 가르마 대머리가 되고 목화송이가 없어지자 할아버지의 호된 꾸중과 회초리를 맞고야 말았다. 놀이를 주도했던 막내 삼촌이 더 큰 야단을 맞았다. 막내 삼촌은 우리 남매를 구석구석에 몰아서 구박했고, 우리 놀이에 심술을 부렸다.

군것질거리가 없던 어린 날의 이야기는 또 있다. 감나무에 감꽃이 다닥다닥 피면 새들이 그랬는지 감꽃이 땅에 떨어져 있다. 그것을 주워 먹으면 달콤했다. 많이 주우면 실에 꿰어 목걸이처럼 만들어 동생에게 주기도 했는데, 삼촌에게 빼앗기고 울었다. 우는 동생을 달래기 위해 용감하게 감나무에 올라갔다. 감꽃을 따서 땅에 떨어뜨리면 동생이 줍게 했다. 그런데 내려가는데 문제가 생겼다. 치마가 가지에 걸려서 다리가 공중에 뜨고 말았다. 떨어지지 않기 위해 두 손으로 가지를 붙잡고 매달려 있기를 얼마간 서당에서 공부를 가르쳐야 할 할아버지가 오셔서 내려주셨다.

"허, 이놈 참! 어찌 그리 대담하냐? 또 올라갈 거냐? 또 올라가면 아주 감나무에 묶어 둔다."

"할아버지 다신 안 올라갈 게요."

참았던 울음이 폭발했다. 내 울음소리를 듣고 달려오신 어머니가 "계집애가 왜 그리 삼한지 모르겠어요. 아버님 죄송해요." 하자. "많이 놀랐을 테니 너무 야단치지 마라." 하시고는 사랑방으로 들어가셨다.

그렇지만 어머니는 나를 방에 데리고 들어오자마자 종아리 대라고 하셨다. 동생도 같이 있었지만 나만 야단을 맞았다. 변명도 들어

주지 않고 때리는 어머니가 야속하기만 했다. 아무 말 하지 않고 매 맞는 나를 말끄러미 쳐다보고만 있는 동생 또한 미웠다.

가을이 되고 추석이 가까워지면 밤이 익어 밤송이가 아람을 벌인다. 밤새 바람이 분 다음 날이면 알밤이 많이 떨어져 있다. 할머니가 막내 삼촌과 우리에게 항아리를 하나씩을 주시고 떨어진 알밤을 주워 다가 넣으라고 하셨다. 그리고 먼저 채우면 상을 주겠다고 하셨다.

나는 새벽에 누구보다 일찍 일어나서 알밤을 주워 왔다. 매일 아침에 채우는 알밤이 어느 정도 차고는 채워지지 않는 것을 느낀 어느 날 나는 그 이유를 알게 되었다. 막내 삼촌이 내 항아리에서 몰래 알밤을 꺼내 가는 것을 목격했다. 어머니에게 일렀더니, 할머니에게는 말하지 말고 네가 그냥 져주라고 단단히 내 입을 틀어막으셨다.

막내 삼촌은 나보다 네 살, 내 동생보다 여섯 살, 사촌 여동생보다 다섯 살 더 먹었다. 그 당시 우리 중에 제일 나이가 많고 촌수도 높고 남아이었기 때문에 우리 어린 것들을 좌지우지했다. 나를 말로 여기고 내 등에 타고 가락꼬치(물렛가락)를 들고 나를 몰다가 내 눈꼬리를 찢어 놓은 일도 있고, 내 동생을 퇴비장에 밀어 넣어 다치게 한 일도 있다. 우리 남매를 뒷동산 솔숲 속에 있는 상여집에 넣고 문을 잠가 놓고 달아나서 무서워 떨며 울었던 일도 있다. 이런 삼촌의 심한 장난을 할머니가 묵인함으로 어머니나 작은어머니는 자식 키우는데 마음을 앓고 계셨던 것 같다.

고모는 집안 살림을 돕거나, 수를 놓아 횃댓보, 퇴침, 베갯잇을 만드는 것을 좋아했다. 마른 밀집에 물을 들여 말려서 쪼개어 눌러 편편으로 퇴침 양 옆면에 무늬를 만들어 아교로 붙이기도 했다. 나는 고모처럼 하고 싶었지만, 수틀이나 재료를 줄 리가 없었다. 그래서 고모 몰래 고모 것으로 해보지만 망쳐 놓아서 야단을 맞곤 했다.

그래서 그랬는지 호기심이 많던 나의 사랑방 어깨너머 공부는 상당한 수준이었던 것 같다. 일부러 가르치지 않았는데 천자문을 암송하고 글자를 알고 하는 수준이 학동에 못지않았다. 게다가 아버지를 따라 학교에 가서 배운 노래들을 잘 불렀다. 할아버지가 안채로 건너오셔서 내 재롱을 보고 싶으시면 천자문을 외게 하고, 노래하라고 하면 몸짓까지 하며 노래를 불렀다. 그러면 할아버지는 근엄한 훈장님이 아닌 인자한 할아버지가 되어 버릇없이 안겨 붙는 나의 머리를 쓰다듬어주고 안아 주셨다.

어렸을 때 할아버지에게 받은 사랑의 기억은 때때로 내가 힘에 부칠 때나, 낙심했을 때에 내가 나다운 나로 바로 세우는데 힘이 되었다.

아버지가 교사직을 그만두시고 직업을 바꾸게 되자, 우리 식구는 대가족의 울타리에서 나오게 되었다. 아니 어쩌면 우리 부모님은 자식을 제대로 키워 보려는 야심찬 고난의 행군을 시작한 것이다.

내 친구

사람이 늙어갈수록 깊어지는 외로움은 어쩔 수 없나 보다. 이미 시위를 떠난 화살을 좇아 여기까지 오는 동안 젊을 때의 긍지와 자신감이 점차 하향 곡선을 긋기 때문이다. 나이는 숫자에 불과하다고 아무리 우겨 봐도 나이가 들수록 퇴색되고 상실되는 자존감에 대해 쓸쓸함은 어쩔 수 없다. 그렇다고 해서 자가당착에 빠져있을 수만은 없다. 세월이 우리를 떠밀고 있는데 떠밀리어 가느니보다, 느리지만 자신의 의지로 속도감을 조절하면서 살 수 있도록 노력은 해보아야 하지 않을까?

노년의 삶을 조금은 풍성하고 안정되게 살려면 우선 건강해야 하고 재산(돈), 취미생활, 배우자나 친구가 차선이라고들 한다. 여러 학자의 노년 생활에 대한 연구결과 친구가 많은 사람이 가장 노년을 잘 보내고 있다고 한다.

나는 그렇게 많은 친구를 갖고 있지는 않지만, 마음을 나눌 수 있는 친구를 몇은 갖고 있다. 그중에서 정말 특별한 친구를 하나 가지고 있다. 그녀를 친구로 가진 것에 감사하고 늘 그녀와 우정을 나눔에 행복하다. 현재도 일산노인종합복지관에 함께 다니며 노인대학도 같은 학년이며 거의 같은 과목을 수강하고 있다.

그녀와의 만남은 좀 특별하다.

지금부터 50년 전 고등학교 3학년 때의 일이다. 너나없이 어려운 가운데 공부하던 시절이다. 대학을 가려면 지금 같지는 않더라도 입시 경쟁을 해야 하고 무엇보다 학비 감당이 어려운 가난한 시절이었다. 그 시절, 서울의 모 대학에서 주최하는 전국 국사 경연대회가 있었다. 거기서 1등을 하면 그 대학에 특채되어 4년 동안 학비 전액 면제에 장학금도 받을 수 있었다. 나와 그녀는 같은 고등학교가 아니었는데 그 시험장에서 같은 목표를 갖고 응시한 것이다. 시험장에서 그녀가 내 앞자리에 앉아 있었으니 수험표가 나보다 하나 앞인 셈이다. 한참 문제를 푸는데 내 지우개가 책상 밑으로 떨어져 또르르 멀리 굴러가서 숨어버리는 것이었다. 그래서 앞자리에 앉은 안면부지의 그녀에게 지우개를 빌려 썼고, 시험시간이 끝난 뒤에 그녀를 자세히 보며 감사의 말을 했었다. 그녀는 조금 키가 작았으나, 예쁘고 당찬 인상이었다. 나는 그 대회에서 차석을 해서 그 특전을 쟁취하진 못했지만, 그녀를 친구로 만나게 해준 행운의 기회인 셈이다.

참 인연은 기이하게도 우연히 이뤄지나 보다. 10대 1이라는 대학시험 경쟁을 뚫고 합격하여 입학식 하던 날 그녀가 또 내 앞에 보이는 것이었다. 그것도 같은 반에서 말이다. 그녀는 나를 잊었었는지 얼른 알아보지 못했지만 나는 단박에 그녀를 알아보았다. "혹시 작년 가을에 전국 국사 학력 경진 대회에서 지우개 빌려 썼던 사람 기억해요?"

하고 내가 물었다. 그녀가 나를 똑바로 보더니 기억한다고 하면서 "어머 여기서 또 만나게 되는군요!" 하고 악수를 청했다.

학기 초에는 강의실 좌석을 가나다순 출석 번호에 의해 앉아야 했다. 그녀는 김씨이어서 앞좌석에 앉게 됐고, 나는 이씨이기 때문에 뒷좌석에 앉아서 공부했다. 그녀는 자연히 옆에 앉아 있던 김씨 성을 가진 친구와 단짝이 됐고, 나는 내 옆에 앉은 이씨 성을 가진 친구와 단짝이 되었다. 그리고 넷이 뭉쳐서 친구가 되어 대학생활을 즐겁게 같이 했다. 재학시 동아리 활동도 함께했고, 대학 졸업 후에는 모두 모범적인 초등교사로 근무했다. 지금까지도 나이순으로 '진 선 미 애' 별칭을 가진 4인방으로 50년 넘게 우정을 나누고 있으니 하늘이 내려준 복이 아닌가?

특히, 지우개를 빌려주었던, 지금도 사는 곳이 비슷한, 늘 함께하는 이 친구는 유능한 교장으로 정년퇴직을 하였다. 복지관에서도 노인대학에 '핸드벨 연주단'을 만들어 단장이 되어 열성적으로 연주단을 이끌고 봉사하고 있다. 우리 4인방 중에 둘은 배우자를 잃었지만, 이 친구와 하나는 아직도 배우자와 노년을 즐기며 살고 있다. 요즘은 배우자와 본인의 건강상의 문제로 어려워졌지만, 그녀들의 남편이 우리 4인방과 멋있는 저녁 식사시간을 갖기도 했었다.

어제도 그 친구와 복지관 대강당에서 문화예술교육 지원 사업으로 이루어지는 '핸드벨' 작품 발표회를 같이 하였고, 오늘도 그녀와 아침 10시에 수강하는 가곡반의 가곡을 부르며 서로 기대앉아 음을 맞췄다. 아니 우정의 화음을 맞추었다. 감사함으로 서로 사랑을 확인하고 행복한 동행을 한다.

또 한 번의 졸업식

졸업이라는 말을 사전에서 찾아보면 '학교에서, 정해진 교과 과정을 모두 마침'이란 뜻, 또 하나는 '어떤 일이나 기술 따위에 통달함'이라는 뜻으로 풀이되어 있다. 학문이나 기술 습득, 어떤 일의 과정 등을 모두 마친 것을 말한다. 통달해서 마치면 더 의미가 크겠지만, 어디 그게 누구나 그런 경지까지 해낼 수 있으랴. 어쨌든 나는 학사모를 쓰고, 또 한 번의 졸업식을 했다. 일산노인종합복지관 산하 호수문화복지대학교 4년제 대학교를 수료하는 졸업식이었다.

사람의 일생에 몇 번의 졸업식을 경험하게 될까? 학교라는 제도에 따른 졸업식만도 개인차가 많을 것 같다. 나의 경우는 초·중·고등학교, 교육대학교, 방송통신대학교, 그리고 호수문화노인복지대학교까지 여섯 번의 졸업식을 한 셈이다.

내 평생 배움의 길은 평탄하지 않았다. 초등학교 6년 동안 5번의 전학을 한 끝에 서울에서 초등학교를 졸업했다. 중학교 입시제도가 있을 때 천신만고 끝에 중학교에 합격하여 다니는 동안 아버지의 실직으로 중단할 처지에서 우등생으로 버텼다. 고등학교 3년 동안 초등학교 아이들을 과외지도해서 학비를 벌어가며 공부해서 졸업했다.

부모님은 딸이라는 이유, 가르쳐야 할 동생이 많다는 이유로 4년제 정규 대학 진학을 못 하게 했다. 담임선생님의 권유로 초등교원 양성을 목적으로 설립된 교육대학을 지원하고 합격했다. 국비로 전액 장학금을 받아가며 공부하여 나의 배움의 꿈을 실현하였고, 초등교사라는 전문인으로서의 직업도 가질 수 있었다. 졸업식과 동시에 초등교사로 자격이 부여되고 바로 초등학교 교사가 되었으니 가장 빛나는 멋진 졸업식이었던 셈이다.

졸업과 동시에 후기대학으로 명성이 있던 4년제 야간대학에 편입학이 됐었으나 친정어머니의 모진 반대에 또 포기하고 말았다. 그러나 현실적인 면에서나 개인적인 면에서 더 배워야 한다는 갈증은 가시지 않았다. 2년제 초급대학과정의 배움으로는 급변하는 세상의 속도에 적응하기 힘들었다. 끊임없이 개발되는 교육 사조와 교육철학을 공부하고 연구하여 교육현장에 적용하도록 요구하기 때문이다. 국가에서도 교사들의 자질을 높이고자 많은 연수를 하지만, 그것도 원하는 대로 수혜 되지 않는다.

18년 동안 6개 학교를 이동하며 근무했다. 그 후 교직을 수행하며 다닐 수 있는 방송통신대에 편입학을 결심했다. 1983년 초등교육학과 제3학년으로 편입했다. 당시는 라디오로 강의를 듣거나 교과서로 가정학습을 했다. 학기마다 꼭 출석수업을 하여야 하고 마치면서 학점을 산정하기 위한 시험을 본다. 방송 강의시간을 꼭꼭 찾아 듣기는 현실적으로 어려웠다. 시험 범위가 고시되면 교과서로 스스로 공부하여 리포트를 써서 제출한다. 그리고 초등학교의 여름 겨울방학이 시작되면 바로 출석수업을 신청하여 직접 강의를 듣고, 학점 받기 위한 시험을 치른다.

편입하고 이듬해 2월 말, 남편이 공무집행을 하는 과정에서 소송을 당하여 형사 입건되었다. 부하 직원의 비리로 주무 책임자로서 공동범법자가 된 것이다. 딸아이가 중학교에서 고등학교로 진학하는 때였고, 아들은 대학진학을 위해 모든 것을 걸고 사투를 벌이고 있는 시기였다. 1년간 세 번의 재판을 받으면서 나와 아이들은 말할 수 없는 엄청난 시련을 겪었다. 3심을 거친 판결 결과는 집행유예 벌금 상당액이 판결되었다. 20여 년간 남편의 공직생활이 파면으로 끝나면서 막을 내렸다. 아니 또 다른 시련의 시작이었다.

방송통신대 편입을 해놓고부터 남편과 자식의 일들이 내 학업을 원만하게 마치게 두지 않았다. 다른 사람들은 2~3년이면 졸업을 했지만, 나는 6년 만인 1989년에 졸업을 하게 되었다. 비록 손꼽히는 일류대학은 아니지만, 초등교육학과 학사의 졸업장을 받았다. 그리고 그 뒤 10년을 더해 35년 동안 초등교사로 사명감을 갖고 일했고, 그 당시 나라의 형편에 따라 명예퇴직을 하였다.

퇴직 후 12년간을 아들네 식구와 살면서 살림살이를 하며 손녀를 키우고, 양쪽 부모와 남편의 병구완을 감당했다. 아들은 제 식구를 데리고 유학을 빌미로 이민 갔고, 딸은 결혼했고, 양가 부모님과 남편이 이승을 떠났다. 홀로서기를 해야 하는 처지가 된 것이다.

그렇게 혼자가 되었을 때, 일산노인복지관의 평생교육 프로그램을 만난 것이다. 특히 정 명예총장님의 남다른 의지의 산실인 일산노인복지관 산하 노인복지대학교는 노인들이 은퇴 후에도 공부할 수 있는 배움의 전당이 되기에 충분했다. 4년 대학교 과정이 있고 2년의 대학원 과정이 있었다. 내가 듣고 싶은 과목을 수강 신청하여 열심히 출석만 하면 이수된다.

자신이 좋아하는 과목을 수강만 열심히 하면 되는 이처럼 멋진 대학교 생활은 노령 은퇴자에게 희망과 용기를 주기에 충분했다. 노년의 삶에 활력을 주고, 젊을 때 잃어버린 꿈을 찾아주는 기회가 되기도 하고, 꿈을 이루는 경우도 주위에서 심심찮게 보았다. 톨스토이, 피카소, 미켈란젤로, 베르디 등 많은 예술가도 노령의 나이까지 활동해 불후의 명작을 남기지 않았던가.

어떤 사람으로 늙어가고 싶은지는 스스로 결정해야 하는 일이라는 생각이 든다. 나이가 들어간다고 열정이 없어지는 것은 아니다. 살면서 경험한 어떤 대상에 대한 장악력을 되살릴 수 있는 열정 말이다. 건강하기만 하면 마음은 본인 스스로 다잡기 나름이다.

사실 나는 일산노인복지관의 호수노인문화대학교를 15년 만에 졸업했다. 그러니 어찌 감회가 남다르지 않겠는가. 퇴임 후 배움에 대한 지속적인 호기심과 노력이 없다면 차차 지력과 심력이 쇠퇴할 수밖에 없다는 생각이 들었을 때이다. 몇몇 우수대학 평생교육 프로그램을 기웃거려 보기도 하였는데, 수강료가 만만치 않았다. 또 막 시작한 아들네 식구와의 동거로 살림살이에 따른 물심과 시간의 제약을 떨칠 수 없었다.

2001년 일산노인복지관 호수복지문화대학교가 출범하고 나서 2년 동안 다녔었다. 부모님과 자식들 뒷바라지로 접었다가 2013년 친구의 도움으로 3학년에 복학하여 졸업했으니, 재학 기간이 길었다. 아주 싼 저가의 학비에 경쟁의 부담도 없이 스스로 만족하고 즐길 수 있는 배움이 내 생활을 윤택하고 풍요롭게 했다.

이제 마지막 졸업식은 무얼까? 언제나 세상에는 우리가 생각할 수 있는 모든 것 이상이 있다는 것을 경험하지 않았는가. 100세 시대, 아직도 삶의 학교에서는 배울 수 있는 시간과 배울 거리가 많다. 언제인지 모르지만, 인생 학교의 졸업식에서는 달관에 못 미치더라도, 최선에 최선을 다한 나름의 공로 졸업장을 받을 수 있기를 간절히 바란다.

오늘도 푸른 꿈을 가꾸는 중

"이 순 자 어르신인가요? 대강당으로 지금 곧 와 주세요. 운문부 최우수상을 수상받으시겠습니다."

2014년 5월 30일 제5회 일산노인복지관 주최 전국 어르신 백일장이 열린 날의 일이다. 처음에는 귀를 의심하면서도 순간 기쁨이 현실로 다가오면서 가슴이 벅차고 떨려왔다. 정말 뜻밖의 일이었다.

일산 노인종합복지관 산하 호수문화대학교에서 문학 이론, 자서전 쓰기 강의를 들은 지 석 달뿐인 나는 감히 백일장에 참가할 생각을 하지 못했다. 안내 홍보차 강의실에 들어온 복지사가 신청서만이라도 써 달라는 권에 못 이겨 참가신청서를 냈다. 그리고 얼결에 부담 없이 참가한 백일장이다. 백일장 당일 시제는 '추억, 가족, 배우자'였다. 나는 1년 반 전에 세상을 떠난 남편을 생각하며 「게 누구 없소?」라는 제목으로 6연의 시를 써냈다.

게 누구 없소?

밥상에 같이 앉아 식사를 함께할 이
음식 투정 부려도 받아 줄 텐데.

게 누구 없소?
실없는 농담이라도 주고받을 이
핀잔 담은 쓴소리라도 들어 줄 텐데.

게 누구 없소?
차 한 잔 놓고 눈 마주치며 웃을 수 있는 이
다향이 별스러워도 눈감아 줄 텐데.
(이하생략)

남편은 작고하기 전 5년 동안 처절한 투병생활을 했다. 위암으로 심장혈관질환으로 몇 번의 수술을 받으면서 병원을 떠나지 못했다. 큰 수술 후 면역력이 약해진 틈에 슈퍼바이러스에 감염되어 생과 사를 왔다갔다 하기를 수차례. 내 모든 영육과 얼마 없는 재산을 쏟아 부었지만 그를 살릴 수 없었다.

나는 1965년 교육대학을 졸업하고 초등교사의 명을 받아 서울 소재 초등학교 9개교에 걸쳐 봉직한 다음 1999년 2월에 명예퇴직을 하였다. 35년간 우직하게 교단을 지켰던 무명교사였다. 교사는 교단에 서서 가르치는 일이 본연의 자세라고 생각하고 퇴직할 때까지 고집스럽게 교단에 섰었다. 사명감을 지닌 교사로서 잘 가르쳐 보겠다는 열정은 교단을 영원히 내려올 때까지 변함없이 가지고 있었던 자부심이었음을 자랑하고 싶다.

나에게는 두 가지 꿈이 있었다. 하나는 교사나 교수와 같은 가르치는 사람이 되는 것이었고, 다른 하나는 시나 소설을 쓰는 문인이 되는 것이었다. 어렸을 때 할아버지는 서당에서 마을의 사내아이들을 가르치는 훈장이셨다. 아버지도 한때는 당시 소학교 교사이셨던 관계로 나도 자연히 그런 꿈을 품게 되었던 것 같다.

각고의 노력 끝에 초등교사가 되었으니 한 가지 꿈은 이룬 셈이다. 교단에 서서 아이들과 소통하기 위해 눈높이를 맞추면서 의미 있는 눈길을 주고받으며 다양한 교재를 개발 활용하여 가르친다는 것이 얼마나 보람 있는 일인지. 그리고 아이들의 바람직한 변화와 성장을 직접 보게 되는 기쁨은 신선한 자긍심과 성취감이 되어 내 삶을 크고 깊게 넓게 만들어 주었다. 그때는 매일의 삶이 새롭고 역동적인 삶이었지 싶다. 거기다가 교원 처우가 나날이 개선되어 생활이 안정되자 긍지와 자부심을 가진 교사로서 타 직업인이 부럽지 않았다.

교원수급 적체 현상을 풀려는 문교정책으로 명예 퇴직문제가 제기되었다. 명예퇴직의 가부를 결정하기 위해 여러 날을 번민하며 지내던 어느 날, 문득 내다본 햇빛 찬란한 교실 밖 풍경에 이끌리었다. 막연하게 꿈꾸던 내 삶의 일탈을 실행하기로 하였다. '그래, 이제는 교직 생활을 벗어나서 새로운 세상으로 화려한 외출을 해보는 거야. 그리고 나의 두 번째 꿈에 도전해 보는 거야'라고 마음을 굳혔다. 그래서 극구 말리는 선후배 동료들의 만류를 뿌리치고 명예퇴직을 명쾌하게 감행하였다.

화려한 외출을 상상했던 퇴임은 생각지도 않았던 세상이 기다리고 있었다. 아들네 살림살이와 손녀들을 키우는 일과 겹쳐서 친정 부모님 그리고 남편의 병간호로 이어지는 13년간의 세상살이가 기다렸다. 다른 생각은 할 여지는 물론 나를 까맣게 잊고 지낸 시절이었다.

남편까지 이승을 떠나고 나니 나는 황량한 벌판에 서 있는 것 같았다. 정신 차려야 했다. 마음대로 죽을 수 없으니 살아야겠다고 생각했다. 그런 나를 걱정하던 친구가 일산노인복지관 산하 호수문화복지대학교에 개설되어 있던 문학이론반과 자서전쓰기반에 등록해 주었다. 내 젊은 날의 꿈을 기억하고 있던 모양이다.

내 두 번째 꿈을 실현해 볼, 꿈 밭을 일굴 기회가 생긴 것이다. 이 반에는 저명한 시인 교수가 시와 수필 등 문학 이론을 강의하고 있었다. 노인이 아닌 젊은 여교수의 푸른 강의는 내 꿈을 깨우는데 충분했다. 신선한 충격이었다. 35년의 교직 생활에서 국어과 학습지도에 매력을 느끼면서 간직했던, 소녀적 꿈을 깨우는 기회가 되었다. 매주 작품을 발표하고 노인 학생 상호 간에 의견도 교환하며 시인 교수의 지도를 받던 중에 백일장에서 최우수상을 받은 것이다. 상금 50만 원은 복지관 후원금으로 기분 좋게 내놓았다.

제16회 일산노인복지관 문학작품 공모전에도 입상하게 되니, 문학에 대한 공부의욕이 높아졌다. 복지관 연말 행사에 맞춰 시화전도 맡아서 했고 대학교, 대학원 학보 발행에 편집위원으로 일하는 등 문학의 꿈 밭을 일구는 일에 열심히 참여했다. 시 낭송 동호인 클럽을 만들어 여러 가지 문학적 경험을 함께하며 성숙한 어른으로서 값지게 시간을 공유하며 노년을 보내고 있다. 또 뜻밖에 일산노인복지관의 호수문화복지대학교의 학생회장이 되어 열심히 봉사하며 살고 있다.

여기에 만족하지 않고 문학박사로 대학교수를 역임하시고 은퇴하여 후학들에게 창작수필을 지도하시는 원로 문학 교수의 글방에도 나가, 창작수필 쓰기 지도를 받고 대선배문인들과 교류하고 있다. 반평생 가르치는 일에 매달려 달려온 세월을 지나서 새롭게 배우는 시간을 누리는 생활이 즐겁다.

나는 지금도 푸른 꿈의 열매를 얻기 위해 글밭을 일구고 씨를 뿌리며 산다. 언감생심이지만 누가 알겠는가. 수필문학의 대가이신 피천득 선생님의 「인연」의 명문장에 있듯이 '살아가는 동안 매일 일어나는 인연을 잡는 현명한 육감'을 지니게 될지.

그래서 죽기 전까지 다수의 사람이 읽어줄 절창의 시 한 편이나 수필 한 편이라도 쓰고 싶다. 그러고 나서 글쓰기도 명예퇴직을 할 수 있기를 간절히 바라면서 오늘도 푸른 꿈을 가꾸는 중이다.

(2017년 10월 공무원 연금공단 수필공모 출품작)

은 파

학내에서 그를 마주치면 그의 어쩔 줄 모르는 몸짓과 새빨개진 얼굴빛에 흔들리던 눈동자를 지금도 기억하고 있다. 무심코 지나가다가도 무엇인가 뜨거운 열기가 느껴지면 영락없이 그의 시선이 나에게 꽂혀있다는 걸 안 것은 대학을 들어가 두어 달 뒤였던 것 같다. 그는 2학년 대학 선배 음악과의 조교로 피아니스트였다.

대학을 들어가서 내가 제일 고민했던 과목은 음악이었다. 그 당시는 초·중·고등학교에서 제대로 음악교육을 받기가 어려웠던 시절이었다. 지금처럼 아무나 여건이 되면 기악을 공부할 수 있는 그런 시절은 아니었다. 그래도 여러 악기 중 피아노를 치는 사람들은 꽤 있었다. 그러나 나는 다른 악기는 물론 피아노나 오르간 등 건반악기를 한 번도 만져보지 못한 채 대학에 간 것이다. 기악에는 문외한이었다.

초등 교사는 다방면에 전문가의 소양을 갖고 있어야 한다.

도구 교과인 국어과를 위시한 주지 교과는 물론 예체능 과목까지 모두 지도할 수 있는 전문인. 그 당시 우리나라의 초등 교사 양성은 사범 고등학교에서 이루어졌었다. 1963년이었을 것이다. 나라의 발전에 발맞추어 좀 더 질 좋은 교사 양성을 목적으로 전국에 사범 고등학교를 없애고 10개의 교육대학을 설립하였다. 나는 교육대학이 생긴 지 두 번째로 입학한 것이다.

한 번도 건반악기를 만져보지 못한 나는 오르간 교본을 연습하여 교수님께 레슨을 받아야 하는 것이 참으로 두렵고 걱정스러웠다. 오르간 교본 108곡을 다 하지 않으면 졸업을 안 시킨다고 하는 교수의 말은 그분의 성품으로 봐서 엄포가 아니고 선전포고다. 그런데 나는 건반악기의 까막눈이 아닌가?

대학 본관 건물 2층, 그랜드 피아노가 놓여있는 강당을 지나면 오르간 연습실이 있다. 300명이 넘는 학생들이 겨우 30대 안팎의 오르간을 놓고 치열하게 경쟁하면서 연습실을 이용해야 한다.

난생처음으로 음악과 교수님에게 레슨을 받았던 날의 참혹했던 심정을 지금도 잊을 수가 없다. 연습실을 차지하려는 치열한 경쟁을 뚫고 보름 넘게 연습한 오르간 교본 1번을 레슨 받으러 교수님 방에 들어갔다. 내 가슴은 뛰는 소리가 밖으로 튀어나올 것 같았다. 몸이 굳어지고 입이 타면서 떨리는 것을 겨우겨우 붙잡고 오르간 앞에 앉았다.

기악과 교수는 음악이론을 강의하면서 웃지도 않고 늘 농담을 잘 했다. 다른 학생들은 웃었지만, 나는 그분의 농담을 들을 때마다 비꼬는 듯한 의미와 함께 서늘한 느낌을 받곤 했었다. "우째 이제야 나타났노?" "몇 개나 할려고? 2개 이상은 안 한다." 손을 건반 위에 놓자 내 손가락은 사시나무가 되었다. 그렇게 연습을 하고 갔건만 그 곡의 셋째 마디 이상은 나갈 수가 없었다. "다시 와라." 인사를 하고 나왔는지 안 하고 나왔는지 정신없이 교수실을 나왔다.

운동장 끝까지 무작정 걸었다. 멀리 뚝섬의 둘레를 싸고 있는 곡선의 제방 길이 유달리 길게 보였다. 하늘에는 뭉게뭉게 흰 구름이 피어오르고, 두루미 한 마리가 날개를 쫙 펼치고 원을 그리듯 논 위를 날았다. 그날은 단짝 친구인 상은이를 보거나, 그녀가 말을 붙이면 울 것 같아서 인사도 없이 궤도차에 몸을 실었다. 온몸이 노곤한 것 같더니 춥고 떨리기 시작했다. 열이 났다. 집에 와서 여동생의 중 입시 과외공부도 시켜야 했지만, 저녁도 먹지 못한 채 누웠다. 어머니가 몸살감기라고 하면서 약을 주셔서 먹었다.

내 단짝 친구는 벌써 8번까지 도장을 받았다. 그녀는 운이 좋은 친구였다. 기악과 교수가 여고 시절 담임선생님이었고, 반대표로 학교 규율부장으로 담임의 총애를 받았던 인연이 있다. 게다가 집에 오르간이 있어서 참 부러웠다. 나는 오르간 연습실을 이용하려면 강의 전 새벽이나, 방과 후 수강 후의 늦은 시각까지 기다려야 했다. 어떤 때는 새벽에 학교에 왔는데 교문이 열려있지 않아 교문을 타고 넘어 들어가서 오르간 연습을 하기도 했다.

방과 후 연습실을 이용하려면 이미 재빠르게 차지한 사람이 비켜주기를 기다린다. 빈 강의실이나 운동장 끝 벤치에서 무엇인가 하다가 비어있는 연습실을 찾으러 간다. 그때쯤에는 어김없이 강당에서 누군가가 피아노를 친다. 오르간 연습실에 가려면 꼭, 강당 그 피아노 소리가 나는 곳을 지나야 한다. 어떤 때는 그 피아노 소리가 연습실이 비었다고 알려주는 신호처럼 들리기도 했다. 월광곡, 세레나데, 트로이메라이, 엘리자를 위하여, 이어서 은파를 연주했다. 간혹 꽃 노래, 웨딩마치, 위모레스크 등이 들리기도 했다. 강당을 지나다가 열려있는 문을 통해 피아노 치는 그의 모습을 볼 수 있다. 완전히 몰입된 듯 그의 손가락들이 건반 위에서 춤을 추듯이 뛰놀고 있었다.

비어있는 오르간 연습실에 들어가 반복하고 반복하기를 수십 번. 눈감고도 칠 수 있어야 자리에서 일어났다. 황혼이 물든 하늘이 뚝섬의 지평과 맞닿아 낮아지고 있었다. 교정은 적막에 싸여가고 몇몇 나와 같은 또래의 오르간 연습자들이 연습실을 나선다.

그러던 어느 날, 늘 연습실이나 강당의 그 피아노 치는 사람의 근처에서 보았던 남자 선배가 연습실에 오더니 마실 것을 사 왔다고 강당으로 가자고 했다. 대답할 사이도 없이 문밖으로 나가며 어서 오라고 했다. 아주 집에 갈 생각으로 책가방을 챙겨 들고 나왔다. 내 착각인지 모르지만 매일 나에게 들려주듯이 피아노를 치는 사람이 궁금하기도 했다. 강당에 가니 여자 선배와 몇몇 남자 선배 그리고 우리 반 남학생이 있었다. 과자류와 사이다가 피아노 의자에 놓여있었다. 사이다만 조금 마시고, 예의 그 피아노 치는 선배를 바라보았다.

그는 나를 외면하는 듯 창밖을 보고 있었다. 아까 나를 데리러 왔던 선배가 저 녀석이 치는 곡 중 제일 좋은 것은 무어냐고 물었던 것 같다. 나는 "은파요" 하고 짧게 대답했고 모두 앙코르곡으로 다시 쳐 달라고 했다. 머뭇머뭇하는 그의 눈을 마주치고 눈으로 앙코르 요청을 보냈다. 그가 피아노 앞에 앉았다. 그의 눈길은 넓고 훤한 고요한 운동장을 지나, 초록빛으로 물든 논밭으로, 뚝섬을 에워싸고 도는 둑길이 가늘어지다가 하늘과 만나는 저녁노을과 닿아 긴 지평선을 만든 곳으로 달리고 있는 것 같았다.

그의 소리는 강당 가득 은빛 파도가 일렁이고, 눈부신 은빛 비늘을 번쩍이며 펄떡거리는 수많은 물고기가 춤추는 바다로 채우고 흘러넘쳐 운동장으로 논밭을 지나 황혼이 물든 지평선까지 아득히 펴져나갔다.

그날 이후로 나는 그가 피아노를 치는 그 강당을 외면하고 지나치곤 했다. 그의 친구들이 나에게 지나치게 관심을 두는 것 같아서 부담스러웠다. 가냘픈 외모에는 어울리지 않은 큰 상의 차림과 하얀 손가락이 왠지 알 수 없는 의미로 내 마음을 맴돌았다.

얼마 동안 피아노 소리가 들리지 않았다. 나의 오르간 교본에도 몇 개의 통과 도장이 찍혀가고 있었다. 조금은 자신이 붙어서 재미를 느끼고, 친구 상은이를 따라잡을 수 있던 어느 날, 오르간 레슨을 받으러 교수실에 들어갔다. 교수실 문을 연 순간, 오르간 옆자리의 책상 앞 교수님이 앉아서 레슨을 보시던 자리에 그가 앉아 있었다. 교수님이 세미나로 외국에 출장 중이어서 조교인 그가 레슨 하는 것이었다. 그의 시선을 잠시 짧게 느꼈을까 그가 조금 옆으로 고쳐 앉는 것 같았다.

우연히도 그에게 받을 레슨 곡은 애국가인데 오른손, 왼손 모두

2부 그러니까 4부로 연주해야 하는 것이었다. 늘 레슨 받을 때마다 느끼는 긴장과 불안감에 묘한 심정까지 겹쳤지만 어찌됐던 애국가를 쳤다. 그가 일어나 내 곁으로 다가왔다. 그리고 교본에서 내가 좀 모자랐던 부분, 점 사분음표의 표현을 시연해주며 그 마디만 다시 쳐보라고 했다. 나는 그가 일러준 대로 쳤고, 통과 도장을 받고 교수실을 나왔다.

그 뒤 대학에 처음 들어와서 치는 중간 평가 시험 날이 공표되고 교정은 조용해지고 풍금 소리조차 숨을 죽였다. 틈틈이 리포트로 작성하여 제출한 것도 있지만, 음악과는 실기를 뺀 나머지 악전 이론은 지필 평가지에 의한다. 작곡할 때 쓰이는 이명동음과 조성 및 조옮김에 대한 강의를 받았는데도 나는 이해가 잘되지 않았었다. 음악시험을 보고 난 후 친구들과 답을 맞춰보니, 잘해야 60점 겨우 넘을 것 같았다. 실기와 합해서 C학점이라도 받을 수 있을까 걱정스러웠다. 그런데 성적표를 받고 보니 B학점이었다. 교수님이 나의 오르간 레슨 분투기를 아시고 봐주셨구나 하고 생각했다.

대학에 들어와서 처음 맞는 봄이 무르익고 있다. 시험 기간이 끝나고 학내는 다시 활기와 낭만을 찾고 있었다. 아까시와 라일락이 그 진한 향기로 막 물오른 청춘들의 낭만을 달뜨게 하는 계절. 이미 학내에는 캠퍼스 커플이 생겨서 그들의 몸짓들을 부러워하고 입방아를 찧기도 했다. 그러나 나는 살기에 바빴다. 학교와 집이 멀기도 했지만, 집에서 여동생과 그의 친구 3명에게 과외수업을 하고 있었다. 공부할 분량이 많아졌는데 시간이 부족했다. 낭만은 나에게는 사치일 수밖에 없었다. 그런데 낭만은 시간과 아무 상관없이 찾아왔다.

어느 날 오후, 본관 건물 2층의 강의실에 가려고 막 2층 계단 위에 올라섰을 때 그 선배가 기다리고 있었다. 빠른 걸음으로 다가와 내 손에 쪽지를 쥐어주고 층계를 미끄러지듯이 내려가 버렸다. 그와 학내에서 마주칠 때마다 그가 보이는 몸짓들이 나를 당황하게 하고 거북하게 했었다.

"할 말이 있어요. 오늘 강의가 3시 40분에 끝나는 줄 알고 있어요. 4시에 뚝섬 걷는 길 입구에서 기다릴 테니 꼭 와 주시오 꼭."

남자에게서 처음 받는 글이었다. 언젠가 강당에서 그의 친구들과 그가 치는 피아노곡들을 들은 뒤에 내 마음에 맴돌았던 의미가 이런 것이었나 하는. 그리고 그와 마주치거나 스치거나 했을 때 느꼈던 이상한 열기와 흔들리던 눈동자 등의 몸짓들이.

나는 '은파'라는 곡에 이끌렸을 뿐이다. 다섯 개의 연이어진 변주곡을 듣고 있으면 바다의 모습은 각각의 아름답고 현란한 생동감으로 눈앞에 펼쳐진다. 맑은 날, 햇빛에 일렁이는 은빛 파도가 명랑한 듯 순수의 선율로 가슴을 뛰게 한다.

나는 정말로 곡에 대한 감동에 끌려 그의 연주를 즐겼을까? '은파'를 치는 그의 음악성과 표현의 내면에 있는 그의 인간미에 대한 호기심과 궁금증은 정말 없었을까? 스스로 질문을 해보니 자신이 없었다. 그에게 보여준 내 행위에 대해 자책을 하고 있었다. 피아노를 잘 치는 사람에게 가진 내 호기심과 부러워한 마음을.

뚝섬으로 가는 둑길을 걸으면서 나는 그의 이야기를 듣기만 했다.

그가 나를 처음 알게 된 것은 입학시험 때라고 했다. 교사가 되는 데 결격 사유가 없는지 측정하는 면접 실기시험에서 애국가를 부르게 했었다. 그때 음악과 조교로 있던 그가 면접 시험관으로 입회했던 모양이다. 그때부터 나에게 호기심을 가지게 되었고, 합격하자 굉장히 기뻤다고 했다. 오르간을 치는 문제로 몹시 애를 쓰는 모습을 보고 안타까워서 여러 가지 생각을 했다고도 했다. 방과 후 늦게까지 오르간 연습하는 나를 지켜보기도 하고, 우리 집과 방향이 같아서 간혹 같은 버스에 오른 적도 있다고 했다. 방과 후에 피아노를 치는 명목으로 위장해서 나를 지켜보았다고 했다.

자신도 아르바이트로 사대 부속 중학생 아이의 피아노와 교과목을 가르친다고 했다. 졸업하면 자신은 기악을 더 전공하기 위해 미국으로 유학할 생각이라고 했다. 그리고 마지막으로 자기를 나에게 더 알게 하는 기회를 간절히 바란다고 했다. 그가 나로 사랑의 열병을 앓고 있었음을 어렴풋이 알게 되었다. 처음으로 이성의 진지한 고백을 들으니 여러 가지 생각이 교차됐다. 그렇다고 적절하게 대꾸할 말도 찾지 못한 채 그와 버스를 탔다. 집 앞까지 바래다준다는 걸 싫다고 화를 내는 척해서 그와 헤어졌다.

며칠 후 토요일 오후, 그 선배가 내 단짝 친구 커플과 같이 갈 영화표를 샀으니 같이 가자고 했다. 언제 내 친구 커플을 자기편으로 설득했는지 모르지만 내 친구 커플의 성화에 따르게 되었다. 난 생처음 남자와 동행하여 극장에 간 것이다. '화니'라는 감미로운 청춘 남녀들의 로맨스를 소재로 한 영화였다. 몇 번씩 나오는 애로 장면을 차마 보기에 부끄럽고 민망해서 그때마다 외면하기도 하면서 영화를 보았던 일. 그 영화는 그때 꽤 괜찮은 영화였다는 걸 나중에 알고 혼자 웃었다.

그 선배는 나와 둘이 만나는 것을 원했지만 나는 그럴 마음이 없었다. 음악에 무지한 나로서는 그가 피아니스트라는 것에 대한 선망과 해맑은 존경심으로 그와 조화하기에 자신이 없었다. 더 솔직히 말하면 그의 외모와 몸짓 등이 다른 사람과 다르게 보이는 모습이 마음에 들지 않았다. 그 선배도 마찬가지였지만, 나의 현실적인 문제는 내 일상이 낭만을 즐기기에는 시간이 부족한 생활이었다. 정말 내가 그 선배에게 몰입할 수 있을 만큼 내 이상적인 상대는 아니었다는 것이 내 솔직한 고백이다. 만나지 않으려고 피하였다.

크리스마스를 앞둔 어느 날, 그 선배의 친구 둘이 오르간실로 와서 그 선배의 생활이 엉망이 되어 간다고 했다. 나 때문이라고 하면서, 그를 바로 잡아줄 사람이 나라는 것이었다. 마음이 참 착잡했다. 그러나 냉철하게 판단해서 행동해야 한다는 마음의 목소리가 들렸다. 그래서 그럴 힘도 마음도 없다고 명확하게 내 뜻을 전해달라고 했다. 겨울방학이 끝나고 개강하면 선배들은 졸업하게 되고, 교사로 발령을 받아 새 세상에 나가게 된다. 새 삶터에 가서 새로운 사람을 만나다 보면 새 꿈을 꾸리라고 생각했었다.

그런데 졸업식 날, 그 선배는 보이지 않았다. 두 번째, 그 선배로부터 이번에는 조금 긴 문장의 편지를 받았다.

"내가 쳤던 피아노곡 '은파'는 그대에게 준 나의 영원한 선물이오.

다시는 그 누구에게도 쳐 주지 않겠소. 내가 그대의 오르간실에서 몰래 가진 그대의 사진은 내가 태평양을 지나갈 때 바다에 던지렵니다. 또 하나 고백할 것은 그대의 음악 악전 시험지를 채점하면서 이명동음 오답 2개를 동그라미로 채점했다오. 비겁하다고 생각하지만, 떠나면서 마음을 다 비워야 한다고 생각하여 고백합니다. 건강하시고 청운의 꿈 펼치십시오."

굉장히 순수한 열정으로 나를 사랑했음을, 그가 나에게 보여준 모든 것들이 그 당시는 진정이었음을 그제야 알았다. 비밀을 털어놓은 그의 심정을 헤아리면서 마음이 안 괴로웠다면 거짓말이다. 아쉽지 않았다면 그것 또한 거짓이다. 그렇게 나의 대학 시절의 낭만이 태평양을 건넜다.

지금도 때때로 어디에서든 그 곡이 들리면, 대학 시절 그 선배가 치던 '은파'의 선율이 운동장을 지나 푸르른 넓은 논과 저녁노을이 만난 지평선까지 은빛 파도처럼 일렁이던 그 정경이 떠오른다. 청춘이었을 때, 청순한 청년 피아니스트의 아름다운 모습과 열정이 아련히 떠오른다.

아름다움은 시공간의 여백에서 보이거나 느껴질 때 그 감동이 존재하고 오래 기억되는지 싶다. 청명한 하늘에 달빛이 밝게 비추는 날 바다가 부르는 노래 은빛 파도처럼, 젊은 날의 사랑과 꿈처럼.

*은파(The Silvery Waves): 와이먼(Wyman. Addison. P, 1832~1872, 미)이 작곡한 피아노곡으로 은빛 파도의 상태를 Ab장조의 변주곡 형식으로 묘사. 테마를 암시하는 첫머리의 세 마디의 뒤를 이어 장식음을 이용 서정적인 감정이 넘치는 5개의 변주곡이 진행됨.

이거요!

나는 모자람이 많은 사람이다. 여러 가지가 있지만, 그중에서 특히 나에게는 남을 웃게 하는 유머 감각이 없다. 성장 과정에서 지나치게 엄격하고 책임과 의무만 강조한 환경에서 자랐기 때문일까? 아니 태생이 그렇게 빡빡하고 고집스러운지도 모른다. 유쾌하게 남을 웃기는 데는 소질이 없다고 단정하고 유머 감각을 익히려고 노력도 하지 않았다.

그러나 유머가 있는 사람을 좋아하고 유머가 풍부한 사람을 존경한다. 나름 변명을 하자면, 적절한 말과 행동으로 상황에 맞게 처신하기도 힘에 겨운데, 재치와 여유를 부릴 자신이 없었기 때문이다. 진실로 유머가 무엇인지 모르는 소치일 것이다. 지나간 어느 때 의도하지 않았던 일로 동료들의 배꼽을 뺀 적이 있다. 젊은 교사 시절 이야기이다.

초임발령 후 몇 년이 지나 3번째 발령받은 서울 모 초등학교에서 있었던 일이다. 그때는 아이들의 성적을 지필 평가와 실기 평가하여 순위를 정하고 성적을 산출하였다. 지필 평가에 더 의존하는 평가방식이었다. 교사들은 각기 담당 연구 교과가 있었다. 나는 국어과를 담당했던 관계로 우리 학년 지필 평가 문항을 작성해야 했다. 물론 교육과정의 진도과정에 맞추어 출제하고, 평가결과를 가지고 피드백하여 학력을 높일 수 있는 문제를 뽑아야 한다. 출제 범위에 '아름다운 우리 말'이라는 단원이 들어가 있었던 것으로 기억한다.

그때는 타자기도 없고 컴퓨터도 없던 시대였기 때문에 문제지를 만들려면, 줄판 위에 인쇄 원지를 놓고 철심으로 긁어 써서 등사해야 했다. 드디어 시험 보는 날이 되었다. 엄정을 기한다는 의미에서 담임을 교체하여 시험 감독을 했다. 나도 다른 반으로 시험 감독을 들어갔다. 시험지를 아이들 각자에게 분배한 후 몇 가지 주의사항을 말했다. 번호와 이름 꼭 쓰기와 문제가 잘 보이지 않는 사람은 손을 들어 질문하라는 것과 절대로 남의 것을 보아서는 안 된다는 엄포도 놓았다.

이름 쓰기 시작으로 교실 안은 조용해진다. 그렇게 나대던 어린 것들이 시험지를 앞에 놓고 그렇게 심각하게 숙연할 정도로 조용해지는 걸 보면 신기하다. 궤간 순시를 두어 번 하고 아이들을 살피려고 칠판 앞 교탁 앞에 섰다. 내가 출제한 국어 시험지의 등사 상태와 문항 검토를 하면서 정답지를 작성했다.

얼마나 흘렀을까, 한 명의 여자아이가 시험지를 들었다 놓았다 하며 손을 들까 말까 쭈뼛거리고 있었다. 앞으로 나오라고 손짓을 하니, 제 시험지를 들고나와서 교탁 위에 펼쳐 놓는다. 그리고 문제의 답 항을 손가락으로 가리키며 "이렇게 써도 되요?" 묻고 똘망똘망한 눈으로 올려다보고 있는 게 아닌가! 그 어린이가 쓴 답을 본 순간 나는 당황했다. "이게 뭔데?" 터지려는 웃음을 참으면서 물었다. 내 목소리가 괴성에 가깝다고 생각했다.

그 아이는 교탁 옆으로 바짝 서더니 자기 손가락으로 자신의 것을 가리키며 "이거요!" 하며 그것도 모르냐는 듯이 나를 바라보고 눈도 깜짝하지 않았다. 아이들 모두의 시선이 쏠려 있다. 원피스를 입고 있던 그 아이가 치마를 들쳤더라면 그건 대박 코미디다. '아, 하나님. 아 하하하, 아 하하하…' 나는 마구마구 솟구치는 웃음을 참으며 나와 그녀를 바라보는 아이들의 시선에 진땀을 흘렸다.

그녀에게 고개를 끄덕이며 그의 시험지를 들려 자리로 돌아가게 했다. 무슨 영문인지 모르고 웃던 아이들은 다시 시험지 속으로 빠져들고, 나는 웃음이 시도 때도 없이 나오는 걸 억지로 참으며 그 시간을 마쳤다.

아이들을 화장실에 보내놓고 그 말이 사전에 나와 있는 표준어일까에 생각이 꽂혔다. 그리고 정말로 그 단어가 정답이 될까 하는 의구심이 들었다. 내가 출제한 문제의 그 문항은 다음과 같다.

보기와 같이 낱말의 끝에 '지' 자로 끝나는 낱말을 두 개 써 보시오.'

보기→ (가지),(아버지)

답 → (□□),(□□□)

조바심으로 4시간의 시험 감독을 마치고, 내 교실로 오니 아이들은 시험에서 해방되어 모두 있는 목소리 다 내어 떠들어대고 있었다. 가방까지 싸 놓고 뒤에서 레슬링 하는 아이들도 있었다.

"시험 모두 잘 봤어요?"

"네, 선생님. 오늘 숙제 내지 말아 주세요~"

모두 약속한 듯 함성이 터져 나왔다.

나는 그 당시 숙제를 많이 내기로, 호랑이 담임으로 소문이 나 있던 교사였다. 60명이 넘는 아이들을 내 자식처럼 생각하고 아이들 하나하나에 정성을 다한다는 사명감으로 되지도 않는 객기를 부리고 있던 시절이었다. 아이들 요구대로 숙제 없이 하교 지도를 끝내고, 교실로 들어와 청소 당번 아이들과 함께 교실 청소를 마쳤다. 그리고 나서 싸 온 도시락을 갖고 학년 주임 반으로 갔다. 벌써 점심을 다 하신 선생님도 계셔서 나도 서둘러 점심을 먹느라고 그 일을 잠시 잊었다.

지난주 토요일에 따님을 시집보내신 선생님께서 점심 후의 후식을 각 학년에 보내셨다고 한다. 각 교실로 돌아가 교실 정리를 하고 문단속을 하고 오후 3시에 주임 반에 다시 모이기로 하였다. 과일과 떡 커피까지 준비해 놓고 기다리고 있었다. 축하 음식을 먹으면서 모두 그분의 따님 혼삿날 이야기가 화제다. 웨딩드레스를 입은 신부의 모습이 아름다웠다느니, 신랑과 신부가 닮았다느니, 신랑 신부 양가 부모도 흡족해하는 결혼식이었다는 등. 그리고 혼기가 된 자녀를 가진 선생님들의 자식 걱정 등으로 이야기가 풍성했다.

그날은 채점을 하지 않기로 하고 정답지 작성도 다음 날로 미루기로 했다. 그래도 내가 출제한 시험지라 시험 결과가 궁금했다. 교직원 종례시간까지 30분 정도 여유가 있기에 예의 그 문항만 훌훌 넘겨 가며 살펴보았다. 문제의 답을 살펴보니 예의 그 아이처럼 쓴 아이가 더 없었다. 사실 이미 국어 시간에 우리말 어휘 공부를 학습하였기 때문이다.

퇴근하고 부랴부랴 집으로 가서 저녁밥을 하여 내 아이들을 먹이고, 숙제를 봐주고 집안일을 하고 내일을 준비했다. 얼마 전에 이사해서 짐 정리를 하다 보면 어느새 자정이 가까워서야 잠자리에 들게 된다. 얼마나 잤을까 눈이 떠졌다. 시계가 새벽 4시 가까운 시각을 가리키고 있었다. 문득 그 낱말에 대한 생각이 떠올라 사전을 찾아보고 싶었다.

풀지 못한 짐 속에 우리말 사전이 들어있어서 찾느라고 떨그럭거리자, 남편이 깨어서 신경질을 내고 투덜거렸다. 그러거나 말거나 사전 속에서 그 낱말을 찾았다. 명사로서 당당히 우리말로 자리 잡고 있었다. 또 웃음이 나와서 키득거리자, 남편이 "이상해. 이 사람, 왜 그래?" 하고 핀잔을 준다. 출근길에서도, 오전 수업을 하면서도 나는 때때로 웃을 수밖에 없었다.

드디어, 채점하려고 주임 반에 모였다. 국어 시험 모범 정답지를 선생님들 좌중에 놓았다. 처음으로 보고 쓰시던 선생님이 "어머 이 말도 맞아요? 호호호호. 이것 좀 보세요들." 선생님들의 시선이 일제히 그 문제의 답 항에 쏠리고, 모두가 한꺼번에 "아하하하, 아하하하." 웃었다. 그리고는 당신들이 감독한 반 아이들의 국어 시험지를 넘겨보느라 수선을 피웠다.

"어머! 남자 그것을 쓴 아이도 있어요! 하하하."

"여기도 있네요. 허허허허."

그 정답을 나에게 제공한 어린 제자가 했던 제스처를 시연하자 또 웃었고, 새벽에 일어나 사전을 찾았던 내 행위를 고백하자 또 웃었다. 고백이라는 말을 쓴 이유는 내가 국어과를 전공한다고 하면서도 그 낱말에 대해서는 품위 없거나 욕이라는 비속어로 치부하고 올바르게 알지 못하고 있었기 때문이다.

그날 채점에 들어간 선생님들이 "하하하." 하고 웃으면 모두 따라 웃었다. 참 아련한 아름답고 유쾌한 코미디의 추억이다.

잊을 수 없는 스승

중학교 때 나에게 잊을 수 없는 스승이 두 분 있다.

한 분은 중학교에 입학한 1학년 때의 담임선생님 안온신 선생님이시다. 여자 선생님이며 약 150㎝가 조금 넘을까 그렇게 크지 않은 키, 안경을 쓴 동그래한 얼굴인데 눈과 입이 크셨다. 컬이 굵은 단정한 파마머리, 단정한 패턴의 투피스를 즐겨 입으시고 영어 발음이 약간 허스키했지만, 윤기 있고 탄력 있는 음성을 가지신 분이었다. 어린 자녀가 있었던 분으로 기억한다. 서울대 영문과를 졸업하시고, 중·고등학교 교사로 재직하신 걸 보면 상당한 재원이셨던 같다.

내가 초등 교사 발령을 받고 제일 먼저 알려 드리고 싶어서 모교로 연락을 하니, 그때는 이미 미국으로 이주하신 한참 후였다. 내 인생의 등불이 되어 주셨던 스승님을 뵙지 못한 채 지금에 이르니 송구한 마음이 절절하다.

나는 초등학교 6년간 다섯 번의 전학을 했다. 아버지는 일제 말기에 서울 경성공고에 유학하여 토목 건설 기술자 자격증을 취득했었다. 고향으로 돌아와서 소학교의 교사로 재직 중에 6·25를 겪으면서 지주 집안으로 식솔들을 지키기 위해 사상적 동요로 잠시 표류하셨던 같다. 전쟁이 멈추고, 소작인들과의 문제로 몸과 마음에 많은 상처를 입고 불신을 받자 고향을 떠날 수밖에 없었다.

이직하며 처음 일한 곳은 농촌 수리조합에서 주관하는 공사현장이었다. 농사에 필요한 물을 확보하고, 홍수와 가뭄을 예방하기 위해 보나, 저수지를 만드는 공사이다. 제방을 쌓고 수문과 수로를 만드는 공사이다. 현재 충남 일대의 몇 개의 제방 공사는 그 옛날 아버지의 힘과 기술로 만든 것이 아직도 건재해 있다.

내가 초등학교 1학년에 입학을 해서 한 달쯤 되었을 때, 아버지가 석문 방조제의 현장 감독으로 부름을 받아가면서 나의 전학이 시작되었다. 그 후 강원도의 철도 건설 현장을 따라 동강이 흐르는 지역인 연당에서 영월로 전학을 다녔다. 철도공사가 완공되고 철로가 개통되었을 때, 내가 6학년, 남동생이 4학년, 다섯 살 먹은 여동생, 막 태어난 남동생이 있었다.

부모님은 자식들을 잘 가르쳐 보려고 서울로 이사를 단행했다. 물론 아버지는 서울에서 지명도가 높았던 건설 회사로 자리를 옮겼다. 그리고 나는 여름방학을 2주 정도 앞두고 서울 ○○초등학교로 전학을 오게 되었다. 그 당시 중학 입시 교육이 지금의 대학 입시 교육 못지않게 힘들고 어려웠을 때이다. 전학을 다섯 번이나 한 산골 아이인 나는 초등 6학년 졸업과 중학 입시 통과는 필사적 노력의 결과였다.

우리 집은 종로구 옥인동이고, 중학교는 종로구 안국동이다. 날마다 대통령 관저를 왼쪽 멀리 보고 중앙청 정문 광화문을 지나서 미대사관 관저를 지나면서 걸어서 통학했다. 효자동에서 을지로까지 전차가 다녔지만, 그때는 모두 그렇게 먼 거리를 걸어서 통학했던 시절이었다. 사실 우리나라의 중심, 서울의 중심부를 뚫고 통학을 했었으니, 지금 생각하면 산골 아이가 정말 출세한 것 아닌가?

중학교 1학년 때의 담임선생님을 잊을 수 없는 일이 크게 두 번 있다. 한 번은 입학해서 막 기성회비와 책값을 직접 학교 서무실에 내야 했을 때의 일이다. 1교시 전에 서무실에 내려 갔더니, 아이들이 길게 서 있었다. 1교시가 체육 시간이라 체육복으로 갈아입고 운동장에 나가려니 돈 낼 시간이 없었다. 1교시 끝난 다음에 내기로 하고 돈 봉투를 책가방에 도로 잘 넣었다. 이미 아이들의 대부분은 운동장으로 나간 후였고 나를 포함한 대여섯 명이 교실에서 체육복을 갈아입고 운동장으로 뛰어나갔다.

1교시 체육수업을 마치고 교실에 오자마자 책가방을 열어보니 고지서와 함께 들어 있었던 돈이 없어졌다. 나는 황당하고 앞이 깜깜해서 울었다. 아이들이 내 책상 안에 있던 공책의 갈피마다 넘기고 가방을 다시 뒤져보고 했으나 돈은 찾을 수가 없었다. 담임선생님의 긴 자수 권유가 있었지만, 돈은 찾을 수가 없었다. 집에다 이야기했다간 학교 다니지 말라는 소리만 들을 것 같아서 결국 회비를 못 내고 말았다. 담임선생님이 미납자를 방과 후에 남겨서 상담하는 시간에 나는 아무 말도 못 하고 울기만 했었다.

그 뒤 더 채근이 없었던 이유를 나중에 알게 되었다. 담임선생님이 내어 주신 것이었다. 내가 돈을 잃어버린 뒤로 우리 반에서 연이어 도난 사건이 일어났고 결국 꼬리가 길던 도둑이 잡혔다. 잡고 보니 내 바로 뒤에 앉는 아이인데, 집은 부유하지만, 초등학교 때부터 도벽으로 유명해 있었다. 부모가 학교에 불리어 와서 사죄와 변상을 하고, 그 아이는 다른 중학교로 전학을 갔다는 소문을 들었다.

두 번째는 지금까지의 나의 생을 이만큼 있게 한 원동력이며, 작고 큰 모든 성취의 샘터가 된 일이다. 중학교에 입학해서 처음 본 고사에서 중학교 1학년 360명 전체에서 수석을 한 것이다.

그 당시 아버지는 지방의 건설 현장에 가 계셨고 월급도 제 때에 보내주지 않아서 우리 집 형편이 많이 안 좋았다. 그래서 어머니는 교복도 맞춰 주지 못하고, 동대문 구제품 시장에 가서 맞춤 교복과 비슷한 어두운 감색 치마를 사서 입으라고 주셨다. 상의는 어쩔 수 없어서 한 개를 맞추었고, 그걸 본떠서 옷감을 사다가 지어 주셨다. 아침마다 교문에서 규율부 언니들이 내 교복을 지적하여 몹시 풀 죽은 채 교실에 들어가곤 했었다.

그날의 기쁨은 내가 6학년 2학기 첫 시험에서 꼴찌를 탈출하여 16등을 했던 때의 감격보다 정말 더 컸다. 그날 담임선생님은 아침 교무조회가 끝나고 우리 반으로 달려오시면서 내내 내 이름을 부르셨다고 한다. 교실에 바삐 들어오신 선생님이 "네가 전체 수석을 했다. 우리 반을 빛냈어! 대단하다! 이리 나오너라." 하시고 나를 교단 위로 불러 내셨다. 교단 위로 오르기도 전에 선생님은 나를 안아서 한 바퀴 돌리고는 등을 투덕투덕하시며 "잘했다 잘했어." 칭찬을 아끼지 않으셨다.

반 친구들이 박수를 받고 내 자리로 어떻게 왔는지 구름 위를 걷는 기분이었을까? 후문에 의하면 중학교 입학시험 때는 360명 중에 29등으로 합격했다고 한다. 그 뒤로 나는 반장 겸 학습부장을 하면서 우리 반의 아침 자습을 주도했고 '공부벌레'라는 별명을 들었다. '공부 잘하는 사람'이라는 별칭을 모독하지 않기 위해 정말 나는 재미있게 성실하게 공부를 했다. 그리고 그때 내가 겪고 있었던 가난함에 대한 열등의식을 그렇게 승화시키고 있었다.

또 한 분은 중학교 3학년 때의 담임선생님 신응균 선생님이시다. 지금은 작고하시었지만 내 기억 속에 늘 살아 계시다. 연세가 50정도의 남선생님, 역사(국사)교과 전공이셨다. 키가 크지는 않았지만, 균형 잡힌 단단한 몸매이셨다. 특히 머리숱이 풍성하고 수염이 많으셨다. 부리부리한 눈매를 가져서 우리를 꾸중하실 때 눈이 더 많은 것을 말씀하고는 하셨다.

수업시간에는 큰 띠 연대표를 칠판 왼쪽에서 오른쪽 끝까지 붙여 놓고 학습 범위와 목표를 우리에게 명료하게 알 수 있게 했다. 단군신화에서 고조선의 건국이념이 홍익인간이란 것, 고구려 건국에서는 동명성왕 주몽과 그의 아들 유리왕과 소서노가 낳은 아들 비류와 온조에 얽힌 역사적인 사건을 다루실 때 등, 정한 수업시간을 넘기며 열강했던 기억이 지금도 생생하다. 삼국시대, 후 삼국시대, 신라의 삼국통일, 고려와 발해국의 건국, 이어서 조선의 건국 등 우리나라 역사와 그 시대를 산 인물들에 대해 특히 재미있게 가르쳐 주셨다.

우리나라는 5천 년 동안에 8백 번이 넘는 크고 작은 전쟁을 치르며 오늘에 이르렀다. 그래서 나는 유독 을지문덕, 연개소문, 권율, 김유신, 최영, 이순신 등 장군들을 존경하고 흠모한다. 현재 우리나라 국가적 현실 상황에서는 이런 인물들의 애국심이 더욱 우러러 보인다.

소서노, 진덕여왕, 허난설헌, 사임당 등 역사 속에서 역사를 바르게 세우고 바꾸게도 했던 여성들에 대해서도 선생님은 열강했다. '훌륭한 인물 뒤에는 훌륭한 어머니와 아내라는 여성이 있다.'라는 것을 늘 강조하셨다. 이러한 선생님의 가르침이 후에 반면교사가 되어 내가 교사로서 아이들의 어머니로서 역할을 잘 감당하도록 이끈 힘이 된 것이다.

그러나 나에게는 선생님의 수업보다 더 잊을 수 없는 일이 있다. 부모님이 맹모삼천지교를 실행하여 서울로 이사한 뒤 아버지는 지방의 건설 현장이 직장이었다. 아버지가 부쳐주시는 월급으로 살고 있었다. 중학교 2학년 때, 막냇동생이 생겨 동생이 넷이 됐으니 생활이 더 어려워지고, 아버지는 생활비를 제 때에 보내지 못하셨던 것 같다. 나는 분기마다 내야 하는 수업료를 제때에 내지 못해서 매번 상담실에 불리어 가서 독촉을 받았다. 자존심에 상처를 받아 부끄럽고 괴로웠지만, 무엇보다도 공부를 계속할 수 없을 것 같아 두려웠다. 중학교 과정을 마치면, 동생들을 위해 고등학교를 포기해야만 하는 처지가 될 수 있는 상황이었다.

중학교 3년 동안 성적은 늘 상위를 했지만, 부모님은 칭찬에 인색했다. 어머니는 바로 밑의 남동생이 공부를 못 했는데, 그것도 계집애인 내가 동생의 기를 눌러서 그렇다고 억지를 부리셨다. 학교에서의 생활과 집에서의 생활은 완전히 다른 생활을 하며 살고 있었다. 그런 이율배반적인 상황을 극복하기란 정말 힘들고 어려웠지만, 더욱 공부는 해야 한다고 생각하면서 아주 열심히 덤볐다. 그 결과 우등으로 중학교를 졸업하게 되었다.

졸업식을 앞둔 전날 반대표로, 우수상 수상자로 시상대에 올라가서 수상 연습을 했다. 예행연습 후 교장선생님이 담임선생님과 함께 나를 부르셨다. "이 학생인가요? 네게 장학금을 주기로 했다. 앞으로 고등학교 가서도 열심히 해 봐라!" 꿈을 버리지 않았더니 그렇게 더 큰 희망으로 다가왔다. 나는 감격해서 울었다. 담임선생님은 내 등을 쓸어 주시며 "잘 됐다. 축하한다. 잘 해보자." 하셨다.

집안 사정이 그랬던 관계로 내 교복은 낡고, 때가 끼어 찌들어 있었다. 3년간이나 입었던 단 한 벌뿐인 동복. 졸업식 날은 교복을 드라이클리닝 해서 입고 오라고 하시는 담임선생님의 말씀이 창피했지만, 온 세상을 다 가진 것 같았다. 사실을 알고 보니, 담임선생님이 내 사정을 교장선생님께 말씀을 드려서 교무회의를 거쳐서 얻어낸 결과였다.

고등학교에 진학하게 된 것이다. 부모님은 내 고등학교 진학을 막을 수가 없었다. 그때부터 이웃에 사는 초등학생 여자 형제의 가정교사로 학비를 벌어가며 공부하여 고등학교를 무사히 마칠 수 있었다.

지금도 잊을 수가 없는 두 분 스승님. 허덕이며 사느라 한 번도 찾아뵙지 못한 이 불효한 제자를 용서하소서. 용서하소서.

초등학교 상경기

"국어 100점 일어나 봐!"

가 분단 그것도 맨 뒤에서 두 번째 앉아있던 나도 일어섰다.

"사회 100점 일어나!" 나는 또 일어나 섰다.

"자연 100점 일어나라!" 이번에도 나는 일어나 섰다.

반 아이들과 선생님의 시선이 나에게 몰렸다. 드디어 선생님이 나의 자리로 오시더니 내 시험지를 앞뒤로 살펴보고, 책상 속과 내 주위까지 자세히 보셨다. 그리고는 아무 일 없다는 듯이 교단으로 올라가셨다. 산수 시험 결과는 68점이었다. 예상보다 못 받은 산수 점수를 보고 너무 속상해서 울음을 속으로 삼켰다. 여름방학이 끝나고 개학하는 6학년 2학기 첫날 본 시험 결과이다.

6학년 여름방학 40여 일 동안 나는 초등학교 전 과정을 공부했다. 아버지의 직장 이동으로 인해 나는 초등학교 6년간 다섯 번의 전학을 해야만 했다. 그러니까 매년 매학년 전학으로 인하여 학습 공백이 생길 수밖에 없었다. 게다가 어머니가 자주 편찮으셨고, 동생이 생기면 그 뒷바라지를 큰딸인 내가 감당해야 해서 공부에 주력하지 못했다.

여름방학을 하면서 담임선생님이 내어준 숙제는 6학년 2학기 교과서를 선수학습 하는 것이었다. 개학과 동시에 시험을 보고 석차를 가지고 중학교 등급에 따라 분단을 정하고 자리를 앉힌다고 했다. 나는 여름방학 기간을 6학년 전 과정의 부진한 모든 부분을 공부해야 했다. 국어, 사회, 자연 과목은 문장 전체를 통째로 외워서 머릿속에 넣는 형식으로 읽고 외우기를 수없이 반복했다. 그리고 교과서를 외워서 그대로 써보는 방법으로 학습했다. 그때의 국어책은 한자를 병용한 것이어서 한자 공부도 해야 했다. 한자투성이였던 독립선언서를 한 글자도 틀리지 않고 외어 썼던 그 시절의 6학년 아이들. 지금 생각하면 격세지감이 든다.

그런데 산수는 외워서는 되지 않았다. 할 수 없이 저녁에 퇴근하시는 아버지를 기다렸다가 아버지께 묻고 배워야만 했다. 그런데 아버지는 직업상 술자리가 잦으시고 퇴근이 늦으시는 날이 많았다. 게다가 아버지의 문제 풀이 방식이 담임선생님과 같지 않아서 명쾌하게 알아들을 수가 없었다. 아버지의 "그런 것도 모르냐?"고 하는 핀잔에 눈물을 쏟으면 "멍청이처럼 울긴 왜 우니?" 하는 어머니의 역정이 노여움을 더 부채질했다.

아버지의 가르침에 전적으로 의지할 수는 없을 것 같았다. 할 수 없이 산수 공부도 문항의 패턴과 푸는 방법을 외워서 푸는 방식으로 공부했다. 그러나 이해력과 기초 계산력이 부족하였으니, 응용문제를 푸는 데는 한계가 있을 수밖에 없었다. 그렇게 여름방학을 보내면서 코피도 여러 번 쏟았다.

6학년 1학기 말 여름방학을 약 보름 앞두고 강원도 산골 아이였던 나는 서울청운초등학교로 전학을 왔다. 자식을 잘 키워보겠다고 결심한 부모님의 원과 아버지의 직장이 서울로 맞아떨어진 것이다. 그때는(1956년경) 중학교 입학시험제도에 교육의 많은 것을 투자하고 있던 시대였다. 중학교 입학시험이 과거의 과거시험보다 더 어려웠고 부모들은 사생결단으로 아이들을 중 입시 공부에 내몰았다.

6학년 담임을 맡았던 교사들의 치열한 중학교 입시지도는 지금의 고등학교 3학년 담임교사들보다 더하면 더했지 덜 하지 않았을 것이다. 매일 매시간 시험지로 쪽지로 시험을 보아 아이들을 닦달했다. 심지어 저녁에 집으로 담임을 모셔서 과외를 받고 하는 난리 통에, 여러 가지 부족한 자신이 한없이 초라해 의지력이 기우뚱거렸다.

전학을 와서 수업시간에 겪었던 일 중 지금도 잊을 수 없는 일이 있다. 아침 자습시간부터 화장실 가는 것 빼고 오전 내내 수업시간이다. 여름철인데다 점심을 먹고 난 오후에는 식곤증으로 수업시간에 조는 아이들이 생긴다. 그럴 때 담임선생님이 하시는 버릇이 있다.

효율적인 입시지도의 방편으로 수, 우, 미, 양, 가 분단을 만들어 평가관리를 하고 입시에 대비했다. 나는 전학생이므로 가 분단의 맨 끝자리에 앉아있었다. 조는 아이들이 생기면 담임선생님은 무조건 국어책 이어 읽기를 시킨다. 특히 양, 가 분단의 아이들을 시키는데 졸다가 이어서 읽지 못하면 벌을 주곤 했다.

드디어 내가 지명되어서 책을 읽기 시작했다. 처음엔 몇몇 아이들이 키득거리기 시작하더니 이윽고 반 전체가 모두 "하하하." 하고 웃었다. 졸음이 달아난 것이다. 그 이유는 고향이 충청도인 내 낭독 억양이 독특하기 때문이었다. 나는 정말 죽을 맛이었지만 담임선생님은 때때로 나를 시켜 국어책을 낭독하게 했다. 나는 부모님이 원망스러웠고, 수학의 달인이라고 하던 담임선생님이 미웠다.

그렇게 적응 아닌 적응을 해 가고 있는데, 1학기 성적을 내기 위해 기말고사를 본다고 했다. 1학기 총괄평가인 셈이다. 성적 평가 결과 나는 64명 중에서 62등을 해서 꼴찌만 면했다. 그러니까 가분단의 맨 끝에서 두 번째 자리 앉게 된 것이다.

성적표를 받아본 부모님은 아무 말씀도 하지 않으셨다. 그날 밤, 옆방에서 억지로 잠을 청하던 나는 부모님의 대화를 들었다.

"저 애를 어찌해야 좋아요?"

"아직 졸업하려면 시간이 있으니까 더 두고 봅시다. 안 되면 초등학교나 졸업시켜서 기술을 가르칠 수밖에요."

이어서 어머니의 울음소리가 들렸다. 차라리 꾸짖고 매질하셨으면 덜 괴로웠을 것이라는 생각에 온 밤, 잠을 자지 못했다.

어릴 적 서당의 훈장이셨던 할아버지가 떠올랐다. 서당에 와서 천자문을 배우던 그들보다 더 영특하다고 하셨던 할아버지의 말씀이 환청되었다. 그리고 반 애들이 졸 때마다 나에게 국어책을 읽혔던 담임선생님이 생각났다. 담임선생님에게 받은 모욕감이 가슴 저 밑바닥으로부터 반란을 일으키고 있었다. 우리 할아버지가 칭찬했던 기대하는 사람으로 되고 싶다고 생각했다. 또 담임선생님이 준 모욕이 놀라움과 미안함이 되게 복수하겠다고 결심했었다.

6학년 2학기 4과목 첫 시험에서 평균 92점, 18등을 한 것이다. 거의 꼴찌에서 우 분단 맨 앞자리로 올라온 것이다. 담임선생님에게 기대했던 칭찬, 놀라움이나 미안함의 표시는 없었지만, 나는 큰 성취감의 감동을 잊을 수가 없었다.

그 후로 '하면 된다'는 경구를 마음속에 간직하고 부단한 노력으로 중 입시를 무사히 통과했다. 그리고 중학교에 이어 고등학교를 우등으로 졸업하였다. 6학년 담임선생님에게 받았던 상처는 내가 초등교사가 되었을 때 큰 가르침이 되었다.

내가 가르치는 아이들에게 결코, 하지 말아야 할 것 중 하나가 되었다.

칭찬은 고래도 춤추게 한다고 하지 않는가!

팝송으로 사랑을 배우다

요즈음 노년기에 접어든 사람들이 열심히 영어공부에 참여하는 것을 볼 수 있다. 노인복지회관에서도 평생교육 차원에서 교양 교육 분과에 영어 노래교실, 영어기초반, 영어회화 반을 두어 원하는 사람은 영어를 공부할 수 있다.

일산노인종합복지회관에서도 영어 노래교실을 두어 대강당에서 강의한다. 영어 노래교실은 노래를 통해서 영어를 학습하는 데, 주로 영어권 나라 미국의 Popular Music, Pop Song을 많이 이용한다. '팝송'은 클래식이나 재즈곡을 제외하고, 일반 대중이 즐겨 부르는 통속적인 미국의 대중음악을 일컫는데, 요즘에는 영국의 대중음악도 이에 포함된다고 한다.

복지관에서의 영어 학습 수강자들은 모두 65세가 넘은 연령대이다. 그 세대들의 영어공부는 문법을 중심으로 받은 학습이었기 때문에 오늘날의 회화 중심의 시대에서는 알고 있는 것조차 영어로 말하기가 쉽지 않다. 더구나 지나가는 세월의 흐름 속에 부침된 학습 경험과 기억들은 점점 그 힘을 잃어가고 있는 나이임에랴!

노년들이 영어공부를 다시 하는 것은 다양한 개인적인 이유가 있겠지만, 그 핵심적인 이유는 본인이 좋아하는 데다 재미를 느끼는 것이기 때문일 것이다. 일산노인복지회관 산하 호수복지문화대학교, 대학원 정윤무 총장의 최근의 저서 『노년학 산책』에 기술되어 있듯이 스마트폰 시대에 살면서 진화를 멈추지 않는 현대사회의 변화에 적응해 보려는 노년들의 능동적인 지적 활동의 하나라고 볼 수 있지 않을까?

현재 영어 노래교실에서 교재로 쓰고 있는 팝송들은 지도 강사 선생님이 고르거나, 수강생들이 원하는 곡을 가지고 영어 학습을 하고 있다. 그리고 사회교육 분과의 영어기초반과 영어회화반에서도 흥미를 북돋기 위해 각각의 교재 외에 팝송을 추가하여 다루기도 한다.

영어 노래교실에서 처음 배운 영어 노래는 그 유명한 전설적인 록그룹인 비틀즈가 부른 'I will'이고, 이어서 'I want to hold your hand', 'Yesterday', 그리고 비틀즈가 해체되기 바로 전에 부른 'Let it Be'이다. 또 남자 어른 수강생들이 원했던 'My Way'도 배웠다.

지도 강사 선생님이 한 단어씩 발음하면 수강생들이 그 발음을 따라 발음을 한다. 우리 말 발음 체계와 다른 관계로 더구나 나이 들어서 조음기관들이 퇴행되는 노년들의 발음 연습은 참 어설프기 짝이 없지만, 비슷하게 될 때까지 여러 번을 반복한다. 그리고 연음으로 발음해야 하는 단어나, 두 단어 사이의 연음 발음 등을 익힌 다음, 한 문장씩 반복적으로 따라 읽어 나간다. 지도 강사가 Phonics 표를 만들어 주어서 그 표를 보고 연습하기도 한다. 그리고 단어의 뜻이나 쓰임을 익히고, 노랫말의 의미를 해석하고 난 뒤, 노래를 듣고 따라 부르면서 영어를 익힌다.

올해에는 Old Pop을 많이 이용한 것 같다. 미국 캘리포니아주 출신 남매 가수 The Carpenters가 부른 'Top of the world'는 '당신의 사랑으로 난 세상의 꼭대기에 올라왔어요.(Your love's put me at the top of the world)'라고 노래한다. 사랑을 발견하고 그 사랑이 내 주위에 함께하면서 느끼는 경이로움과 환희를 표현하는 노래이다. 발견한 사랑의 대상은 연인이 될 수도 있지만, 나는 은혜로우신 신 하느님을 발견한 기쁨으로 이 영어 노래를 공부했다. 'Yesterday Once More'도 카팬터스가 불렀던 노래이다. 어렸을 적 라디오에서 나오는 즐겨들었던 노래를 통해 행복했던 추억의 지난 세월을 회상한다는 내용이다. 우리 노년들에게도 애잔하거나 행복했던 시절의 추억들이 연륜만큼씩이나 깊게 쌓여 있으니, 이 영어 노래를 공부하면서 지난 세월을 떠올렸을 것이다. 그리고 옛 그 시절로 다시 한 번 돌아갈 수만 있다면(It's yesterday once more) 얼마나 좋을까 하고 생각했을 것이다.

그렇게 영어 노래 공부는 옛 시절을 그리워하는 꿈을 꾸게 하더니, 옛날의 포근하고 편안했던 시절로 돌아가고 싶다는 그리움을 담은 내용의 'California Dreaming'으로 넘어간다. 이 영어 노래는 영화 '중경삼림'에 삽입된 곡으로 The Mamas와 The Papas가 부른 곡이다. 모든 잎이 갈색이 되고 하늘은 흐린 어느 겨울날(A winters day, all the leaves are brown and the sky is gray) 편안하고 따뜻하던(had be save and warm) 캘리포니아로 돌아가고 싶다는 내용의 노랫말이 들어 있는 곡이다. 우리들의 삶의 여정에서 때때로 외롭고 춥고 지치고 힘들 때 돌아가 쉬고 기댈 곳은 어디일까? 가족, 동기간, 친구가 있는 곳, 마음의 고향, 그리고 신의 품이 아닐까 싶다.

잠시 깊은 생각을 해야 하는가 싶은데, 노랫말은 더 깊은 상심을 표현하는 곡으로 옮겨진다. 노랫말은 우울하고 슬픈데, 선율은 몸을 들썩이게 하는 아이러니한 곡 'One way ticket'에 이른다. 그렇다! 우리 모두 '차표 한 장(One way ticket)'만을 든 채 여행하는 나그네들. 다시는 돌아오지 못할 우울한 세계(Never coming back to the blues), 쓸쓸함이 넘치는 도시(lonesome town)를 경유 하거나, 상심의 호텔(heartbreak hotel)에서 묵으면서 말이다. 그러나 우리들의 이 왕복할 수 없는 여행 종착지는 우울한 세계가 아닌 내 영혼이 편히 쉴 아름다운 곳에 도착하기 위해 살아야 하지 않을까.

우리 삶의 이런 염원이 Julie London이 부른 'Fly me to the moon'에 잘 나타나 있다. 별 사이를 오가며(let me play among the stars) 목성과 화성의 봄은 어떤지 보게 해 달라(let me see what spring is like on Jupiter and Mars)고 한다. 그러려면 내가 그리워하고(I long for), 숭배하고(worship), 동경하는(adore) 대상이 나를 진심

으로 대하고(Please be true), 영원토록 사랑의 노래로 내 마음을 채우고(fill my heart with love song forever) 부르게 해 달라고 한다.

Neil Sedaka가 작곡 작사하여 부른 Old Pop song, 'You mean everything to me'처럼 '그대가 내 모든 것입니다'가 되고, '그대가 내 생명이오, 내 운명입니다.(You are my life, my destiny)'로 서로가 이해되고 합쳐진다면, 우리는 진정한 사랑으로 험한 세상의 파도도 너끈하게 헤쳐 나갈 수 있을 것이다.

팝송뿐만 아니라 우리 인간의 모든 예술 행위의 본질은 '사랑'을 표현하고 구현하는데 있다고 본다. 우리들의 삶 전체에서 사랑은 영원한 화두이고 사랑을 실천하려는 의지가 정의라고 믿는다.

영어 노래를 공부하며 우리의 삶에서 차지하는 사람 사이의 관계에서 사랑의 절댓값은 무한함을 다시금 절절하게 느낀다.

포크댄스의 재미

"마주 보고 등지고, 등지고 마주 보고/ 마주 보고 등지고, 등지고 마주 보고."

"가고 여자 돌고, 또 가고 여자 돌고/ 왈츠 턴 왈츠 턴, 여자 돌려 인사."

이것은 일산노인종합복지관 노인문화대학에서 매주 목요일 포크댄스 시간에 배운 러시아 민속무용 알랙산드로브스키(Alexandrovsky)의 동작과 순서를 노랫말로 표현한 것이다. 지도 강사 정 선생님의 깜짝 교수법이다.

우리 노인 학생들은 음악을 듣고 곡조에 맞춰 이 노랫말을 하면서 춤 동작을 익힌다. 훨씬 쉽고 재미있다. 오늘도 그동안 같이 공부하여 친숙해진 남녀 노인 친구들과 50분간 즐겁게 포크댄스를 배운다. 일산노인종합복지관 산하 일명 호수문화복지노인대학에서 지도 강사 정 선생님의 지도를 받아 즐겁게 공부해온 내 유일한 운동을 위한 춤 프로그램이다.

일산노인종합복지관에 호수문화노인복지대학교와 대학원과정을 두어 노인회원 누구나 원하면 전공프로그램과 선택 프로그램을 수강할 수가 있다. 주로 심신의 기초체력단련을 위한 목적으로 각종의 댄스가 전공프로그램의 60%에 가깝다. 웰빙이라는 말이 붙은 심신수련 활동까지 합하면 90%에 이른다. 그럼에도 불구하고 새 학기가 되어 무슨 댄스라고 붙은 프로그램에는 수강 신청자가 몰려서 제비뽑기를 하는 해프닝이 벌어진다. 포크댄스도 예외는 아닌 걸 보니 인기학과인 모양이다.

지도 강사 선생님에게 배운 포크댄스는 여러 가지가 있다. 독일의 킨더폴카(Kinder Polka), 핀란드의 스피닝 왈츠(Spinning Waltz), 영국의 오슬로 왈츠(Oslo Waltz), 러시아의 알랙산드로브스키(Alexandrovsky), 브라질의 스패니시 짚시(Spanish Gipsy), 스코트랜드의 월츠 컨트리(Waltz Country), 미국의 프랜드쉽 믹서(Friendship Mixer) 등이다

포크댄스(Folk Dance)는 민족의 춤이다. 지구상에 존재하는 모든 나라마다 민족마다 각기 다른 미풍양속이 있으니 포크댄스는 참으로 많음을 짐작할 수 있다. 민속의 특수성과 향토색이 짙게 반영되어 녹아 있는 춤이다. 종교의식, 생업과의 관계, 전승의 기쁨 그리고 성애에 관계되는 것이 표현되어 있다고 한다. 우리나라 강강술래와 같이 주로 원형의 형태 또는 방형의 형태로 여럿이 같이 춤을 즐긴다.

소박하며 기교도 단순한 동작이어서 누구라도 쉽게 춤출 수 있다는 것에 특히 매력이 있다. 춤 치에 가까운 나는 배우고 익히기 쉬

운 매력에 빠져 수강해 왔다. 또한, 운동으로서 충분한 효과를 볼 수 있었다. 요즈음은 민중 춤으로 집단 무용의 형식을 띠며 양태와 형식이 계발 발전하고 있다.

특히 건전오락으로 그 존재의 가치가 높아간다고 한다. 1년 동안 수강의 느낌을 짧은 글로 표현해 본다.

일흔에 만난 어떤 소년들과 소녀들

민족 정서가 녹아 담긴 포크댄스
가슴에 차오는 먼 나라 숨결
워킹스텝, 투우 스텝, 홉 킹 스텝, 겔로 핑 스텝
경쾌한 리듬을 타는 몸짓
바인 스텝, 왈츠 스텝, 일렁이는 마음 강물
춤추는 이들 모두
푸릇푸릇 가슴 가득 출렁이는 생기와 즐거움

가쁜 숨, 흐르는 땀, 발그레 피는 꽃들
팔짱 끼고 어깨 부딪고,
파트너와 눈 맞춤 웃음 나누고,
이성 파트너에겐 슬몃 수줍음 머금지만
여럿이 함께 그냥 즐거운 포크댄스

소녀를 만나기도 하고 소년을 만나기도 한다
열정이 넘쳤던 젊은 날의 청년과 처녀도 만난다
일상의 모든 것들에서 벗어난 그 시간

춤추는 이들 모두 다른 어떤 사람이 되어있다

여기 강당은 이국의 축제 마당
먼 나라 농가 마당과 들판이 펼쳐지고
소박한 민속 정감이 리듬을 타고
흥겨움이 나래를 펼친다
왁실덕실 화려한 파티 장
음식을 나누고 맛 좋은 포도주 축배
건강을 위하여!
포크댄스를 추는 그 시간
모두가 어떤 나라 되고 싶은 사람이 된다.

5.

여행의 즐거움

다낭의 아침 해

J형! 일산노인종합복지관에서 국제연꽃마을 다낭봉사단의 일원으로 '베트남 세종학당 준공행사 및 봉사활동'에 참가하는 공식일정과 바나산, 하노이, 하롱베이까지 포함한 5박 7일 일정에 참가했습니다.

이 여행을 처음 권유받았을 때, 전에 발간 9개국 여행 후기를 써주었던 여행사에서 북유럽 투어를 반값에 해준다고 해서 선택의 기로에 섰었습니다. 일산 호수복지문화대학 동문 선배들의 권유도 있었지만, 무릎 통증이 나아가는 저의 건강상태를 확인하고, 또 월남전 참전 국가의 국민으로서 베트남에 대한 강한 호기심의 발동으로 참가했습니다. 복지관 관장님, 복지사 두 사람, 공식행사에 출연할 성악가 한 사람, 그리고 17명의 호수복지문화대학 학생들로 구성된 여행단입니다. 호수복지문화대학교 수학여행이라고도 할 수 있습니다.

떠나기 전 오리엔테이션에서 정 명예총장은 '베트남의 희원'을 이해하고, 월남전 참전국으로서 그 나라의 한을 풀어주는 것이 무엇인가를 생각하는 여행이 되기를 바란다고 하였습니다. 또한 '베트남

전쟁의 본질'이라는 베트남탐방 특집 글 속에 월남전은 우리에게 결코 피안의 불일 수 없는데, 그 이유는 월남 패망이 군사전 아닌 정치전에서 패배한 것이라는 것입니다. 사람 좋은 자유주의자, 반전주의자, 평화주의자가 월남의 적화과정에 어떻게 이용되었는가를 알고, 우리나라의 현실에서 유념해야 할 것, 교훈으로 받아들여야 할 것이 무엇인지 다시 한 번 생각해보는 여행이길 바란다고 하였습니다. 그리고 '탈 일상화'하라고 양념의 당부도 하였습니다.

J형! 메르스가 세긴 센 놈인가 봅니다. 우리나라의 인천공항이 그렇게 한산할 줄 몰랐습니다. 세계적 위상을 자랑하며 항상 북적이던 공항이 텅텅 비다시피 여행객 수가 적었습니다. 나라의 사정이 좋지 않을 때의 여행이 마음에 걸렸습니다. 그러나 한편으로 이렇게 하는 것이 국익에 일조가 되지 않나 하는 생각으로 마음을 바꿨습니다.

J형, 6월 23일 저녁 6시 40분 KE463기를 타고 약 3시간 비행 끝에 다낭에 도착했습니다. 현지시각으로 밤 10시가 지났지만, 한국과의 2시간 시차를 감안 하면 한국의 시각으로는 6월 24일이 시작된 자정이 지난 시각입니다. 이 공항은 지형이 남북으로 긴 S자 모양인 이 나라의 중부지역 다낭성에 있는 국제공항입니다.

비행기가 착륙하기 전 공중에서 내려다본 다낭은 초록빛 물결로 출렁이는 바다처럼 보였습니다. 비행기의 고도가 낮아짐에 따라 초록빛 바다는 바둑판처럼 펼쳐진 논에 벼들이 한창 자라고 있는 광경이었습니다. 마을과 집들은 초록 바다에 떠 있는 크고 작은 섬 같았습니다. 군데군데 비어있는 논마다 물이 그득하게 차 있고, 그 들판을 이리 구불 저리 구불 흐르는 강물 줄기가 햇빛에 빛나고 있었습니다. 산지가 별로 없는 너른 평야와 풍부한 물, 열대 기온으로 2모작 3모작이 가능한 이 나라의 천혜를 짐작할 수 있었습니다.

비행장이 그리 크지 않고 여행객도 많지 않은데도 메르스 때문에 입국 심사가 까다로워 시간이 좀 걸렸습니다. 입국 검색대를 통과하여 나가니, 밤인데도 '훅' 하는 아열대의 찜통더위가 우리를 맞이하였습니다.

인솔 가이드를 따라 숙소인 HAGL Plaza 호텔로 가기 위해 전용차에 올랐습니다. 어느 나라나 공항의 밤 풍경은 크거나 작거나, 화려하거나 수수하거나 차이는 있지만 비슷비슷한 것 같습니다. 전용차를 타고 공항을 빠져나오면서 인솔 가이드가 한 말이 인상적입니다. 이 나라에는 도로에 교통신호등이 없답니다. 따라서 정립된 교통규칙이 없고 운전자 자기들끼리 알아서 잘 다닌다는 희한한 나라라는 겁니다. 나 같은 사람은 이곳에서는 무서워서 운전을 못할 것 같습니다.

J형, 내일 아니 오늘은 일찍 일어나 다낭시와 꽝남성의 수도 땀키로 베트남 여행의 첫 일정을 소화해야 합니다. 숙소배정을 받고 나를 동생처럼 아껴주는 룸메이트인 W형과 함께 7층 숙소에 들어왔습니다. 허리통증을 치료 받고 온 W형이 먼저 씻고 침대에 들더니 이내 잠이 들었는지 얕게 코를 곱니다. 평소에도 넉넉한 성품의 W형이었지만, 평안한 웃음을 띠고 잠든 모습을 보니 어린 아기 같

습니다.

어느 정도 시간이 흐르니 옆방의 물소리도 잦아들고 사방이 고요해집니다. 잠자리를 바꾸면 쉽게 적응하지 못하는 버릇을 아직도 버리지 못했는지 잠이 안 옵니다. 그래서 J형에게 편지를 씁니다.

호텔 창밖으로 보이는 이곳은 우리나라 중소도시의 규모입니다. 멀리 호수인지 바다인지 모르지만, 다리 양쪽에 연이어 매달린 전등이 불빛으로 이쪽과 연결을 알리고, 다리 중간에는 태양처럼 만든 구조물이 천천히 돌며 네온싸인이 휘황하게 번쩍입니다. 자야 하겠습니다. 잘 다녀오라던 J형의 음성이 귀에 쟁쟁합니다.

J형, 일정 제 2일이 되었습니다.

다낭의 아침 해가 우리를 일찍 깨웠습니다. 호텔 창밖으로 이제 막 수평선인가 지평선인가 아리송한 경계선을 붉게 벼린 아침 햇살은 밝은 회청색 하늘에 떠 있는 회색빛 구름을 검붉게 물들이며 떠오르려고 합니다. 다낭에 대한 강렬한 매력을 발산하는 새벽의 기운에 저절로 마음이 설렙니다.

아름다운 영상을 사진에 담는 것에 열정을 가진 룸메이트인 W형이 이 정경을 놓칠 리가 없지요. 사진을 찍을 때의 W형의 모습 그 진지함이란 엄숙에 가깝습니다. 허리통증도 잊은 채 그 무거운 카메라를 얼굴 가까이 대고 앵글을 맞추는 포즈가 야할 때도 있어서 슬며시 웃습니다. 저는 이 광경을 몇 줄의 시로 써 보았습니다. 여행을 끝내고 돌아가면 영상에 제 시를 담아서 두고두고 추억할 것입니다.

나중에 알았지만, 다낭은 하노이, 하이퐁, 호치민, 껀터와 더불어 베트남의 5개 직할 시 중, 중부지방에 있는 직할시입니다. 도심을 흐르는 쏭강(Song Han, 한강)을 사이에 두고 동부 남중국해에 면한 쏜짜(SON TRA) 반도와 시가지로 구분되어있는 도시였습니다. 쏭강의 하구에 자리 잡고 있으며 동쪽으로는 태평양이 둘러있는 섬 같은 항만도시입니다. 옛날에는 교역물이 오가고 선박 수리를 위한 항구로 자리하다가 20세기로 오면서 무역업과 내수, 수출 산업기지로 발돋움하며 나날이 발전을 하고 있답니다.

아침 식사 전에 호텔 밖 거리 구경을 나갔습니다. 호텔 문을 나서자, 베트남 특유의 그 후텁지근함이 확 느껴지는가 싶더니, 천둥 같은 굉음에 깜짝 놀랐습니다. 수많은 오토바이가 호텔 앞 네거리 사방에서 벌떼처럼 몰려 오가고 신호등이 없는 교차로를 곡예 하듯이 교행하거나 회전하여 질주하는 모습을 보고 입을 다물 수가 없었습니다. 한 사람이 아닌 가족 3~4명이 탄 오토바이도 있고, 꽁무니에 잇댄 것 위에 짐을 실은 것도 있는데, 아침 출근 중이라는 겁니다. 자전거도 더러 섞였지만, 간혹 섞인 자동차가 제 길에서 행세를 못 하는 교통 현실을 보면서 이상한 나라에 온 것 같았습니다.

아침 7시경, 우리 일행은 피로한 기색 없는 경쾌한 아침 인사를 주고받으며 호텔 뷔페식 식사를 하였습니다. 복지관에서 준비해온 우리식의 반찬을 두 복지사가 나누어 주어서 아침 식사를 맛있게 하였습니다. 복지관의 배려에 감사했습니다. 아침 식사 후, 전용 차량으로 전쟁으로 점철된 베트남의 역사를 알 수 있는 다낭박물관 그리고 최대 불상으로 유명한 쏜짜반도에 있는 절, 영응사와 시내 관광을 위하여 다낭 시내로 이동했습니다.

J형, 다낭은 192년 2세기 말엽 말레이계 참족이 세운 참파 왕국으로부터 기원하는데, 신생지역으로 각광을 받기 시작한 것은 약 300년 전부터라고 합니다. 다낭이라는 도시명도 Cham어 'Da Nak'에서 유래 되었는데, Da Nak은 '큰 강의 입구' 또는 '탁한 하천'의 뜻이랍니다. 쏭강의 물빛이 옅은 흙탕물이어서 붙인 이름이랍니다.

1000여 년 동안 중국의 지배하에 불교를 숭상하던 베트남에 프랑스인 선교사 2명이 밀입국한 것이 단초가 되어 프랑스와 전쟁을 하게 되었습니다. 1840년대 말부터 1858년까지 치른 10여 년간의 전쟁에서 프랑스가 다낭을 점령함으로 87년간 프랑스 자치령이 됩니다. 그 뒤 제2차 세계대전 때 일본에게 4년간을 점령당합니다. 1960년대 베트남 전쟁 당시 미군과 베트남군의 주요 공군기지로 활용되어 1973년 미군이 철수하기까지 10여 년 전쟁의 참사를 무참히 치른 곳입니다.

다낭박물관을 돌아보면서 1200여 년 동안 피지배국으로, 공산주의와 민주주의 패권 다툼의 전쟁터에서 살아남아 현재에 이른 참혹하고 무시무시한 전쟁사와 민족사를 가진 나라임을 잘 알게 되었습니다. 비록 사회주의 국가로 통일이 되었지만, 비극의 역사를 보듬어 안고 긍지와 자부심으로 빛나는 젊은이들의 강렬한 눈빛에서 이

나라의 희망찬 내일을 보았습니다.

그리고 대한민국 사람으로 우리나라의 현실을 대비해 봅니다. 반만년 동안 중국, 만주족과 크고 작은 전쟁을 수없이 치렀고, 36년간 일본의 식민지로 민족 말살의 천인공노할 지배도 받았고, 민족상잔의 6·25한국전쟁으로 남북이 분할된 채 통일 못 하는 세계 유일의 분단국 우리나라. 지배당하거나 전쟁을 치른 역사를 베트남과 비교해 보았을 때, 우리나라는 베트남보다 훨씬 덜 혹독한 역사라고 하면 잘못된 소견일까요? 1950년 6월부터 1953년 7월까지 3년 1개월간의 한국전쟁을 혹독하게 치른 우리나라가 월남전에 군대를 파병한 절실했던 1960년대 당시의 우리나라 여러 가지 국내외 사정을 자세히 모르는 소치일지도 모르겠습니다.

월남전에 파병되었던 한국군은 제1 이동외과병원 단, 맹호부대, 백구부대, 비둘기부대, 청룡부대, 십자성부대, 백마부대입니다. 6차례에 걸쳐 총 약 32만 명을 파병했는데, 전사자가 5만여 명이고 부상자가 2만여 명에 달한다고 합니다. 월남 전쟁에서 무기에 의해 육체와 정신이 파손된 부상 장병의 삶이 얼마나 손상되고 파괴됐는지 우리는 잘 알지 않습니까? 이보다 더 가공할 일은 화학 무기인 고엽제에 의한 사람을 비롯한 생명체가 받은 고통의 참혹한 현실은 그 어떤 것으로도 용서받을 수 없는 것입니다.

정말 인류사에서 무력으로 전쟁행위를 하는 나라나 집단은 베트남 전쟁을 반면교사로 삼아야 할 것입니다. 절대로 우리가 사는 세상에 전쟁만은 하지 않아야 할 일입니다. 요즘 특히 북한 공산주의를 찬양하고 선동하는 종북 세력들이 베트남 전쟁의 진실을 확실하게 알아야 할 것 같습니다. 종북 세력의 억지 주장으로 분열되어 불협화음으로 후퇴되는 우리나라 민주정치의 현실이 안타깝습니다. 월남이 비록 사회주의 공화국으로 통일이 되었지만, 월남 패망의 원인이 정치전에서 패했다는 점을 깊이 인식해야 할 것입니다.

영응사는 1975년 북베트남의 무력통일로 공산세력의 탄압을 피해 보트를 타고 탈출하다가 해상에서 병들거나 굶어 죽거나 해적에게 살해당한 수많은 죽음의 영혼을 위로하기 위해 세운 절입니다. 다낭은 그 당시 보트피플이 제일 많이 발생했던 곳입니다. 수많은 주검이 바닷물에 밀려 다낭 해안가와 항만에 겹겹이 쌓이고 훼손된 참상은 형언할 수 없었다고 합니다. 1973년~1988년 사이에 약 100만 명의 보트피플이 있었다는 기록입니다. 구사일생으로 안전하게 외국으로의 탈출에 성공한 랜드피플과 제1대 성공 보트피플들의 원력으로 세워진 절이라고 합니다.

전용 버스가 해안가 도로를 오른쪽으로 끼고 북쪽으로 달립니다. 다낭항구 건너편으로 보이는 쏜짜반도 서쪽 해안가에 태평양을 바라보며 서 있는 하얗고 거대한 불상이 보입니다. 유달리 박식한 가이드의 끊임없는 안내를 모두 졸지 않고 듣는 것도 모두 불상을 만나려는 기대 때문이 아니었을까요?

J형, 영응사 입구에 도착하니, 아직도 불상을 만드는 불사가 한창 진행되고 있었습니다. 흰 대리석으로 만든 와불이 아직 완성되지 못했는지 제작소로 보이는 곳에서 절로 들어가는 입구 쪽으로 머리

를 둔 채 누워 있었습니다. 옆으로 고개를 숙여 와불을 마주 보니, 그 아름답고 그윽한 미소에 절로 마음이 평안해지는 것 같았습니다. 수년 동안 전쟁으로 고통 받은 이 나라가 이만큼 치유되고 발전되고 있는 것이 부처님의 가피가 아닌가, 새삼 종교의 힘이 크다는 것을 절감합니다.

약간 언덕이 진 곳이라서 몇 개의 계단을 올라가니 넓고 평평한 절 마당이 있고 쏜짜반도 남쪽 태평양을 향한 대웅전이 보였습니다. 대웅전에는 미소를 머금은 금빛의 부처님이 우리를 맞이했습니다. 대웅전 앞뜰에는 수백 년 된 여러 종의 벤자민 나무 분재가 있었습니다. 이 나무의 특이한 점은 가지가 땅에 뻗어 내려와 뿌리가 되면서 번식한다는 것입니다.

더 놀란 것은 전용차에서 보았던 불상이 대웅전 남쪽 뜰 끝, 숲으로 덮인 벼랑 위에 웅장하게 서 있는 것입니다. 67m 높이의 흰 대리석으로 만든 거대한 관세음보살 입상이 태평양을 향하여 서 있는 것입니다. 대웅전에서는 뒤가 보이기 때문에 이 부처님의 얼굴을 보려면 앞으로 가서 올려다보아야 합니다. 그렇게 고귀하고 잘생긴 부처님 모양을 한 번도 본 적이 없습니다. 온유하고 신비한 미소는 베트남을 감싸고 태평양을 건너 어떤 피안의 세계로 이끌어 가는 것 같았습니다.

불교에서 관세음보살은 대자대비의 마음으로 중생을 구제하고 제도하는 보살(성자)로 인간의 괴로움을 구제하는 부처님 모습입니다. 이 나라는 선대부터 오랫동안 중국의 지배하에 불교 문화권에서 살았기 때문에 불교 신자들이 전체인구의 약 80%나 된다고 합니다. 그런 연유로 연꽃이 베트남의 국화인 것은 당연할 것이라는 생각이 듭니다. 처참하게 죽은 수많은 보트피플의 주검을 거두어 영혼을 위로하고, 그들이 못 이룬 염원을 죽어서나마 이루어 주기 위해 살아난 보트피플들의 원력이 그렇게 큰 관세음보살상을 세워 모신 것입니다. 그 힘이 통일 후 베트남 사람들 결속의 원동력이 되지 않았을까 생각해 봅니다

J형, 영응사를 나와서 우리는 시내 관광을 위해 전용 차량에 올랐습니다. 시내로 가는 길은 우리나라로 치면 준 고속도로인 셈인데, 자동차보다 수많은 오토바이가 전용 차량 주위에서 줄줄이 끊임없이 곡예 하듯 달리는 겁니다. 자동차가 속도를 내기는커녕 오토바이의 눈치를 보면서 달리는 것입니다. 옆에 앉아 계신 노신사 정 회장께서 말씀하신 '베트남 교통문화 개혁'의 필요성에 동감합니다. 도로를 넓히고 오토바이를 자동차로 바꾸어야 이 나라의 발전이 촉진될 것이라는.

깡마른 베트남인 전용 차량 운전자를 보면서 그의 몸집이 작고 마를 수밖에 없겠구나 하는 안쓰러움에 젖었습니다. 내 마음을 알아차렸는지 가이드가 베트남인들의 체격을 설명합니다. 베트남인은 본래 큰 인종이 아닌 데다 지나친 노동과 채식 위주의 식생활습관, 차를 즐겨 마시는 문화에 기인한다는 것입니다.

전통 재래시장을 둘러보면서도 뚱뚱한 사람을 찾아볼 수 없었습니다. 재래시장은 우리나라 70년대의 시장 모습과 현재 우리나라의

소도시의 재래시장 모습과 흡사합니다. 파인애플, 망고, 야자, 바나나 등 열대과일들이 좌판에 무더기로 놓고 팔고 있었는데 복지관 관장님이 망고스틱과 좀 퀴퀴한 냄새가 있지만, 맛이 일품인 두리안을 한 보따리를 사주어서 모두 맛있게 먹었습니다.

베트남은 브라질에 이어 세계 제2위의 커피 생산국입니다. 아시아에서 커피문화가 가장 발달한 나라입니다. 그래서인지 호텔에서 아침 식사 후 마신 커피 향이 유달리 구수하고 맛있었습니다. 특히 커피 알갱이를 먹은 다람쥐나 고양이의 배설물에서 채취한 커피로 유명합니다. 일행 중 커피에 대한 정보를 미리 알고 온 몇몇 분들이 혼합된 일회용으로 포장된 커피를 샀습니다.

그 뒤, 베트남의 그 유명한 전통 안마를 받으러 갔습니다. 우리 일행은 한 방에 3명씩 입장하여, 본인의 속옷만 그대로 입고 겉옷은 벗고 그곳에서 주는 가운을 입었습니다. 안마사들이 들어와 우리 일행을 한 사람씩 담당하여 안마를 시작합니다. 온몸을 누르고, 문지르고, 두드리고, 주무르고, 늘이고, 꺾기도 하면서 약 90분간의 현란한 서비스를 합니다.

안마사들은 일정한 교육과 훈련을 거쳐 자격증을 따야 현장에서 일할 수 있다고 합니다. 저는 선배 K형, W형과 나란히 놓여 있는 3개의 침상에서 각각 다른 안마사들의 서비스를 받았습니다. 나를 맡은 안마사는 24세의 결혼한 젊은 여자였습니다. 작년에 발칸 여행 후 생긴 무릎 통증을 치료 받고 간 상태라서 미리 안마사에게 우리말, 영어, 손짓 등을 섞어가며 조심해 달라고 부탁했습니다.

그네들이 '아이구 좋다!' '아파!' '아, 시원해' 등과 같은 짧은 우리 말들을 알아듣고 흉내 내듯이 되물어 주어서 모두 웃었습니다. 그만큼 한국 사람들이 많이 이용하는 곳인 모양입니다. 한국 노인들은 인정이 많고 과시욕이 있어 과잉 사례로 계속해서 사례비가 오른다고 합니다. 그래서 안마를 받으러 오는 도중 가이드가 3달러 이상은 자제하는 게 좋다고 귀띔 했었습니다. 안마를 받고 나서 일행의 반응은 잘한다, 시원했다, 몸이 풀렸다 등 긍정적이었으나 제 무릎은 여전히 아니 더 무겁고 아픈 것 같았습니다. 그래도 우리 노인들을 배려한 복지관의 여행계획에 감사를 느끼는 기회였습니다.

우리 일행은 안마 받은 가뿐한 몸으로 한국인이 운영하는 식당으로 점심을 먹으러 갔습니다. 해물 샤브샤브를 먹었는데, 여러 가지 해물을 넣었기 때문에 해산물의 순수한 맛이 입안에 가득 느껴졌습니다. 국물 맛이 담백하고 시원했습니다.

우리는 오늘 밤 묵을 호텔을 정하고, 여행의 공식일정에 참가하기 위해 전용 차량으로 꽝남성의 수도 땀키로 이동했습니다. 프랑스의 교통법규를 따랐다는 이 나라는 교통법규가 '무질서 속에서 질서'라고 표현해야 할까요? 어떻든 머리 먼저 디밀어 운행하는 차가 우선이라는 설명이 딱 들어맞았습니다. 자동차들 사이를 넘나드는 오토바이들의 곡예운행에 소름이 돋습니다.

베트남전에서 막강한 미군이 손들고 만 것이 바로 이 오토바이의 교통문화에서도 찾을 수 있다면 어폐인지 모릅니다. 따로따로 낱낱이 재빠른 기동성으로 신출귀몰하듯이 나타나서 요리조리 사이를 비집고 내달리는 것이 베트콩 게릴라들의 모습과 오버랩되니 말입니다. 그리고는 교통 정체 지역에서는 많은 오토바이 무리가 겹겹이 편대가 되어 몰려 있다가 굉음을 내고 한꺼번에 몰려서 오가는 모습에서 '따로 또 같이'라는 어휘가 맞을지는 몰라도 베트남 사람들의 국민성의 독특함을 엿봅니다.

J형, 가까운 거리인데도 퇴근 시간과 맞물려 전용 차량이 자주 브레이크를 밟으며 주춤거립니다. 땀키시 공무원 초청 만찬의 공식 일정 시간에 맞추려고 서둘러야 했습니다. '땀키'는 베트남의 58개 성 중에 중부지역에 있는 꽝남성의 수도입니다. 이곳 시에서 우리나라 국제연꽃마을 봉사단을 초청했습니다.

땀키시 외곽에 있는 만찬회장소로 가면서 우리나라 현충사와 같은 추모공원을 지나게 되었습니다. 차를 탄 채 지나가면서 보니 그곳에서 크게 눈에 띄는 것이 있었습니다. 추모공원 입구 양쪽 담장에 아홉 아들을 전쟁에 바친 어머니와 전사한 아들들의 부조식 흉상 조각상입니다. 많은 무덤과 이 조각상을 보면서 전쟁에서 목숨을 바쳐 영웅이 된 영혼들을 기리는 마음은 이념을 초월하는 것 같습니다. 또 한 번 전쟁이라는 것은 어떤 상황에서라도 어떤 형태로든 결코 목적을 위한 수단이 되어서는 안 된다고 생각했습니다.

만찬 회장 입구에 닿으니 땀키 시에서 나온 공무원들과 봉사원들이 우리를 맞이하여 식장으로 안내하였습니다. 국제연꽃마을 봉사단을 위한 전야제인 셈입니다. 베트남 전쟁 때 남쪽을 도왔던 우리를 친구로 맞아주는 이들은 북쪽 월맹 그들이 아니었던가요? 감개가 무량했습니다.

그곳 공무원들과 우리 국제연꽃마을 봉사단 전체로 만찬 회장이 꽉 찼습니다. 봉사자들의 안내를 받아 둥근 테이블에 자리를 잡습니다. 만찬식 전 그곳 주최 측 부시장의 환영 인사와 내빈들의 소개가 끝난 후, 준비한 여흥 프로그램을 관람하는 순서로 진행되었습니다.

그 후, 일사불란하게 식탁 위에 음식이 차려지고, 사회주의 인민 위원장의 선도로 "위하여!"를 외치며 잔을 높이 들고 부딪치면서 식사가 시작됐습니다. 우리 일행이 둘러앉은 테이블 여기저기에서도 연이어 터지는 '축배'의 즐거운 웃음소리. "베트남 발전을 위하여! 우리 여행의 순탄한 여정을 위하여!" 저도 기도하는 마음을 담아 마음껏 잔을 부딪치고 축배를 들었습니다.

식장에서 봉사하는 베트남 젊은이들의 공손하고 친절하며 최선을 다하는 모습에서 베트남의 미래를 엿봅니다. 비록 지금은 서툴고 매끄럽지 않지만 불원간 그들은 세련된 모습으로 베트남을 드러낼 젊은이가 될 것이라는 생각이 들었습니다. 아울러 우리나라 젊은이 송, 정 두 복지사가 노인인 우리를 위한 성실하고 풋풋한 배려와 이해하고 동화하려는 마음 씀에 고마움을 느낍니다. 우리나라에도 저들 같은 믿음직한 젊은이들이 있는 한 살만한 아름다운 나라라는 걸 말입니다.

J형, 저는 여기에 오면서 가졌던 베트남에 대한 부정적인 견해를 찾으려고 했습니다. 수많은 세월을 억압과 착취 속에서 민족의 존엄성을 유린당했고, 10여 년을 강대국이 개입한 전쟁터이던 이 나라 오

늘의 모습은 시간이 흐를수록 나의 견해가 오판이었음을 깨달아 가고 있습니다. 마음 같아서 좀 더 다낭에 머물면서 베트남 사람들의 삶을 알아보고 싶습니다. 우리나라와의 인연에서 굴절된 부분, 부정적인 견해를 긍정으로 재조명하는 기회와 체험을 갖고 싶습니다.

J형. 여행 제3일입니다. 2015년 6월 25일. 우리가 잊을 수도 없고 잊어서도 안 되는 6·25한국전쟁 발발 65주년 되는 날입니다. 월남전 참전국으로서 이 나라에서 맞는 6·25한국전쟁 발발 기념일. 아직도 이념의 갈등이 첨예하게 대립하는 남북의 현실과 통일을 저해하는 온갖 사태가 난무하는 우리나라의 실정이 더 안타깝게 느껴집니다.

월남전은 북쪽의 월맹과 남쪽 월남 안의 베트콩의 연합세력이 남쪽의 월남 민주 정부군과의 전쟁에서 승리한 전쟁입니다. 북베트남이 무력으로 통일한 것입니다. 적화통일이라는 사실보다 '남북통일'이라는 관점에서 분단된 조국 한국인으로서 부러움이 드는 것은 숨길 수가 없습니다.

오늘의 일정은 꽝남성의 국립공원 바나산을 관광하고, 국제연꽃마을 다낭봉사단의 일원으로 땀키 시와의 공식일정에 참가하고, 저녁 식사 후 시에서 주선한 전야제를 관람해야 합니다. 5시에 기상해서 6시에 호텔 아침 식사 후 7시에 전용 차량에 올랐습니다.

바나산은 '바구니 산' 또는 '강한 여인의 상'의 뜻을 가진 산이라고 합니다. 이 산은 관광 철이기도 하지만 꽤 알려진 관광지로서 많은 사람이 오는 관계로 늦게 가면 산 정상에 올라갔다가 내려오는 일정을 놓칠 수 있다고 합니다. 일찍 서둘러 바나산 국립공원에 도착했는데 벌써 관광객들이 매표소마다 입장권을 사려고 줄줄이 길게 늘어서 있었습니다.

바나산은 높이가 1,460m로서 정상에 유럽식 성, 성당, 식당, 호텔, 카지노, 놀이시설 모노레일 등이 있는 테마파크입니다. 또 절과 석탑, 범종루가 있었으며, 지금도 성당을 재건축 보수작업을 하고 있었습니다. 정상에서 동남방향의 봉우리에 큰 절을 짓고 있었지요. 종교의 힘은 늘 불가사의한 것을 현실로 눈앞에 보여주는 것인가 봅니다. 정상에 오르려면 케이블카(곤돌라)를 타고 15분~20분 정도 공중에서 줄에 매달려 실어가야 하는 데, 그 큰 불사를 하고 있으니 말입니다.

바나산은 옛날 프랑스 지배하에 있을 때, 산의 풍광과 전망이 좋고, 토양과 기후가 질 좋은 차의 재배지로 적당해서 프랑스인들이 별장을 많이 지어놓고 사용했다고 합니다. 그 당시 베트남인이 길도 없는 산속에 건설자재와 프랑스인을 가마에 태워 운반했다고 합니다. 그러니까 베트남 장정 노예들이 9시간에 걸쳐 올라가고 내려오던, 고달프고 애처롭고 치욕의 사연이 있는 관광지입니다. 더구나 월남전 때 고엽제의 살포로 바나산의 삼림이 완전히 초토화 됐었는데, 40여 년이 지나면서 자연은 놀랍게도 치유되어 더 아름다운 자태로 관광객을 부르고 있습니다.

케이블카에서 내려 정상에 서서 사방을 둘러봅니다. 협곡 아래쪽에서 정상까지 5대의 케이블카가 부지런히 관광객을 실어 나릅니다. 산기슭을 따라 산 아래까지 시선을 옮기면서 전쟁의 흔적을 찾을 수가 없음에 감탄합니다. 인간의 탐욕에 시커멓게 불태워져 죽었던 산야가 그렇게 아무런 일도 없었다는 듯 생동하는 생명으로 재생이 되었고, 지금도 진행되는 광경을 보면서 신의 은총에 감사할 수밖에 없었습니다. 시선을 내 뻗으면 태평양이 멀리 눈앞에 펼쳐 보이고 몇 개의 섬을 지나면서 수평선에 닿습니다. 이 나라를 무한히 축복하고 싶어집니다. 시선이 멈춘 동쪽 태평양 대륙붕에는 세계에서 두 번째로 많은 석유가 매장되어 있다니 더욱 부럽습니다.

선경에 신선이 된 마음을 안고, 공식일정에 참가하기 위해 땀키 시의 시민홀로 이동합니다. 홀의 규모나 시설은 우리나라 70년대의 시공관과 비슷합니다. 열대기후를 소화할 만한 냉방시설이 안 되어 있어서 땀이 비 오듯 등줄기를 타고 흘러내리는 가운데 식의 진행을 참관해야 했습니다.

식장의 정면에 '국제연꽃마을 법인 대표단의 장학금 수여식'이라는 플래카드가 붙어 있습니다. 식전 행사로 땀키 시에서 마련한 독창, 합창, 부채춤 등의 공연이 끝난 뒤, 연꽃마을 대표 원명 이사장(스님)을 선두로 불국사 주지스님을 비롯한 많은 스님과 동행한 남녀 불교인들이 베트남 학생 120명에게 1인당 장학금 50만 동씩(한화로 약 25,000원)을 수여했습니다.

땀키 부시장이 장학금을 받은 학생들에게 중간에 학업을 포기하지 말고 부단히 노력하는 것만이 은혜에 보답하는 길이라는 요지의 격려사가 있었습니다. 그리고 학생 대표가 어려운 환경이지만 열심히 공부하겠노라는 답사가 있었습니다.

한국어를 배우는 대학 재학생의 통역이 어설프고 미숙했지만, 우리나라의 따뜻한 지원에 깊이 감사하고 있음을 알 수 있었습니다. 이러한 우리나라의 지원 활동이 양국 관계를 우호적으로 발전시키는데 크게 이바지하리라고 생각합니다. 양국의 화기애애한 분위기 때문인지 어린 학생들의 초롱초롱한 눈망울에서 발산되는 희망의 빛이 부채질했는지 식장을 나올 때는 비 오듯 하던 땀이 증발해 있었습니다.

호텔에 돌아와 저녁을 먹은 후, 인민광장에서 열리는 전야제에 갔습니다. 우리나라 국제연꽃마을 봉사단을 환영하고 양국 우호를 기념하는 뜻으로 시에서 마련한 공연입니다. 내일 있을 공식일정 세종학당 준공식 및 전 국제연꽃마을회장 덕산당 각현 큰스님 석상 제막식과 어린이집 증정품 전달식을 갖기 전의 행사입니다.

밤이 되어도 베트남 날씨는 노천에서도 그 특유의 열기와 끈끈함으로 무더위를 느끼게 합니다. 부채질하면서 공연을 보았습니다. 무대 위에서는 베트남의 민속을 대표하는 춤과 민요와 노래가 공연되고, 우리나라 평택, 용인에서 온 사물놀이패들의 흥겹고 현란한 휘몰이 장단과 꽹과리와 징에 맞춰 돌리는 상모 끝의 하얀 띠의 율동은 절로 어깨를 들썩이게 했습니다. 게다가 남사당패 어린이 단원의 그 아슬아슬한 묘기는 탄성이 절로 나오게 했습니다. 우리 일행으로 같이 온 성악가의 열창은 많은 박수를 받았습니다. 우리나라가 문화

민족으로서의 자부심과 긍지가 하늘까지 오른 듯 하늘의 별들도 초롱초롱 내려다보고 있었습니다.

J형, 여행 제4일입니다. 우리가 베트남에 온 가장 큰 여행 목적인 공식 행사가 있는 날입니다. 전번에 왔었던 선배의 말을 빌리면 세종학당 건설 현장에 들어가려면 큰길에서 내려서 진흙탕 길을 10분 정도 걸어야 했다고 합니다. 그런데 올해는 버스를 탄 채 세종학당 정문 앞까지 갈 수 있었으니, 변화와 발전의 가속화에 놀랄 수밖에요.

세종학당의 건립 시초는, 전 국제연꽃마을 이사장 각현스님이 베트남 전쟁에서 이곳에 주둔했던 한국군의 오판으로 작전구역인 이곳 '하미' 마을 주민 전체에 해를 입힌 사실을 확인하게 되었답니다. 하미마을의 한국인 증오심과 그들의 원한을 풀어주고 자비 정신에 의한 화합의 길을 찾다가, 너무나 열악한 교육 현실을 알고 황량한 벌판에 학교를 세워주고 이 지역의 자녀들에게 장학금을 주어 학비를 보조하여 면학할 수 있는 원을 세웠다고 합니다.

그 원을 이루기 위해 백방으로 노력하고 절치부심 하다가 갑자기 쓰러져 입적하셨다는 것입니다. 한국인으로서 젊은 스님의 베트남에 대한 참회와 중생구제, 구도의 완성을 보는 것 같아서 마음이 숙연해집니다. 오늘의 준공식을 보게 된 것은 그분의 유지를 받들어 계속적 지원을 한 노력의 결과입니다. 앞으로도 한국과 베트남의 우정의 가교로서 역할을 담당할 것입니다.

참으로 혼을 다하여 사랑의 씨앗을 심고 발아시켜 가꾸고 키워서 아름다운 꽃으로 피워 내고 열매를 맺게 하는 이런 일들이 세상을 바꾸고 살맛나게 하는 것 아니겠어요? 그것도 베트남 참전국 한국인 스님으로 진실한 참회로 이 나라의 희원(希願)을 풀어주고 중생구제의 자비심을 몸소 실천한 점에 깊이 머리가 숙어집니다. 각현 스님의 석상 제막식은 하노이로 이동하는 비행일정 때문에 보지 못해서 못내 아쉽습니다. 다낭을 떠나면서 어느새 이곳에 정이 든 것 같습니다.

다낭은 역사적으로 참파 왕국의 중요한 거점이었고, 안남 왕국 시대에는 프랑스의 지배하에 직할 시민구역으로 '투란'이라 불리었다고 합니다. 베트남 전쟁에서 다낭은 많은 의미를 내포한 곳입니다. 1965년 3월 베트남 전쟁 당시 미국 파견군이 이 항구로 상륙했고, 한국군 청룡부대가 주둔했던 곳입니다. 특히 쏜짜반도는 미 군사시설이 많았던 곳으로 1973년 미군이 철수할 때 한국군 청룡부대가 끝까지 남아서 미군의 철수를 도운 곳이기도 합니다. 베트남의 중부 중심에 위치해서 전쟁터로 많은 상흔을 입었고, 이 나라와 미국과 우리나라 삼국의 복잡한 관계가 얽혔던 곳입니다.

그러나 지금은 모두 역사의 뒤안길로 돌리고, 비록 우리와 다른 사회주의 이념을 가진 나라로 남북이 통일했고, 자연 자원이 풍부하며 인구의 60~70%가 30~40대의 젊은 층인 '젊은 나라'로 신생을 꿈꾸고 있음에 매력을 느낍니다. 오토바이와 휴대폰의 소지가 인구수보다 많고, 무선통신사가 4개나 된다는 이 나라. 아시아에서 힘의 제국들을 손들게 하였다는 자부심과 함께 발전의 가속화의 탄력이 붙은 이 나라는 10년이 못 되어 세계를 놀라게 할 멋진 모습을 보여줄 것 같습니다.

J형, 휴대폰을 부주의로 집에 두고 떠난 여행이라 아름답고 멋진 곳을 사진으로 담지 못해 아쉽습니다. 그러나 눈으로 마음으로 찍은 다낭의 아름다움과 기대되는 발전의 모습은 내 뇌리에 각인되어 있습니다. 기회가 있으면 J형과 같이 와 볼 수 있었으면 합니다. 다음 일정은 베트남 국내 비행기로 하롱베이 관광지로 유명한 하노이로 갑니다. 그곳에 가서 다시 쓰겠습니다.

올라(Hola), 올레(Ole)

약 14시간의 비행 끝에 바르셀로나 공항에 랜딩하기 위해 비행기가 점점 고도를 낮춘다. 저녁 8시가 넘었는데도 해는 중천에 떠 있어 한낮 같다. 내려다보이는 공항 주변은 누런 빛깔의 광활한 대지에 줄 간격을 맞추어 심어놓은 녹색의 올리브나무와 포도나무밭이 펼쳐져 있다. 파란 하늘에서 빛나는 태양과 녹색 황색으로 펼쳐진 대지와의 조화가 태양의 나라를 실감하게 한다. 장시간 비행의 피곤함도 잊고 설렘과 기대에 한껏 마음이 부푼다.

비행기에서 내려 검색대까지 오면서 요소에 있는 공항 직원이 표정 없이 "올라." 한다. 대낮 같은 늦은 저녁 근무에서 오는 피곤함인지 관광 대국 사람으로서 거만함인지는 몰라도 반가움이나 친절함을 느끼지 못한다. 상식만 가진 상태로 와서 날 것으로 부딪혀 산 체험을 하고 싶었기 때문에 여행 오기 전에 스페인에 대해 공부를 하지 않은 탓인지도 모른다. 또 특히 소매치기당하는 불상사를 겪지 않도록 당부하는 말들을 누누이 들었던 탓인지도 모르겠다.

인천공항보다 규모는 작지만, 여기도 여행객들로 붐빈다. 짐을 찾아 나오니 현지에서 일하는 한국인 남자 가이드가 스페인 중앙정부기가 아닌 바르셀로나 주기를 들고 나와 우리를 맞는다. 공항에서 나오니 여행일정에 따른 이동을 처음부터 끝까지 맡아 해주는 전용버스가 기다렸다. 50대 중반쯤 되어 보이는 스페인 관광버스 기사가 우리를 웃음으로 맞으며 "올라." 하고 꾸뻑 인사를 했다. 그때 '올라'가 스페인의 인사말임을 알았다. 버스 기사는 스페인 남쪽 지방 세비야에서 관광객만을 대상으로 버스운행 사업을 하는 사장이란다. 새 차인 듯 제법 크고 하얀 신형 관광버스에 올랐다.

현지 한국인 가이드가 자신과 운전기사를 소개하고 여행 전반 일정을 요약 안내한다. 이 여행은 여행사에서 판매하는 패키지여행 상품이다. 2017년 7월 3일~7월 12일까지 스페인과 포르투갈 8박 10일 여행이다. 스페인의 동북쪽 바르셀로나를 시작으로 남쪽으로 동해안을 따라 내려가면서 발렌시아를 거쳐서 남부지방 그라나다, 론다, 세비야를 돌아 서북쪽의 방향으로 올라간다. 국경을 통과 포르투갈의 리스본, 파티마, 포르투를 갔다가 스페인의 북서쪽의 살라망카를 보고, 중부지방 톨레도와 수도 마드리드까지의 일정이다.

여행사에서는 관광객이 여행이 끝날 때까지 책임지고 서비스하는 본사 직원 인솔자를 세워 인솔한다. 여행지에 오면 현지 관광지를 안내할 박식하고 소양을 갖춘 가이드를 세운다. 그리고 그 관광지에 가서는 그곳 스페인인 현지인 안내인을 써야 하는 모양이다.

숙소인 호텔에 도착하니 시각은 한밤중인데 환하다. 백야를 보내는 기분으로 어설프게 자고 둘째날 5시 반 모닝콜 소리에 깨었다. 바르셀로나 관광지는 모두 예약제로 진행되는 까닭에 스페인 현지인 관광 가이드가 관람 시간과 일정을 미리 맞춰 놓거나 입장표를 사 놓고 기다린다. 워낙 관광객이 많아서 그렇게 해야 꼭 봐야할 일정을 진행할 수 있다고 한다. 관리자들이 관람자에게 환영의 미소나 인사는 물론 친절을 표현하는 몸짓도 잘 볼 수 없는 건 아마 엄청나게 몰려드는 관광객 때문이리라. 아침에 전용 관광버스에 오를 때 기사가 흰 이를 드러내고 '올라' 하는 인사로 그나마 만족해야 한다.

그러나 '사그라다 파밀리에' 성당, 스페인 천재 건축가 가우디가 건축을 시작한 '성 가족 성당'을 마주하고 섰을 때 지금까지 받은 그들의 오만한 듯한 관광객 맞이의 서운함이 한꺼번에 녹는다. 경탄과 경외심으로 소름이 돋는다. 우선 독특한 건축 양식에 놀라지만 그 규모의 엄청남에 더 놀란다. 게다가 130년이 넘었는데 아직도 건축하고 있는 사실을 보고 할 말을 잃는다. 2026년 가우디 사후 100주년이 되는 때를 완성의 해로 정하고 쉬지 않고 건축하고 있다고 한다. 완성되면 가로 150m, 세로 60m, 높이 170m의 장엄하고 신비한 성당, 세기의 건축물이 탄생할 것이라고 한다.

'출입구가 있는 벽면'을 뜻하는 파사드가 3개로 정면(남쪽) 파사드는 현재 공사 중이고, 좌측 우측 파사드는 완공되어 문이 열려있다. 각 파사드에는 각각 죽순 모양의 첨탑이 4개씩 세워져 있는데 완공되면 12개가 된다. 첨탑 12개는 예수님의 제자 열두 사도를 의미

한다고 한다. 우측(동쪽) 파사드는 예수의 '탄생'을 뜻하는 파사드로 가우디가 완성하였고, 좌측(서쪽) 파사드는 예수의 '수난'을 뜻하는 것으로 가우디 사후 카탈루냐 조각가 호셉 마리아 수비락스가 직선을 강조한 기법을 써서 완공하였다 한다. 아직도 공사 중인 정면의 파사드는 예수의 '영광'을 의미하는 파사드라고 한다. 중앙에는 예수와 성모마리아와 4복음서의 저자의 첨탑도 세우는데 예수님의 첨탑은 몬주익 언덕보다 1m 낮게 설계되었다. 완공하면 높이가 170m나 될 것이라 한다.

파사드의 문을 통해 성당 안으로 들어가면 돔 모양의 천장과 벽면에 별과 꽃과 나뭇잎 등의 자연에 있는 이미지 조형물이 입체 또는 부조로 장식되어 있고, 여러 가지 무늬의 스테인드글라스를 통해 햇빛이 들어와 찬란하고 환상적이다. 좌우 벽면도 모두 스테인드글라스로 성당 안의 수많은 여행자가 장엄하고 신비한 빛의 세상에서 경이와 환희와 경외심에 젖어 슬로비디오처럼 움직이는 듯하게 보인다. 요소요소에 굵은 나무줄기 모양의 기둥을 세워 천장을 견고하게 받치고 있다. 내부의 각종 조형물과 장식 조형물이 스테인드글라스를 통해서 들어오는 빛과 어우러져 '신의 말씀', 성경을 신비하게 표현하고 있었다.

도저히 사람의 힘으로 했다고 믿을 수 없는 건축물, 신의 창조물이라고 생각하며 한없는 경외심으로 가슴을 떨었다. '창조는 신이 하고 인간은 오직 발견하는 겁니다.'라고 한 가우디의 말. 하느님의 섬김과 자연에 대한 철학, 그 구현과 구도의 실천 바로 그것이었다.

성 가족은 예수, 마리아, 요셉을 뜻하는데, 성당은 예수의 탄생과 수난과 영광을 비롯하여 성 가족과 12 사도 등 성경의 말씀을 장엄하게 표현하고 있었다. 아! 스페인은 위대한 역사를 이룩하였고 지금도 쉬지 않고 인류의 역사를 만들어 가고 있었다. "여행자여 올라!" 하고 엄청난 환대로 인사하고 있었다.

가우디의 흔적을 더 찾아 구엘공원으로 간다. 가우디가 구엘이라는 사람의 제안으로 고급저택을 지어 전원도시를 만들려고 했었지만, 가파른 언덕이라 입지 조건이 좋지 않아 실패하고 바르셀로나시에서 매입, 공원이 된 구엘공원. 공원 모래 마당 가장자리 빙 둘러 쪼개진 타일로 만든 벤치가 있는데 앉아 보니 편안하다. 인체공학적으로 설계 제작한 가우디의 작품이란다. 그뿐이 아니라 공원 마당 밑바닥의 높이에 맞게 기둥을 세워 모래 마당을 떠받치고 있다. 가우디는 자연과 과학을 아우른 천재적인 건축가임을 확인한다. 그가 살아 있다면 오히려 내 쪽에서 '올라' 하고 인사를 먼저 했을 것 같다. 아니 '가우디 올레!(가우디 만세!)' 하였을 것이다.

"황영조 올레!" "대한민국 올레!"의 몬주익언덕. 1992년 바르셀로나 올림픽 경기장이었던 곳, 황영조 마라톤 선수가 세계를 제패하고 황금 메달을 따서 국위를 떨쳤던 곳. 경기장 정문 앞, 길 건너 바위에 경기도에서 만들어 놓은 황영조 선수의 달리는 모습의 부조와 기념비가 보인다. 25년 전 세계적인 위상이 위대했던 대한민국의 모습과 오늘날 현실을 비교하며 정문 만국기 속에서 펄럭이는 태극기를 한참 동안 바라보았다. "대한민국 올레!, 우리나라 만세!"의 함성이 다시 터져 나올 그날을 간절히 소망하며.

몬주익언덕에서 내려다본 바르셀로나 구시가지의 중심에 있는 람블라스 거리로 이동했다. 북쪽의 카탈루냐 광장에서 남쪽 지중해 항구 가까운 콜럼버스동상이 있는 '파우'라는 광장까지 약 1km에 달하는 거리이다. 원래는 작은 시내가 흐르던 곳을 19C경에 현재와 같은 대로로 바꾸었다. 대로 양쪽에는 넓은 산책로가 있고 꽃집, 술집, 애완동물가게, 액세서리, 옷집 등 다양한 가게가 있다. 거리 곳곳에서 거리 예술가들의 퍼포먼스도 흥미롭게 구경할 수도 있다. 연간 약 8천만 명이 찾아온다는 명물 거리이다. 최근 테러의 안전지대라고 하던 스페인에 하필이면 그 거리에 차량돌진 테러가 발생했다니 매우 안타까운 마음이다.

이 거리에서도 스페인 사람의 친절한 '올레'는 별로 없는데 넘쳐나는 인파, 굳이 부르지 않아도 죽어라 하고 찾아드는 관광객들, 꽃에 모여드는 벌 나비 떼 같다는 생각을 한다. 꽃이 화려한 빛깔과 향기로 곤충을 유인하듯이 스페인의 문화는 세계의 사람들을 불러들였다. 다양한 인종의 여행자들이 뒤섞여 바쁘게 넘실대는 거리. 구시대의 상가 건물과 다양한 기념상품과 가우디식의 가로등 물결무늬의 보도블록 등 스페인 문화의 긍지를 머금은 것들이 관광객을 끌고 있었다. 꽃이 다른 생명체에 의해 새 생명을 수태 받듯 문화의 꽃 관광수입으로 끊임없이 문화를 창조, 발굴하고 있었다.

꽃이 벌과 나비에게 꿀과 꽃가루를 선물 하듯이 관광객 각자마다 자국에 대한 새로 다짐한 다양하고 깊은 '애국심'을 선물로 받아 갈 것이다. 업무상이나 가정사로 또는 관광을 목적으로 해외에 나오면 다 '애국자'가 된다는 말이 있지 않은가. 관광객은 즐기기 위한 목적뿐이 아니라, 그 이상의 다양한 체험을 통해서 삶의 새로운 가치를 발견하려고 여행하기 때문이다.

점심때 '빠에야'라는 스페인 전통 음식을 먹었다. 올리브유로 쌀을 볶아 만든 밥에 여러 가지 해물을 넣고 함께 볶은 우리나라의 해물 볶음밥 같은 것이다. 그 기름진 음식을 북새통에 맛도 음미하지 못한 채 반쯤을 쫓기듯 먹고 나왔다. 한국인의 입맛에 맞으며 별맛이라고 하던 스페인 음식, 이른 아침 호텔에서 소시지와 하몽(돼지 뒷다리를 염장처리로 만든 것)과 바케트 빵의 어설픈 식사로 배가 고팠었는데 못내 씁쓸하다. 벼르고 별러서 온 여행인데 먹는 것 갖고 여행의 맛을 잃지 말자며 마음을 추슬렀으나 섭섭한 마음이 가시지 않는다. 이 나라의 찬란한 문화에 대한 시샘인지도 모른다는 생각에 실소한다.

점심 후 자유시간을 주어서 친구와 함께 거리의 중심에 있는 카탈루냐 광장에 갔다. 광장 분수대 앞에서는 기타반주에 맞추어 손에는 짝짝이를 끼고 빨간 집시풍 드레스를 입은 무희가 열정적인 플라멩코 춤을 추고 있었다. 모여든 관광객들과 함께 춤사위에 맞추어 손뼉을 치고, 무희를 따라 "올레."를 복창하면서 잠시 신나는 시간을 가진 것으로 마음을 푼다.

발길을 옮겨 오른쪽에 상점이 쭉 이어진 거리를 가려고 길을 건넜다. 그런데 길 건너에는 꽤 많은 수의 사람들이 카탈루냐 깃발(바르셀로나주 깃발)을 흔들며 카탈루냐 즉 바르셀로나 독립을 외치는 데모를 하고 있었다. 카탈루냐로 무어라고 썼는지 모르지만, 플래카드를 들고 질서 있게 구호를 외친다.

그때 비로소 바르셀로나 공항에서 환한 웃음 없이 "올라."라고 인사하던 숨겨진 퍼즐 조각의 일부를 찾을 수 있었다. 현지 가이드가 황색이 많이 배합된 노랑 바탕에 빨강색 가로 4줄이 있고 한쪽 세로 깃 폭을 밑변으로 한 진한 파란색 이등변 삼각형 안에 흰색 큰 별 1개가 그려진 카탈루냐 깃발을 들고 나온 이유도 알 것 같았다. 또 우리나라보다 흥이 많고 열정적인 민족이라 들었는데, 플라멩코 춤을 보면서 관광객들만 신이나 했던 것도 짐작할 수 있었다.

지구상에 존재하는 민족이나 나라마다 문제가 없는 나라나 민족이 어디 있으랴. 관광객으로 스페인의 역사에 얽힌 민족구성원 간의 갈등을 깊이 알지는 못하지만, 우리나라 현실과 비교하면서 마음이 착잡해진다. 유구한 역사와 찬란한 문화를 가진 스페인이나 우리나라나 파괴적인 무서운 방법이 아닌 이해와 타협으로 해결되어 평화의 나라로 거듭났으면 하는 간절한 소망을 빌어본다.

'대한민국 올라! 스페인 올라!'를 외칠 그날이 오기를 간절히 빌어본다.

트로이 목마

고등학교 때에 경주로 졸업기념 수학여행을 갔다. 돌밭 가운데에 기울어진 채 서 있는 첨성대를 보고 얼마나 실망했는지 모른다. 국사 시간에 선생님께서 열변을 토하신 역사적 가치가 보이지 않았다. 오랜 세월 방치되어 황폐한 구조물처럼 보였다. 그러나 최근의 첨성대와의 재회는 문화재에 대한 식견과 무지를 '확' 깨우쳐 주었다. 1300여 년 동안 원형을 고대로 유지한 채, 세계에서 가장 오래된 천문대로서 독보적 가치를 뽐내듯 서 있었다. 터키 여행 끝 무렵 '트로이 목마'를 본 후부터 또 한 번 문화재를 보는 새로운 눈을 가지게 되었다.

지난 4월 중순 친구와 함께 단체 여행팀에 속해 7박 9일간 터키를 여행했다. 오랫동안 꿈꾸고 벼르고 별렀던 여행이 친구의 주선으로 갑자기 이뤄졌다. 여행비가 내 재정 상태로는 부담이 됐지만, 건강이 허락되는 최전선 가까운 시점인 것 같기에 눈 딱 감고 결행했다. 인천 제2공항에서 비행기를 타고 약 12시간에 걸쳐 터키 이스탄불 아타튀르크 공항에 도착하였다.

터키의 시작과 끝이자 유럽과 아시아 문화의 교차로인 이스탄불, 자연과 인간이 만들어 놓은 걸작 기암괴석과 지하도시 '카파도키아', 세계적으로 유명한 온천지역이자 하얀 목화의 주산지인 '파묵칼레', 소아시아지역의 수도이자 기독교 중심지인 폐허의 땅 '에페소', 지중해의 아름다운 바다가 펼쳐진 휴양도시 '안탈랴', 흰 회벽과 붉은 지붕의 동화 같은 마을 '쉬린제', 호메로스의 서사시에 등장하고 트로이 전쟁의 무대가 된 역사 도시 '트로이', 도시 전체가 유네스코지정 세계문화유산인 약 200년 전 지어진 오스만 제국 시대의 전통가옥 2천여 채가 잘 보존된 아름다운 도시 '사프란볼루'를 관광했다.

터키의 시작은 신석기 시대인 기원전 6500년경이라고 한다. 유럽의 동남쪽, 아시아의 남서쪽, 흑해를 끼고 있는 관계로 오랫동안 아시아와 유럽의 교차로 역할을 했다. 동서양의 역사, 문화, 종교가 뒤섞여 있다. 다양한 민족이 오가고, 크고 작은 국가의 흥망성쇠에 따른 역사적 부침도 심했다. 그러한 사실을 증명하는 문화재가 아시아 지역 아나톨리아 반도(터키 전체 면적의 97%)와 유럽 지역(전체 면적의 3%) 트라케에 산재해 있었다.

위치와 지형에 따라 기후도 다양하다. 흑해, 에게해, 마르마라해, 지중해 연안부는 지중해성 기후, 아나톨리아 반도 내륙은 사막기후, 고원은 냉대기후이다. 국토가 지진대에 있어 지각변동이 심하며 지진이 자주 일어나고 지금도 화산 폭발이 발생하는 지형이기도 하다. 따라서 파괴 훼손되거나 지하로 묻혀버린 문화유적이 산재해 있다.

워낙 넓은 지역에 빡빡한 일정으로 소신껏 여유를 갖지 못해서 아나톨리아 반도에 있는 명소 '카파도키아', '파묵칼레', '에페소', '트로이'를 돌아본 소회를 쓴다.

터키는 유네스코 세계문화유산을 13개나 보유하고 있다. 지정학적 위치로 인해 자연환경과 역사와 문화가 독특하다. 카파도키아와 파묵칼레는 독특한 지질과 지형, 기후 등의 자연의 힘과 인간의 지혜가 수많은 시간에 걸쳐 만들어 놓은 독보적인 독특한 관광지이다. 신비하고 아름다운 자연과 유구한 역사유적을 동시에 갖춘 복합 유산으로(유네스코 등재유산 1,052건 중 복합 유산은 35건) 지정되었다. 초현실적이고 장엄한 자연의 풍광과 인간의 치열한 생존 역사가 버무려진 상상을 초월하는 경이로운 광경을 말만으로는 표현할 길이 없다.

카파도키아는 터키 아나톨리아 반도 중앙부의 네브세히르라는 지방 황량한 화산지대에 있다. 3천만 년 전 하산산(해발 3,268m)이 세 개의 화산 분화로 인하여 화산재가 두껍게 쌓여 굳어 응회암층이 도시 전 지역을 덮었는데, 오랜 세월 동안 융기 침식 작용을 거치면서 환상적인 기암 군과 골짜기가 형성되었다고 한다. 궤레메국립공원과 더불어 대규모 형형색색의 기묘한 기암괴석과 물결치듯 늘어선 바위 계곡, 암굴 교회와 바위 속을 파서 만든 실제 주거하던 집, 거대한 지하도시들이 한반도 1/4크기의 지역에 펼쳐져 있다.

대표적인 절경지는 버섯 모양(또는 남근 모양)의 암석이 있는 파샤바, 붉은색 하얀색의 응회암 흙길이나 바위의 로즈벨리, 크고 작은 원뿔이나 피라미드 모양의 돌기둥의 궤레메, 기묘한 바위 모양 군이 산 능선부에 발달한 데브란트, 비둘기 계곡으로 불리는 바위 성채

전망대 우치사르 등이 있다. 너무 넓은 지역이므로 사파리 투어나, 열기구를 타고 관광하는 것이 효율적이라고 한다.

사파리 투어나 열기구 투어는 옵션으로 제법 비싼 상품이었다. 특히 열기구 투어는 무지 재수가 좋은 여행자만 누릴 수 있는 행운이란다. 날씨에 따라 열기구를 띄울 수 있는 여부가 결정된다. 적어도 닷새 전부터 기상청과 연락을 취하고 투어 가능성이 있는 당일 가능 시간 바로 전까지 수시로 알아보고 기다린다. 허가 통보를 받으면 바로 즉각 열기구 탑승장으로 이동하여야 한다. 새벽을 가르고 탑승장으로 달려갔다. 많은 열기구가 바위산 기슭이나 협곡 아래 평평한 곳에서 열로 풍선을 부풀리며 탑승자를 기다리고 있었다.

터키 오기 전에 우리나라 한라산에서 돌풍에 의한 케이블카 사고를 들은 터라 두려움과 설렘의 2중주가 가슴에 요동친다. 아무나 누릴 수 없는 천운이란다. 1시간에 170유로(한화 22만원 정도) 나로서는 벅찬 경비지만 그 경험을 놓칠 수는 없었다. 전문교육을 받고 면허증을 소지한 베테랑 운전자를 믿고 바구니에 일행 8명이 탔다.

드디어 풍선이 팽팽하게 부풀어가면서 곧추서더니 공중으로 떠오른다. 때맞추어 새벽 여명이 강렬하게 밝아오고 있다.

"아! 이럴 수가. 세상에 이런 곳이! 아아, 대단하군요! 놀라워요!"

일행 모두가 연상 탄성을 질러댔다. 탑승 전의 두려움은 날아가고 내 일생 초유로 본 엄청나고 기묘한 정경에 가슴이 떨리고 다리까지 후들거린다. 새벽어둠을 가르고 찬란히 떠오르며 퍼지는 아침 햇살에 더 선명하게 드러나는 광경.

다른 행성에 온 착각에 빠진다. 우리는 열기구 달인으로 불리는 운전기사의 배려로 고도 1,000m까지 올라가서 떠다녔다. 수많은 열기구가 카파도키아 하늘을 알록달록하게 수놓고 있는 광경도 비경이다. 사진과 동영상에 담았다. 자연은 위대하다느니 '신들의 갤러리'라느니 하는 평범한 말로는 카파도키아를 표현하기에 턱없이 부족하다. '그렇다! 창조주는 위대하시다. 하느님은 위대하시다' 마음속으로 신의 위대하심을 뜨겁게 느꼈다.

열기구 투어 후, 직접 보기 위해 일명 '버섯바위'로 유명한 파샤바로 향했다. '젤베'라는 계곡의 입구에 '요정의 굴뚝'이라는 뜻으로 머리가 3~4개로 나누어진 독특한 버섯 모양의 페리바자라는 큰 기암괴석들이 있다. 벨기에의 작가 페요가 여기에서 영감을 얻어 '개구쟁이 스머프'를 만들었다고 한다. 바위를 뚫고파서 만든 교회가 있는데 벽과 천장에 아직도 지워지지 않은 프레스코 성화가 남아 있었다. 자연과 인간의 힘의 오묘한 어울림에 숙연한 마음이 든다.

카파도키아는 여러 개의 지하도시가 있다. 1961년 어린 목동이 양 한 마리를 찾으러 동굴로 들어갔다가 최초로 발견, 지금까지 150여 개의 지하도시를 찾아냈다고 한다. 터키 중부 네브세히르에서 남쪽으로 20~30㎞거리에 있는 카이마클리와 데린쿠유 지하도시가 그곳이다. 언제 누가 어떻게 왜 만들었는지 아직도 제대로 확실히 밝혀지지는 않았다. 초기 기독교시대 로마제국의 종교적 박해와 이슬람교가 우세했던 당시 종교적 탄압을 피해 생활했던 곳으로 추정하고 있다. 초기 기독교인들이 숭고한 신앙심으로 이겨낸 고난의 역사와 인간의 삶에 대한 처절하고 숭고한 생존력이 진한 감동으로 다가온다. 인간으로서 신에 대한 경외심과 자연에의 도전과 조화의 묵직한 정신이 지하도시에 가득 차 있었다.

저녁에 카파도키아 동굴극장에서 터키의 민속공연과 밸리댄스를 관람하였다. 종일 기암괴석과 지하동굴의 세상에서 체험한 감동의 과부하를 풀기에 충분했다. 일행 중에 배우나 무희의 권유를 받아 공연에 동참하여 즐거운 체험을 하기도 했다. 와인 잔을 부딪치며 "즐거운 여행." 한목소리로 합창하며 남은 여행 일정이 순조롭기를 기원하기도 했다.

파묵칼레는 터키 남서부 데니즐리주에 있으며 고대도시 '히에라폴리스'와 함께 유네스코 복합 유산으로 지정되어 있다. 파묵칼레는 터키어로 '목화의 성'이라는 뜻이다. 실제 목화 산지이기도 하지만 수세기 동안 석회성분을 많이 함유한 온천수가 바위 위를 흐르면서 하얀 결정체가 대지의 경사면을 온통 뒤덮어 장관을 이룬 데서 붙은 이름이다. 높은 곳은 폭포 모양의 하얀 석회층 절벽, 온천수가 흐르면서 다랑논을 닮은 듯, 밀려오는 파도를 닮은 듯한 하얀색 경사면에는 층마다 푸른 물을 머금고 있다. 제일 낮은 곳에는 하늘색을 닮은 호수를 만들어 놓았다.

류머티즘, 피부병, 심장병 등의 치료에 효과가 있다는 섭씨 35도 정도의 온천수가 흐르고 있다. 역사적으로도 많은 위인이 치유와 휴양을 위해 방문했다고 한다. 많은 관광객이 족욕체험을 하고 있다. 우리도 맨발로 온천수가 흘러내리는 하얀 바위 위를 걸어 보고 물이 얕게 고인 웅덩이에 발을 담그며 잠시 휴식한다. 희한하고 신비한 자연의 모습과 혜택에 찬사를 하고 부러움을 갖는다.

파묵칼레 석회 언덕 위에는 고대도시 히에라폴리스가 있다. '성스러운 도시'를 뜻하는 히에라폴리스는 기원전 1세기 페르가몬 왕조가 세운 터키의 대표적인 고대 도시 유적지다. 로마 시대부터 비잔틴 시대까지 치료 휴양도시이자 상업 도시로서 번성했으나 14세기에 있었던 대지진으로 폐허가 되었다고 한다. 고대도시의 중심이었던 곳에 온천수가 고여서 된 노천온천장은 그 바닥과 주변에 로마 시대의 포석과 원기둥이 흩어져 있었다.

현재 파괴된 채 노출된 유적도 적지 않은데 땅속에는 무궁무진한 문화유적이 숨겨져 있는 셈이다. 이 나라는 몇 세기 동안 조상이 이룩해 놓은 역사와 문화가 후손을 먹여 살리는 것이다. 민족은 선조를 잘 두어야 하고, 자식은 부모를 잘 가져야 한다는 생각을 잠시 해본다. 지나간 나의 삶을 되돌아본다. 나는 과연 후손보다 먼저 태어난 자로서 잘 살아왔나? 선조와 후손의 맥을 잇는 위치에서의 내 삶을 생각해 본다. 큰 대과는 없었지만, 후회되는 일이 많다. 그러나 어쩌랴. 지금 있는 곳에서 최선을 다하며 살아보는 수밖에 없다고 자신을 타이른다.

에페소스(성경에는 에베소)는 서부 소아시아 에게해 연안 이즈미르주의 작은 도시 셀주크에 있다. 유일하게 남은 고대도시 유적지이다. 예수의 죽음 이후, 성모 마리아를 지키며, 제자 요한이 남은 생을 보냈던 곳이며 성 요한의 무덤 터와 성 요한 교회터가 있는 종교적인 유적지이기도 하다. 주변 도시국가, 스파르타, 페르시아, 페르가몬, 로마

등의 흥망성쇠에 따라 식민지화되는 역사로 얼룩진 곳이다. 암석 터에는 비잔틴시대와 헬레니즘시대의 성벽 터, 기둥 등 장대한 문명의 흔적과 시대의 영화와 종교적 정신이 숨 쉬는 석재 유적 조각들이 곳곳에 흩어져 있다. 유구한 역사의 뒤안길을 더듬는 관광객에게 무상하고 장구한 세월에 잠긴 인간사를 웅변하고 있었다.

유적의 남쪽 출입구로 들어가면 완만한 '피온'이라 불리는 언덕에 서게 된다. 성벽 터, 신전 터, 기둥 거리, 지붕이 있던 소극장(오데온이라 부른 로마 시대의 소극장), 욕장 터 등 유적들이 눈에 들어온다. 북쪽으로 가면서 대리석이 깔린 비탈진 '크레테스' 거리를 걷는다. 끝에는 양쪽 기둥에 헤라클레스와 사자 가죽의 부조상이 있는 2층으로 된 개선문이 있다. 수천 년 동안 닳고 닳아 반질반질한 대리석 거리 바닥을 조심스레 내려가다 보면 오른쪽으로 2세기경 하드리아누스 로마 황제에게 바쳤다는 신전의 기둥을 볼 수 있다. 다른 부분은 다 손실되었고, 신전 입구의 기둥 4개만 남아있다. 아치형으로 조각이 무척 화려하고 아름다운 것으로 보아 당시의 석재를 다루는 건축술에 감탄하지 않을 수 없었다.

더 내려가면 거리 끝에 셀수스 도서관 앞 광장 둘레로 바닥이 석재인 대중 목욕장과 칸막이 없는 석재 배변기가 나란히 있는 공중 화장실을 볼 수 있다. 적나라한 배변의 모습을 상상하니 웃음이 나오지만, 배변기의 바닥에 물을 흐르게 만든 수세식 화장실이라니 일찍이 생활과학이 발달했음이 놀라웠다. 문득 오늘날 엄청난 과학 문명의 발달은 선대들이 이미 이루어 놓은 문명이 그 근간이 된다는 사실을 깨닫는다.

에페소스 유적의 하이라이트인 '셀수스(켈수스) 도서관' 2세기 중반 아시아주 총독이던 셀수스를 기념하고자 그의 아들 율리우스 라퀼라가 지었다고 한다. 도서관의 외벽만 아직도 무너지지 않고 남아있는데 특히 정문의 코린트식 열주와 정면 4개의 입구 앞 벽면에는 예지, 덕성, 사려, 학술을 상징하는 여성의 동상들이 옛날의 화려하고 당당한 자태를 자랑하듯 웅장하게 서 있었다. 12000~15000권의 두루마리 책을 비치하고 학자들이 학문을 연구하기도 한 곳이라고 한다. 재미있는 것은 도서관의 지하에는 홍등가나 술집과 이리저리 연결된 통로가 있다는 점이다. 문란하고 화려하던 로마 귀족사회의 생활과 풍요로웠던 평민들의 생활을 짐작하게 했다.

안내자에 의하면 2000년 전 지상에서 최상의 쾌락과 행복을 누렸던 시대로 설명하였다. "쾌락이야말로 인간이 가진 최대의 보물이다."라는 당시의 철학자 에피쿠로스의 말을 명징하듯 셀수스 도서관에서 왼쪽 문을 나서면 파나유르산 기슭에 돌로 축조한 거대한 반원형 극장이 있다. 약 2만 5천 명 정도를 수용할 수 있었으며, 로마제국 시대에는 검투사 혹은 맹수와의 결투가 있었던 곳이라고 한다. 또한, 사도바울이 선교하다가 수난을 당하기도 한 곳이다.

잠시 객석에 서서 타임머신을 타 본다. 2000년 전 우리나라 삼국시대의 생활 모습과 비교, 그 유적의 방대함에 놀라며 부러운 마음이 든다. 그러나 얼마나 많은 사람이 노역의 고통을 견디며 심지어 목숨을 바쳐서 이룩해 놓은 것인가를 생각하니 가슴이 찡했다.

긴 세월 동안 자연재해와 전쟁 같은 인재 등에 의해 파괴되고 훼손되었지만, 사라지지 않은 채 후손에게 남겨진 막대한 문화적 유산. 발끝에 채는 돌들이 모두 문화유적이라고 할 정도의 아직도 발굴하고 보존해야 할 가치 있는 유적이 산재해 있는 나라 터키.

세계적 문화유산과 특이한 자연유산을 잘 발굴하고 보존하여 인류문화 발달에 큰 몫을 감당하기를 기대해 본다. 우리나라와 터키는 '형제의 나라'라고 불리는 까닭인지 모르겠다. 두 나라가 북아시아에 뿌리를 둔 유목민족이었고, 우리나라 삼국시대부터 역사적으로 밀접한 관계를 가지고 있었다고 한다. 한국전쟁 때는 유엔군으로 1만 5천명의 병력을 파견하여 젊은 병사들이 우리나라를 위해 목숨을 바쳤다. 2002년 한·일 월드컵 3, 4위전에서 맞붙었을 때 우리 국민이 터키를 응원해서 두 나라의 우애를 세계에 알렸던 일도 있었다.

터키 자연과 역사 문화의 감동으로 과포화된 가슴을 안고 '트로이' 유적지로 갔다. 다르다넬스해협과 면하고 서쪽으로는 에게해를 두고 그리스와 마주하고 있는 행정상으로 터키 소아시아 북서부 차낙칼레주에 있는 고대도시 유적지이다. 그리스, 이집트, 메소포타미아 지역까지 연결되어 있어서 기원전 4세기 청동기 시대부터 도시와 문명이 발달해 번영을 누렸던 흔적이 엄청나다. 서양 문학의 근간이라 할 수 있는 전설적 트로이 전쟁과 관련된 서사시 호메로스의 「일리아스」의 배경이 된 곳이라 한다.

트로이 고대유적은 히사를리크(Hisarlik, '요새지'라는 뜻) 언덕 일대

158만m²에 이르는 지역에 있다. 19세기 초부터 트로이에 유적이 있을 거라는 추측을 믿고, 독일의 고고학자 하인리히 슐리만이 발굴 작업을 하였다고 한다. 1870년경부터 20년에 걸쳐 트로이에 존재했던 여러 도시 문명의 유적들을 잇달아 발굴해 냈다. 지금까지 발굴과 연구는 계속 이루어지고 있으며, 1998년 유네스코 세계문화유산으로 지정되었다.

신화 속에서만 만날 수 있었던 트로이 유적은 한 시대의 도시유적 위에 다음 시대의 유적이 잇달아 쌓인 모양새로 9개의 층으로 이루어져 있다. 맨 아래층은 BC4천년 말기의 것이고, 맨 위의 9층은 헬레니즘시대 및 로마시대의 유적이라고 한다. 호메로스시대의 층은 여러 번 고증이 바뀌다가 7층 A구역인 것으로 잠정 확정되었다고 한다.

신의 세계나 인간 세계에서 남녀 간의 사랑으로 인한 문제는 별반 다르지 않은 것 같다. 트로이 전쟁의 원인이 로마신화의 비너스 아프로디테가 스파르타 왕비를 트로이 왕에게 주자 왕비를 찾아오려는 데서 시작되었다고 한다. 예나 지금이나 남녀 간의 사랑, 미를 추구하는 인간의 욕망은 많은 문제를 만들고 역사의 흐름을 바꾸기도 하고, 문학 등 예술의 멋진 소재가 되기도 하였다.

그리스군과 트로이군의 숱한 영웅들과 신들이 얽혀 10년 동안이나 계속된 전쟁. 그리스 영웅 오디세우스의 계책, 거대한 목마를 제작하여 그 안에 병사를 숨긴 채 선물로 가장, 트로이 진영으로 들여보냄으로써 그리스군이 승리했다는 전설. 호메로스의 서사시에 나오는 트로이 전쟁은 아직은 명증되지는 않았지만, 역사적 사실이었다는 것이다.

어처구니없게도 트로이는 다 이긴 전쟁을 승리감에 취하여 방심하는 사이에 외부에서 들어온 요인 목마에 의해 무너진 것이다. 이 이야기는 오늘날 우리나라 현실에서 우리에게 시사하는 바가 크다.

아나톨리아를 알면 세계의 반을 안다고 한다. 아나톨리아에는 기원전 7천년 전 초기 청동기 시대부터 5천명의 사람이 살았다 한다. 최초의 철기시대에는 히타이트족(성경에는 헷족)의 문명이, 그 뒤 그리스 로마문화의 배경지였다. 세계적 영웅이나 위인들의 활약 무대였던 셈이다. 웅대한 고고 도시 유적지를 보면서 문명을 향한 인간의 도전과 불굴의 정신에 대한 감동으로 가슴이 벅찼다. 할 말을 잃었다는 게 솔직한 고백이다. 안내자의 트로이 목마에 얽힌 전설을 들으며 다소 무겁고 지친 몸으로 정문에 당도했다.

잡화와 기념품을 파는 가게 앞거리 건너편에 트로이 목마 모형이 보였다. '트로이 목마'라는 전쟁 영화용 제작물인데, 기증을 받아 거기에 그렇게 존치한 것이라 한다. 트로이 주변에서 발굴된 동전과 도자기를 근거로 목마모형을 제작했다고 한다. 설명에 의하면 목마에는 20명~50명의 무장한 병사를 숨길 수 있었다고 하는데 실제 모형은 그리 크지 않았다. 순간 그동안 차곡차곡 쌓였던 묵직한 주체할 수 없었던 감동의 긴장이 한꺼번에 풀리며 웃음이 나온다. 비록 돌무더기 같은 흔적으로 산재해 있지만, 트로이의 장대하고 찬란한 문화유적에 대비되는 느낌에 충격을 받는다. 어린이 놀이터에서 볼 수 있는 커다란 놀이기구용 말 같다고 하면 내 역사 인식의 무지함일까? 알고 있었던 것보다 훨씬 실망스럽고 썰렁하기 때문이다.

그러나 웃음 뒤에 섬광처럼 스치는 어떤 생각에 무릎을 친다. 참으로 멋지고 재치 있는 고도의 유머러스한 발상. 값으로 따질 수 없는 트로이 관광홍보의 1등 공신이다. '트로이 목마'는 유구하고 방대한 역사와 문화의 가치를 집약하고 농축하여 보여주는 상징물이다. 지금도 많은 관광객을 불러들이고 관광 수입으로 국민을 잘 살게 하고 있다. 산재해 있는 유물 유적을 꾸준히 발굴하고 보존하는 데 필요한 재원으로 큰 역할을 하고 문화 민족으로서의 긍지를 세계에 알리고 있다.

언젠가 벨기에 브뤼셀 그랑플라스 광장에서 보았던 신장 60㎝정도의 '오줌싸개 소년'의 동상을 보았을 때의 느낌이 되살아난다. 지금도 여전히 그 동상 소년은 밤낮을 가리지 않고 앙증스러운 몸짓으로 관광객을 모으고 웃게 하겠지. 또 덴마크의 코펜하겐의 아말리엔보리 궁전 앞 바닷가에 키 80㎝의 '인어공주' 동상. 안데르센 동화의 주인공인 그녀는 관광객에게 무슨 말을 하고 있을까?

이 여행을 통하여 우리나라도 오래된 귀한 문화유적을 잘 관리하고 보존하려는 노력도 중요하지만, 우리 민족의 우수하고 귀한 문화재를 홍보하는데 국민적 관심이 필요함을 절실히 느낀다. 창조도 모방을 거친다고 했다. 세계에 우리 민족의 독특한 문화재를 알리는 터키의 '트로이 목마' 같은 멋진 상징물이 곳곳에 언제 생겨날 것인가 조바심이 난다.

(2018. 6)

황금 불상의 미소

황금 사원과 황금 부처상과 황금 파고다로 덮여 있는 나라 미얀마. 예나 지금이나 미래나 불심으로 사는 나라라고 해도 과언이 아니다.

지난해 12월에 4박 6일의 미얀마 여행을 했다. 친구의 전 직장 모임에서 미얀마 여행을 가기로 했는데, 그중 한 사람이 못 갈 일이 생겨서 별안간 그 결원 자리를 채우게 된 것이었다.

학창 시절에 알고 있던 '버마'가 '미얀마'로 국호가 바뀌고, 수도였던 '랑군'이 '양곤'으로 불리고, 다시 '레피도'라는 곳으로 옮겨졌다는 사실을 떠나기 전에서야 알았다. 1948년 1월 4일 영국의 지배에서 벗어나서 버마 연방이라는 국호가 1989년 군사 정부가 들어섰을 때 미얀마연방으로 바뀌었다. 그 뒤 2010년 미얀마 연방공화국이라 개칭하여 오늘에 이르고 있다. 옛 국호 버마는 산스크리트어로 '강하고 청결한 사람'이란 뜻이라고 한다. 그래서 그런지 내외적 고립과 통제의 고단한 날들을 살아왔는데도, 미소를 잃지 않고 따뜻하며 순박하게 살아가는 모습이 여행 내내 인상적이었다.

토요일 오후 인천공항에서 저녁 7시 30분 비행기를 타서 약 6시간 반 만에 양곤 밍글라돈 국제공항에 내렸다. 바로 숙소로 이동하여 여장을 풀지 않은 채 눈을 붙였다. 그곳 시각으로 4시 반 기상하여 버스로 다시 양곤 공항으로 갔다. 미얀마의 북쪽에서 남쪽으로 흐르는 이라와디강(에야와디 강이라고도 함) 중부에 위치한 경이로운 불교유적지 바간으로 가기 위해서이다.

바간은 미얀마 중부에 있는 제2의 도시 만달레이 남서쪽 193㎞, 이라와디강 동쪽 연변에 있다. 중국 운남성에서 인도의 아삼 방면으로 가는 교통의 요지로 버마족이 11~13세기에 세운 바간 왕조의 수도였다고 한다. 그러니까 불국토를 꿈꾸던 고대인들이 건설한 도시로서 42㎢면적에 2300여개의 탑과 사원이 보존된 '탑들의 고장'이다. 이곳은 북쪽의 올드 바간(Old Bagan), 남쪽의 뉴 바간(New Bagan), 냥우(Nyaung)지역으로 구분되어 있다. 올드 바간에 바간 왕조와 불교의 주요 유적지가 자리하고 있다.

미얀마 국내 비행기로 바간에 도착하여 많은 유적지 중 제1호인 쉐지곤 파고다와 화려한 단청을 자랑하는 틸로민로 사원을 관광했다. 쉐지곤 파고다는 온통 황금색의 3층 계단 위에 온통 황금으로 도금한 큰 종 모양이 얹혀 있는 탑이다. 부처님의 머리뼈와 앞니의 사리가 봉안되어 있다고 한다. 눈에 보이는 모든 것을 그렇게 황금색으로 칠하거나 황금을 입혀놓았다. 미얀마인의 부처님을 향한 그 절대적인 믿음이 영원불멸할 것 같았다. 누구나 수수께끼 같은 일에 압도당하면 말을 못하고 거역도 하지 못한다는 말을 생생하게 체험했다.

미안마에서는 사원에 들어가려면 노출이 심하지 않은 복장은 물론 맨발이어야 한다. 신발은 물론 양말도 벗어야 한다. 여행 내내 많은 사원은 입구에서 모든 관광객의 맨발을 요구했다. 그것이 미얀마의 문화를 대하는 방식과 예의로 익숙해져야 한다.

틸로민로 사원은 바간에서 두 번째로 높은 사원이라고 한다. 틸로민로라는 말은 '우산의 뜻대로'란 뜻을 담고 있다. 전설이지만 그때는 왕의 상징이었던 흰 우산을 공중에 날려 떨어진 우산의 머리가 향한 곳에 있는 왕자가 왕위를 계승 받았다고 한다. 그렇게 해서 왕이 된 난타웅마왕이 통치 초기인 1218년 선왕께 감사의 뜻으로 지은 사원이라고 한다. 높이 46m이고 붉은 벽돌로 축조된 3층 건물이며 바간에 있는 많은 파고다 중에서도 그 규모가 크고 아름다운 유적이라고 한다.

아무리 지체 높은 신분일지라도 사원에 들어가려면 맨발이어야 한다는 것은 의미심장한 것 같았다. 그 의미를 극명하게 보여주고 깨닫게 하는 곳이 바로 아난다 사원이었다.

인도의 오리샤 우따야기리 언덕에 있는 동굴사원을 본떠 1901년 짱짓따 왕이 만든 사원이라고 하는데 외관의 아름다움이 무척 인상적이다. 우선 먼저 본 사원이나 파고다처럼 외장이 황금빛이 아닌 것과 원래 건축 당시의 원형이 그대로 보존돼있는 점이다. 수세기에 걸친 건축학적 전통과 디자인의 정점이 잘 반영된 조형미가 뛰어나고 보존 상태가 빼어난 곳이라 했다. 평면 설계는 그리스 십자가형인데, 외관은 건축학적으로 수직과 수평이 완벽한 균형을 이루며 축조됐다. 많은 인도의 승려가 사원 축조에 참여했다고 한다. 좌우대칭이 완벽한 건축물이며 주로 벽돌을 썼고 군데군데 사암을 사용한 흔적이 생생하다. 보행용 통로가 2중으로, 중심을 둘러싸고 있고, 동서남북 네 방향에 있는 포치(지붕이 있는 현관)를 통한 입구에서 네 개의 성소로 들어갈 수 있었다.

안으로 들어가자 동굴사원 같은 분위기였다. 내부 중앙에는 동서남북으로 약 9.5m에 달하는 거대한 황금 불상 네 분이 서 있다. 본존 4불인데 목조 도금 불상이다. 해탈의 경지에 오른 부처를 형상화한 것으로 남쪽과 북쪽의 것은 원작품이고 동·서쪽의 것은 화재로 소실되었다가 복원한 것이라 한다. 조명을 어둡게 하여 동굴사원 분위기를 살렸고, 꼭대기로 가면서 좁아지는 높은 탑 끝부분에 격자창을 만들어 자연광이 제한된 양만 들어오게 하였다. 제한된 햇빛이 부처 얼굴 위로 바로 떨어져 신묘한 느낌이 들었다. 동서남북의 부처를 참배하기 위해 도는 길이 3개가 있다. 가장 안쪽으로 왕이 도는 길이 있고, 중간 길은 귀족이, 가장 바깥 길은 일반 서민이 도는 길이다.

앞에서 걷는 사람을 따라가다가 맨발에서 오는 발바닥의 감촉이 고르고 평탄한 딱딱함으로 느껴짐과 동시에 나를 누군가 바라보고 있다는 느낌을 받았다. 발걸음을 멈추고 그 느낌이 오는 곳을 향해서 섰다. 아! 거대한 황금 불상이 그렇게 아름다운 미소를 띠고 나를 내려다보고 있는 게 아닌가. 황금의 빛나는 광채 속에 온화하고 자비롭고 한없이 평안하고 수승(殊勝)한 미소에 나는 그만 혼이 나갈 것 같았다. 정신을 차리고 보니 내가 서서 바라보는 자리가 일반 서민용 가장 바끝 길이었다. 부처도 평범하고 수수하고 그러면서도 욕심 없이 고통을 감내하며 사는 보통 사람들을 더 사랑하시는 것인가 보다.

그 황금 불상의 미소에 끌려 시선을 고정한 채 가까이 다가가다가 놀라운 사실을 접한다. 그 천상의 미소가 점점 사라져가면서 조금씩 무심한 듯 엄한 표정으로 나를 내려다보고 있는 게 아닌가. 잠시 후에 전문해설가의 설명을 듣기까지 나는 경직된 나의 마음을 추스르지 않으면 아니 되었다. 신분이나 지위, 지식이나 재물이 있어 그것을 세상 살아가는 힘으로 믿는 사람들의 의식을 견책하고 견성하라는 의미로 설명하였다.

점점 가까이 다가가서 부처님의 발밑에서 올려다 본 부처님은 화를 낸 엄한 표정, 꾸중하고 있는 표정으로 바뀌어 보였다. 바로, 왕이나 승려들이 참배하는 곳이었다. 백성을 다스리는 왕으로서 자신을 낮추고 자비와 평등 연민과 동정으로 백성을 위하라는 무언의 가르침을 설파하고 있었다. 부처님의 법을 따르고 법을 전해야 할 승려로서, 자신을 한없이 낮추고 탐욕을 버리는 등 부처의 가르침을 바르게 깨달으라고 견책하는 표정이라고 하였다.

거대한 황금 불상의 마술 같은 미소는 사람으로서의 남은 생을 어떻게 살아야 할까 생각하게 했다. 뒷걸음질 치며 본 황금 불상은 점점 그 환하고 자비로운 미소로 맨발의 여행객을 배웅하고 있었다. 맨발로 현실을 딛고 서서 '현실에 만족하고 현실이 천국임을 알고 살아라. 그러니 현실을 충실하게 살아라' 하는 가르침의 미소로 여행객을 위로하고 배웅하고 있었다.

6.

나의 노래

6월의 숲

6월의 숲
초록빛 바다를 불러와
깃발처럼 펄럭이는 잎사귀들
펄떡이는 물고기로 뛰논다

아까시 향이 스러질 무렵
기다림으로 깨어난 밤꽃
싱그러운 푸른 숲에
수많은 흰나비 떼처럼
무리 지어 날아 앉는다

숲은 또 한 번
진한 향에 들뜬다
진득이 참고 기다린 임의 향

바람 불어 흩날리면
하얀 포말을 일으키며
달려오는 초록빛 바다
6월의 숲
짙푸르러 가는 6월의 숲.

게 누구 없소?

게 누구 없소?
밥상에 같이 앉아 식사를 함께할 이,
음식 투정 부려도 받아 줄 텐데

게 누구 없소?
실없는 농담이라도 주고받을 이,
핀잔 담긴 쓴소리도 잘 들어 줄 텐데

게 누구 없소?
차 한 잔 놓고 눈 마주치며 웃을 수 있는 이,
마시는 모습 별스러워도 눈감아 줄 텐데

게 누구 없소?
나 잘난 척해도 그냥 그렇게 인정해 주는 이,

그렇다고 해도 모르지는 않아요

그리고
같이 있어도 부담 없고 편안함이 넉넉한,
그런 사람 어디 없나요?

빈 마음이 헛헛해서
가만가만 마음을 열어 보였는데
사진 속의 그는 말없이 웃고 있네요.

(2014년 제5회 일산노인종합복지관 주최 전국 노인백일장 운문부 최우수 수상작)

낙엽이 지는 것은

낙엽이 지는 것은
저물어 가는 계절을 밀고 오는 어둠이
자박자박 발걸음 소리를 낼 때
나무가 창을 닫고 역사를 쓰는 일이다
가을 창가에 조용히 앉아
살아온 흔적 곱게 엮어서
한 바퀴 나이테로 둥글게 감아 놓고
다가오는 겨울을 묵직한 침묵으로 기다리는 일이다

낙엽이 지는 것은
높아진 하늘에 숨었던 별들이
하나, 둘 은하 강에 빛을 띄울 때
기도하기 위해 나무가 눈을 감는 일이다
아무도 모르게 가지 끝마다

생명의 불꽃 심지 박아놓고
폭풍우 눈보라 몰아칠 밤에도
끄떡없이 하늘 향해
봄을 기다리며 부활을 위해 기도하는 일이다.

매 미

여름 숲은
와르르르 와르르르
폭포수 쏟아지는 소리
소나기 퍼붓는 소리
청마가 광야를 달리는 소리
뿜어내는 매미의 아우성
도시를 뚫고 흔든다

맴맴맴 매애애애~
초여름부터 울다가 목이 쉰
지친 매미의 시름이 안쓰러워
도시의 숲은 잠깐 숨을 죽인 듯
태양도 잠시 이글거리는 눈길 멈춘다

요시요시요시 요요요 요시
늦여름을 붙잡는 가쁜 숨
애타게 오르내리는 전율의 음조
여름의 치마폭에 설핏 바람 스며들면
나뭇잎 사이로 슬쩍 보이는
벗은 허물 옆 생명의 몸짓
햇빛도 빗겨 간다.
바람도 못 본 척 지나간다

도시의 저녁 불빛 속
식히지 못한 정념의 불꽃 소리
하늘에 닿지 못한 매미의 기도가
별똥별이 되어 숱하게 쏟아 내린다
와르르, 맴맴맴, 요시요시요시.

봄 비

이 새벽 봄비는
경의선 철길 따라 피는 꽃들 위로
이제 막 해산한 뒤
젖가슴 풀어 놓은 젊은 어미의 손길처럼
보슬보슬
아가 머리 쓰다듬는 소리로 오는가 보다

지난해 가을 무시로 떨어진 잎들
자국마다 심어 놓은 꿈 얼세라
깊은 침묵으로 지켜 온 겨울날들
이제는 찬란한 생명의 탄생으로
부활을 준비하는 시간

그래서

나무마다 살을 에는 아픔까지도
어루만지는 손길 되어
언 땅을 녹이는
따뜻한 소리로 깨우게 되나니
새 생명들 환희로 노래하게
천군만마 꽃 무리 끌고 진군하는
봄이 오는 소리여.

봄이 되면 알지

낙엽
너의 떨어짐은
또 다른 세상으로 향한 출발
미련 없이 떠나야 하는
한 번뿐인 쓸쓸한 외길 여행

이미 알고 있었지 낙엽은
연습 없는 이별이
그렇게 많은 것을
남겨 놓았다는 걸

비움의 자리마다
찬란한 꿈을 감춰 놓았다는 걸
봄이 되면 알지

버림의 궤적마다
희망의 씨 알갱이를 심어 놓았다는 걸
봄이 되어서야 알지

낙엽
너의 이별이 슬프지 않음은
생명이었다는 걸
봄이 되면 그때 알지.

사과를 깎으면서

나는
조금 외로워져서
사과의 달콤한 맛을 그제 알았다

외로워져서
사과를 따는 이유를 알았다

조금 더 외로워져서
사과나무가 심어진 이유를 알았다

조금 더 깊게 외로워서
사과나무를 키우고 왜 커가는지를 알게 되었다

더욱더 깊이 외로워지자

빨간 사과가 주렁주렁 달린 과수원이
햇빛 아래 빛나게 펼쳐져 보였다

아주 지독히 외로워지니까
우주가 내게 들어와 사과 씨가 되었음을 알았다
그리고
그것은 생명의 환희
신의 선물이었음을.

사랑의 확인

얼굴에 두 눈동자
저희끼리 볼 수 없다
왼 눈과 오른 눈 저희끼리 볼 수 없다
두 개의 눈이 서로 보려면
거리가 있어야 한다
떨어져 있어야 보인다
멀리 있어야 깊이 보인다

한 눈으로 볼 수 있으나
외롭고 힘들다
마음이 담긴 거울을 본다
그 거울 속에서
왼 눈과 오른 눈이 서로를 본다
왼 눈의 웃음

오른 눈의 울음

그제야
두 눈은 하나 되어
서로를 껴안는다
두 눈을 감는다
내 마음이 보인다
확연히 떠오른다
그의 마음도 보인다

사랑하고 있구나!

소망의 관계

그의 눈 안에 있는 사람이 되고 싶다
하지만 그의 눈 속에 꼭 박힌 사람은 되고 싶지 않다
강렬한 눈빛 가려 눈을 멀게 하니까

차라리
그의 눈빛이 의미 있게 스쳐 지나간 적 있는
때때로 눈 밖에 있는 사람이 되어도 좋다
그의 눈길이 몇 번쯤은 머물렀을 테니까

그러나
그가 한 번도 본 적이 없는 사람은 되고 싶지 않다
마음 없는 거울 밖의
슬프도록 외로운 사람이 될 테니까

그렇지만 단 한 사람
그의 눈빛 속에 영원히 영원히 갇혀 있어도 좋다
나의 님!
나의 신!

비로봉의 가을

산 노을 긴 그림자 산마루턱에 걸터앉고
가을 산 골골 마다 오색단풍 피우는데
세월은 산비탈 타고 올라가 산등성을 넘는다

산바람 넘나드는 비로봉 봉우리는
몽롱한 안개비에 저 혼자 솟은 듯이
오색 고운 옷자락을 가을볕에 널어두고
갈바람 산허리 맴돌다 창공으로 흩어진다

우수수 우수수수 갈잎 새들 지는 소리
바스락 바삭바삭 높새바람 발소리에
화들짝 놀란 다람쥐 나무구멍에 숨고
구구구 산비둘기 제 설움에 겨워 운다.

수채화

구름의 우물에서 발원한 남천
철길 따라 남으로 흐르면서
저녁 하늘에 드리운 노을빛
자운을 띄우고 노래한다

둑길에 피어 올망졸망 따라오는
노랑 아재비 하얀 망초 꽃
시냇물에 그림자 드리우고
부드럽고 맑은 바람에
물속 화영도 덩달아 춤추고

유선형 물살 무늬 그리며
어디선가 온 오리 한 마리
남천의 심연 속 어디엔가
자운의 의미를 찾는가?

술 한 잔

하늘이 유난히 높아 보이는 오늘
술잔에
술보다 가을이 먼저 채워진다
낙엽 몇 잎
소리 없이 내려와
대작하잔다

지친 삶 달래며 한 잔
추억을 불러오며 한 잔
서로를 위로하며 한 잔
다독이며 힘내자고 또 한 잔
내일을 위해서 또 한 잔

뜨끈한 해장국의 시원한 반전

"아흐, 크으~"
"어, 시원 타!"
가슴에 올라오는 붉어진 용기
가을의 공허를 저만치 밀어내고
어느새 가득 채워진다

삶의 힘 그것.

오솔길에서

솔숲 사이 오솔길에 들어서면
나를 싸안는 맑고 고요한 정기

길섶 민들레 하얀 솜털 꽃씨
내 발길 따라
미풍에 실려 가볍게 숲을 흐른다
머리칼을 쓰다듬는 바람에게 속삭인다
왜 소슬한 소리를 내느냐고
바람을 안아 보려는 헛손질 소리란다

길에 끌리어 천천히 걷는다
가로질러 날 던 까치 한 마리 나뭇가지에 앉아 말을 건다
목 좁은 유리병 밑바닥에 담긴 물 어떻게 먹을 수 있는지 아느냐고
'그야 병나발을 불면되지' 했더니,

너는 이솝 이야기도 안 읽었느냐고 화를 냈다

깨진 마음의 고요 추스르며 걸음을 옮긴다
풀숲 서걱거림에 멈춰진 발걸음
여우가 생글거리며 바람개비 소리로 묻는다
사막에서 만난 어린 왕자에게 가르쳐준 게 무엇인지 아느냐고
하도 어이가 없어 콧방귀를 뀌었더니
너 참으로 사랑이 뭔지 아느냐고 정색하고 물었다
우물쭈물 하는 사이 핼끔거리며 수풀 속으로 사라졌다

살며시 엿보다가 깡충깡충 뛰어서
토끼풀 위에 쪼그리고 앉은 낡은 헝겊 토끼
어떻게 해서 진짜 토끼가 되었는지 아느냐고 묻는다
아! 그렇지!
톱밥으로 채워진 외로운 헝겊 토끼
한결같은 소년의 사랑으로 생명이 되었지

한 굽이 돌아 호젓한 길
독일 빈의 숲속 오솔길에 베토벤이 걷는다
잡초 같은 머리칼과 큰 얼굴 광기 어린 눈동자
전원 교향곡이 들린다
물소리, 새소리도 들린다

고통을 초월한 영혼의 빛 소리
마침내 낭만주의음악을 열어젖힌 위대한 음악가

조금 더 깊어진 숲속 오솔길
바람의 가벼운 휘파람 소리에 너울거리는 나뭇잎들
칸트와 스피노자의 정제된 말소리
삶의 뿌리를 흔들고 있는 격론
사랑은
이성적인 도덕적 경건함 그것 보다
순수한 영혼의 불꽃놀이를 즐기는 지혜
스피노자를 따라 경사진 오솔길을 넘는다

뚫린 숲 위로 햇빛 밝은 파란 하늘
둥실둥실 하얀 솜털 구름에 내 마음 싣는다
여기까지 걸어온 내 인생의 오솔길
지나온 길에
삶의 몇 마디, 꿈 몇 조각 거기 두고
삶을 사랑하는
지금을 축복으로 누리는 기쁨에 감사하며
오늘도 여기 오솔길 위를 걷는다.
(제6회 일산노인종합복지관 주최 전국 어르신 문학 작품공모 입선 수상작품)

장미꽃 바구니

70년을 넘게 살았다
참 오래도 살았다
혼자 맞은 생일날 아침

태평양 건너온
바구니 한가득 빨간 장미
함께 온 정다운 목소리들
"생신 축하드려요.
몸 건강히 오래오래 사세요.
아들, 며느리, 손녀들 올림"

장미꽃에서 몽실대는 그리움
발레 하는 작은손녀
하얀 백조가 되어 춤추고,

큰손녀 클라리넷 협주곡
맑은 음색 들려오고,
고전미 눈매 가진 며느리 미소
내 눈 속에 오롯이 들어와 앉고
안경 너머 속 깊은 아들의 환한 웃음
내 가슴에 뭉크르르 파문을 일으킨다

함께했던 시절이 어른거린다
강물처럼 흘러간
세월의 굽이굽이
아스라한 듯 또렷한 기억들
파노라마가 되어 떠서 흐르고
어느새 나는 타임머신을 타고
그리움이 물든 추억 속을 날고 있다
손녀 두 놈 품에 꼭 안고.

창조를 위한 기도

벽돌을 쌓는 사람들이 있다
태양은 한 오라기의 연기도 없이
대지를 끓이는데
머리만 가린 밀짚모자를 쓰고
벽돌들과 씨름하는 사람들이 있다
검게 탄 살갗에 검붉은 힘줄이 산맥을 이루고
골짜기마다 번쩍이는 강물 줄기가
얼굴을 목덜미를 등줄기를 타고 흐른다
땀방울인가?
눈물인가?

벽돌들과 한 몸이 된 사람들, 벽돌들
고단한 삶을 눌러 쌓고
불완전한 지향을 정치하려는 듯

오차 없이 물매를 잡고 벽돌을 쌓고 있다
창조의 완전한 이데아를 위한
꿈을 쌓고 있다
어제도
오늘도
내일도

그런데
언제부터 사람들은 벽돌을 만들고
쌓고 또 쌓고, 부수고 또 부수면서
끊임없이 災禍(재화)의 불을 지피고
덜 꺼진 불씨의 표피에 재를 덮고
고갈되어 황무지가 된 영육의 구릉 위에
지치지도 않는 문명에의 도발을 지금까지 하고 있는가?

이미 태초에 계셨던 신은 천지를 창조하며
피조물에 각각의 관념들을 부어 이름하고,
흙으로 빚어 사람을, 벽돌을 만들어
생기 불어넣어 생명을 주신 것은
신의 지독히 완벽한 꿈의 완성을
우리에게 사명처럼 주신 걸까?

천혜의 뜻을 경외하는
속죄와 참회의 터널을 뚫고 나온 기도
창조로 포장된 욕망과 불의를 잠재우고
하늘에 도전하는 바벨탑을 쌓고 있다

그러나
벽돌 쌓는 사람들아
운명처럼 불완전한 정체성을 다듬고 짜 맞추고 잇대서
무지개 너머 천국의 계단을 만들어 올라서라

사랑과 정의가 넘치는
서로의 예찬이 신의 영광보다
더 눈부신 창조를 위해.

천국의 열쇠

사랑
그것은
오감의 뿌리 원초적 본능

감동의 전율이 가슴에 이르면
심장의 박동은 빛이 되어
차갑게나 뜨겁게
때론 약하게나 강하게
서로에게 천국과 지옥을 잇는다

사랑
그것은
천국과 지옥을 잇는 무지개 위에서 춤춘다
지옥문을 열어젖뜨리고

천국의 문을 여는 열쇠

나를 초월할 수 있게 하고
우리를 구원할 영원한 진리.

회수와 만남, 반추와 의미부여의 자기 형상학

- 작품집 「삶, 늘 설렘이어야」에 부쳐

오창익

(文博 · 創作隨筆 발행인)

작곡가 바흐에게 있어 바이올린의 'G선'이 절세의 명곡을 낳게 한 행운의 한 줄이었다면, 평생 교단(校壇)을 지켜온 李純子 님에게 있어 '隨筆'은 자기 삶을 보다 솔직하고도 진지하게 문자로 형상화한 운명적인 아리아라고 할 수 있다.

해서, 그의 수필은 주어진 제재에의 동화와 자기화로 주관을 객관화함으로써 늘 신선한 깨우침을 주고, 나아가 넘치는 인간미와 인간애로 주정(主情)을 인간화함으로써 늘 뜨거운 '감동'을 준다. 아니, 아리아처럼 저음으로 파고드는 역동적인 '설렘'을 준다. 그 감동과 설렘이 바로 李純子 님 수필의 성격이자 본질이다.

작자는 작품집을 상재하기 전에 60편에 달하는 작품을 필자에게 볼 기회를 주셨다. 예외 없이 창작수필 구성의 본질적인 토양(土壤)인 자기 회수(回收)와 만남, 반추(反芻)와 의미화에 깊이 뿌리내리고 있음을 실감했다. 동봉한 시와 기행문도 감동적이었다.

편의상 그 60편에 달하는 작품을 제재 별로 가름해 보았다. 회수가 「내 어렸을 때 이야기」, 「잊을 수 없는 스승들」 등 16편이고, 만남이 「이별 연습」, 「그게 진짜 사랑이야」 등 15편이고, 반추가 「나의 G선을 다시 다잡으며」, 「부활을 꿈꾸며」 등 12편이고, 끝으로 의미화가 「봄이 오는 틈새에서」, 「이름」 등 17편이었다.

제한된 지면 관계로, 4구분 중 대표되는 작품의 핵심적인 한 문단씩을 가려내 예시하기로 한다.

먼저 '자기 회수'다. 회수란 두고 온 나나 잊었던 나를, 또한 잃었던 나를 다시 찾아옴이다. 수필이야말로 '너'가 아닌 '나'가 항상 주인공이어야 하는 '自己文學'이기에 회수는 피할 수도, 피해서도 안 되는 절대적인 구성 요건이다. 작품 「내 어렸을 때 이야기」에서의 한 문단이다.

> 할아버지가 안채로 건너오셔서 내 재롱을 보고 싶으면, 천자문을 외게 하고, 노래하라고 하면 몸짓까지 하며 노래를 불렀다. 그러면 할아버지는 근엄한 훈장님이 아닌 인자한 할아버지가 되어 버릇없이 안겨 붙는 나의 머리를 쓰다듬고, 안아 주셨

던 것이 기억된다.

다음은 '자기 만남'이다. 만남은 대좌(對坐)이고, 대화(對話)다. 소설이 '너'와의 만남이라면, 수필은 '나'와의 오붓한 만남이다. 만나서 격의 없이 나누는 대화다. 작자는 40여 년 전부터 주기적으로 만나는 친구들을 통해 진정보고 싶었던 마음속의 나를 만난다. 그리고 솔직하고도 진지한 이야기를 주고받는다. 소리 없이. 작품 「그게 진짜 사랑이야」에서의 한 문단이다.

> 나는 '언니 대단해! 그게 진짜 사랑이야' 속으로 수없이 되뇌었다. 생의 황혼을 헌신과 사랑으로 고통을 이겨내며 사는 사람들을 보는 일은 저녁노을처럼 곱고 아름답다는 생각이 들었다. 그렇다. 저녁노을보다 곱다. 그런 곱고 아름다운 사람들과 만남은 희망과 위안을 준다는 사실에 감사한다.

다음은 '반추'다. 반추란 자의(字義) 그대로 보고 다시 보고, 씹고 다시 씹어 나름의 고유한 깊은 맛을 내는 저작 행위다. 수필에서의 맛이란 곧 주제다. 그 주제를 인간화 내지는 객관화하기 위해서는 주어진 제재의 반추는 피할 수 없는 작품화의 수순(手順)이다. 작품 「나의 G선을 다시 다잡으며」에서의 한 문단이다.

> 그래, 정신 줄이다. 생이 끝날 때까지 놓아서는 안 되는 것이다. 아무도 천착이라고 폄하(貶下)할 수 없는 모질고도 엄숙

> 한 신의 축복의 선물이다. 형편이 허락하는 한에서 자신을 재조명하거나, 해보고 싶은 것을 찾아보는 수고는 어렵지 않을 것이다. 삶의 고달픔에 밀리고 제쳐지고 숨겨야 했던 꿈의 조각들을 다시 꺼내보는 것이다. 잃어버린 것이 있다면 연연하지 말고 마음 비워 욕심을 내려놓고 내 삶의 가장 낮은 G선을 찾아 가슴에 맬 일이다.

다음은 끝으로 '의미화'다. 의미화란 주제의식을 형상화하기 위한 가장 효과적인 자기화의 수법(手法)이다. 기법(技法)이 아니라 어디까지나 작자 자신의 독창적인 수법인 것이다. 때문에, 그 의미화의 작업은 틀에 매인 방법이나 요령으로서는 절대 불가능한, 작자 나름의 인생관이나 가치관으로 주어진 제재를 분석하는 개성이요, 이해하는 마음인 것이다. 작품 「봄이 오는 틈새에서」에서의 한 문단이다.

> 이 세상에서 가장 아름다운 꽃은 인간의 꽃, 아기라고 누가 말했던가. 새 생명의 탄생은 신비와 경이로움에 신의 은총과 축복을 동시에 경험한다. 또 하나의 우주가 태어난 것이니 어찌 기쁘지 않을 수 있겠는가. 감사하지 않을 수 있겠는가. 어미의 모진 산고를 송두리째 깡그리 잊게 하는 감동인 것이다.

축하드린다. 제2, 제3의 작품집을 기다리며 「삶, 늘 셀렘이어야」의 상재에 박수를 보낸다.